跨境电子商务实训系列

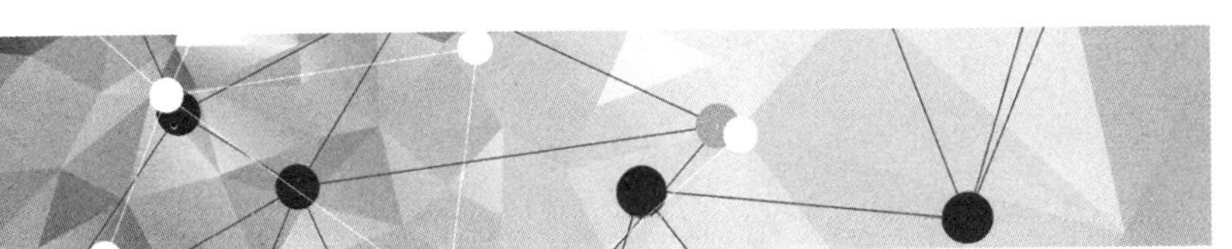

Kuajing Dianzi Shangwu Pingtai
Xuanze yu Yunying Fangzhen Shiyan Jiaocheng

# 跨境电子商务平台
# 选择与运营仿真实验教程

段文奇 / 主 编
郭露桑 谢洁莉 马艳丽 / 副主编

ZHEJIANG UNIVERSITY PRESS
浙江大学出版社

**图书在版编目(CIP)数据**

跨境电子商务平台选择与运营仿真实验教程/段文奇主编.—杭州：浙江大学出版社，2016.7(2018.6 重印)

ISBN 978-7-308-15004-0

Ⅰ.①跨… Ⅱ.①段… Ⅲ.①电子商务—商业企业管理—中国—教材 Ⅳ.①F724.6

中国版本图书馆 CIP 数据核字（2015）第 190621 号

**跨境电子商务平台选择与运营仿真实验教程**

段文奇　主编

---

**丛书策划**　朱　玲

**丛书主持**　曾　熙

**责任编辑**　曾　熙

**责任校对**　杨利军　秦　瑕

**封面设计**　春天书装

**出版发行**　浙江大学出版社

（杭州市天目山路 148 号　邮政编码 310007）

（网址：http://www.zjupress.com）

**排　　版**　杭州林智广告有限公司

**印　　刷**　嘉兴华源印刷厂

**开　　本**　787mm×1092mm　1/16

**印　　张**　19.5

**字　　数**　310 千

**版 印 次**　2016 年 7 月第 1 版　2018 年 6 月第 3 次印刷

**书　　号**　ISBN 978-7-308-15004-0

**定　　价**　39.00 元

---




浙江大学出版社发行中心邮购电话：(0571) 88925591;http://zjdxcbs.tmall.com

# 跨境电子商务实训系列
# 编辑委员会

# 总　序

跨境电子商务是围绕国家"一带一路""中国制造"等战略的贸易产业新模式，是中国商品实现全球市场"贸易通"的重要路径，是"互联网+"助力传统贸易转型的具体形式，国务院总理李克强多次强调要大力发展跨境电子商务。当今经济社会，跨境电子商务人才奇缺，优秀的跨境电子商务人才可以说是一将难求。然而，高校在跨境电子商务人才培养方面存在的一个重要问题是缺乏系统性的跨境电子商务系列实训教材，导致高校跨境电子商务实践教学无法满足经济社会的需求。

浙江师范大学文科综合实验教学中心是国家级实验教学示范中心，紧跟国家经济发展战略的重点领域，对接以义乌为中心的浙中区域经济发展特色，在全国领先将跨境电子商务虚拟仿真实验教学作为学校实验教学的重点新兴发展领域，成立了跨境电子商务虚拟仿真实验教学分中心。中心与义乌的中国小商品城集团股份有限公司、阿里巴巴全球速卖通、浙江金义邮政电子商务示范园、金华跨境通等企业开展深度校企合作。中心组织师资团队对跨境电子商务行业领域开展了广泛的调研，明确了跨境电子商务人才所需具备的基本技能与专业技能，并针对这些技能开发跨境电子商务实训系列教材，从而为提高高校跨境电子商务人才培养的教学，尤其是实验教学起到促进作用。

跨境电子商务实训系列教程既可以作为高校电子商务、国际贸易、市场营销等专业的相关实践类课程或理论与实践相结合课程教学的参考教材，也可以作为跨境电子商务从业人员培训或自学的参考教材。计划出版的跨境电子商务实训系列教程全套共15本，第一期已完成出版的实验教程有7本，分别为：《跨境电子商务平台选择与运营仿真实验教程》(段文奇主编)、《跨境电子商务支付与结算实验教程》(冯潮前主编)、《国际贸易实务仿真模拟实验教程》(徐燕主编)、《物流与供应链虚拟仿真实验》(曹清玮主编)、《电子商务基础实验教程》(黄海滨主编)、《网页设计与制作实验教程》(许德武主编)、《数据库技术与应用实验教程》(张俊岭主编)。第二期将继续推进出版的实验教程有8本，分别为：《跨境电子商务运营数据分析与优化实验教程》《跨境网络营销与推广仿真实验教程》《B2C跨境电子商务运营决策与流程仿真实验教程》《B2B跨境电子商务国际物流仿真实验教程》《义乌购出口跨境电子商务运营实操教程》《进口跨境电子商务运营实操教程》《程序设计实验教程》《移动电子商务开发实验教程》。

跨境电子商务实训系列教程的出版是浙江师范大学跨境电子商务虚拟仿真实验教学中心师资团队集体智慧的结晶，本人作为这套系列教程体系的设计者和组织者，对大家的辛勤付出深表敬意。教材出版过程中还得到了浙江师范大学实验室管理处林建军处长、潘蕾副处长，浙江师范大学经济与管理学院郑文哲教授、包中文主任，浙江大学出版社金更达编审、朱玲编辑等出版社工作人员的大力支持，在此一并感谢。

**跨境电子商务虚拟仿真实验教学中心主任　孙洁**

**2015年7月6日**

# 目录

## 上篇　跨境电子商务平台的分析与选择

上篇 <<<

# 跨境电子商务平台的分析与选择

# 第一章　跨境电子商务概述

作为新型高效的交易环境和手段，电子商务正在从某一区域或经济体成员内部向跨境域的全球化交易服务延伸，跨境电子商务成为全球货物与服务的重要流通方式。它依靠互联网和国际物流，直接对接终端，满足客户需求，具有门槛低、环节少、成本低、周期短等方面的优势。在我国对外贸易增速放缓的背景下，跨境电商的业务在促进传统产业转型升级、提升服务业品质等方面发展潜力巨大，成为未来驱动贸易发展的新动力。本章主要对跨境电子商务的基本概念、发展历程和主要类型及发展现状等基本知识进行介绍。学习和研究跨境电商的目的在于把握其内在规律，并用它来指导和开展跨境电商学习或相关工作。本章是学习跨境电商课程的基础，也是掌握跨境电商理论和实操的导言。

## 本章要点

- 跨境电商的概念。
- 跨境电商的发展历程及趋势。
- 跨境电商的分类。
- 跨境电商的相关政策。

学习目标

- 了解跨境电商的相关政策。
- 了解跨境电商的发展历程、现状及趋势。
- 理解跨境电商的含义。
- 掌握跨境电商的分类。

## 第一节　跨境电子商务的基本概念

在中国外贸业务需求趋紧的大背景下，由政府部门支持运作的跨境电商正蓬勃兴起。跨境电子商务作为推动经济一体化、贸易全球化的技术基础，具有非常重要的战略意义。跨境电子商务不仅冲破了国家间的障碍，使国际贸易走向无国界贸易，同时它也正在引起世界经济贸易的巨大变革。对企业来说，跨境电子商务构建的开放、多维、立体的多边经贸合作模式，极大地拓宽了进入国际市场的路径，大大促进了多边资源的优化配置与企业间的互利共赢；对于消费者来说，跨境电子商务使他们非常容易地获取其他国家的信息并买到物美价廉的商品。

1. 跨境电子商务的定义

当前，对于跨境电子商务的认知主要体现在四个方面：政策领域、国际组织、咨询公司、学术研究。在政策方面，欧盟在其电子商务统计中出现了跨境电子商务(Cross Border E-commerce)名称和有关内容，主要是指国家之间的电子商务，但并没有给出明确的含义。在国际组织方面，联合国于2000年就已经关注到了国际贸易和电子商务的关系；2010年国际邮政公司在《跨境电子商务报告》中，分析了2009年的跨境电子商务状况，但对跨境电子商务的概念并没有明确地界定，而是出现了“internet shopping”“online cross-border”“online shopping”等多个不同的说法。同样，在eBay、尼尔森等著名公司及诸多学者的表述中也运用了不同的名词在表达，如跨境在线贸易、外贸电子、跨境网购、国际电子商务等。总体来看，这些概念虽然表达不同，但还是反映了一些共同的特点：一是渠道上的现代性，即以现代信息技术和网络渠道为交易途径；二是空间上的国际性，即由一个经济体成员境内向另一个经济体成员境内提供的贸易服务；三是方式上的数字化，即以无纸化为主要交易方式。

因此，综合起来，可以将跨境电子商务的概念表述如下：跨境电子商务是指分属不同关境的交易主体，通过电子商务平台达成交易、进行支付结算，并通过跨境物流送达商品、完成交易的一种国际商业活动。

2. 跨境电子商务功能特点

跨境电子商务是基于网络发展起来的，网络空间相对于物理空间来说是一个新空间，是一个由网址和密码组成的虚拟但客观存在的世界。网络空间独特的价值标准和行为模式深刻地影响着跨境电子商务，使其不同于传统的交易方式而呈现出自己的特点。

(1) 全球性(Global Forum)

网络是一个没有边界的媒介体，具有全球性和非中心化的特征。依附于网络发生的跨境电子商务也因此具有了全球性和非中心化的特性。电子商务与传统的交易方式相比，其一个重要特点在于电子商务是一种无边界交易，丧失了传统交易所具有的地理因素。互联网用户不需要跨越国界就可以把产品尤其是高附加值产品和服务提交到市场。网络的全球性特征带来的积极影响是信息的最大程度的共享，消极影响是用户必须面临因文化、政治和法律的不同而产生的风险。任何人只要具备了一定的技术手段，在任何时候、任何地方都可以让信息进入网络，相互联系进行交易。美国财政部在其财政报告中指出，对基于全球化的网络建立起来的电子商务活动进行课税是困难重重的，因为电子商务是基于虚拟的电脑空间展开的，丧失了传统交易方式下的地理因素；电子商务中的制造商容易隐匿其住所，而消费者对制造商的住所是漠不关心的。比如，一家很小的爱尔兰在线公司，通过一个可供世界各地的消费者点击观看的网页，就可以通过互联网销售其产品和服务，只要消费者接入了互联网。很难界定这一交易究竟是在哪个国家内发生的。

这种远程交易的发展，给税收当局制造了许多困难。税收权力只能严格地在一国范围内实施，网络的这种特性为税务机关对超越一国的在线交易行使税收管辖权带来了困难。而且互联网有时扮演了代理中介的角色。在传统交易模式下往往需要一个有形的销售网点的存在,例如,通过书店将书卖给读者,而在线书店可以代替书店这个销售网点直接完成整个交易。而问题是,税务当局往往要依靠这些销售网点获取税收所需要的基本信息来代扣代缴所得税等。没有这些销售网点的存在,税收权力的行使也会发生困难。

(2) 无形性(Intangible)

网络的发展使数字化产品和服务的传输盛行。而数字化传输是通过不同类型的媒介,如数据、声音和图像,在全球化网络环境中集中而进行的,这些媒介在网络中是以计算机数据代码的形式出现的,因而是无形的。以一个 E-mail 信息的传输为例,这一信息首先要被服务器分解为数以百万计的数据包,然后按照 TCP/IP 协议通过不同的网络路径传输到一个目的地服务器并重新组织转发给接收人,整个过程都是在网络中瞬间完成的。电子商务是数字化传输活动的一种特殊形式,其无形性的特性使得税务机关很难控制和检查销售商的交易活动,税务机关面对的交易记录都体现为数据代码的形式,使得税务核查员无法准确地计算销售所得和利润所得,从而给税收带来困难。

数字化产品和服务基于数字传输活动的特性也必然具有无形性,传统交易以实物交易为主,而在电子商务中,无形产品却可以替代实物成为交易的对象。以书籍为例,传统的纸质书籍,其排版、印刷、销售和购买被看作是产品的生产、销售。然而在电子商务交易中,消费者只要购买网上的数据权便可以使用书中的知识和信息。而如何界定该交易的性质、如何监督、如何征税等一系列的问题却给税务和法律部门带来了新的课题。

(3) 匿名性(Anonymous)

由于跨境电子商务的非中心化和全球性的特性,很难识别电子商务用户的身份和其所处的地理位置。在线交易的消费者往往不显示自己的真实身份和自己的地理位置,重要的是这丝毫不影响交易的进行,网络的匿名性也允许消费者这样做。在虚拟社会里,隐匿身份的便利会导致自由与责任的不对称。人们在这里可以享受最大的自由,却只承担最小的责任,甚至干脆逃避责任。这显然给税务机关制造了麻烦,税务机关无法查明应当纳税的在线交易人的身份和地理位置,也就无法获知纳税人的交易情况和应纳税额,更不要说去审计核实。该部分交易和纳税人在税务机关的视野中隐身了,这对税务机关是致命的。以 eBay 为例，eBay 是美国的一家网上拍卖公司，允许个人和商家拍卖任何物品。

电子商务交易的匿名性导致了避税现象的恶化，网络的发展，降低了避税成本，使电子商务避税更轻松易行。电子商务交易的匿名性使得应纳税人利用避税地联机金融机构规避税收监管成为可能。电子货币的广泛使用，以及国际互联网所提供的某些避税地联机银行对客户的"完全税收保护"，使纳税人可将其源于世界各国的投资所得直接汇入避税地联机银行，规避了应纳所得税。美国国内收入署(IRS)在其规模最大的一次审计调查中发现大量的居民纳税人通过离岸避税地的金融机构隐藏了大量的应税收入。而美国政府估计约 3 万亿美元的资金因受避税地联机银行的"完全税收保护"而被藏匿在避税地。

(4) 即时性(Instantaneously)

对于网络而言，传输的速度和地理距离无关。传统交易模式中，信息交流方式如信函、电报、传真等，在信息的发送与接收间，存在着长短不同的时间差。而电子商务中的信息交流，无论实际时空距离远近，一方发送信息与另一方接收信息几乎是同时的，就如同生活中面对面交谈。某些数字化产品(如音像制品、软件等)的交易，还可以即时清结，订货、付款、交货都可以在瞬间完成。

电子商务交易的即时性提高了人们交往和交易的效率，免去了传统交易中的中介环节，但也隐藏了法律危机。在税收领域表现为：电子商务交易的即时性往往会导致交易活动的随意性，电子商务主体的交易活动可能随时开始、随时终止、随时变动，这就使得税务机关难以掌握交易双方的具体交易情况，不仅使得税收的源泉扣缴的控管手段失灵，而且客观上促成了纳税人不遵从税法的随意性，加之税收领域现代化征管技术的严重滞后，都使依法治税变得苍白无力。

(5) 无纸化(Paperless)

电子商务主要采取无纸化操作的方式，这是以电子商务形式进行交易的主要特征。在电子商务中，电子计算机通信记录取代了一系列的纸面交易文件。用户发送或接收电子信息。由于电子信息以比特的形式存在和传送，整个信息发送和接收过程实现了无纸化。无纸化带来的积极影响是使信息传递摆脱了纸张的限制，但由于传统法律的许多规范是以规范"有纸交易"为出发点的，因此，无纸化一定程度上带来了法律的混乱。

电子商务以数字合同、数字时间截取了传统贸易中的书面合同、结算票据，削弱了税务当局获取跨国纳税人经营状况和财务信息的能力，且电子商务所采用的其他保密措施也将增加税务机关掌握纳税人财务信息的难度。在某些交易无据可查的情形下，跨国纳税人的申报额将会大大降低，应纳税所得额和所征税款都将少于实际所达到的数量，从而引起征税国国际税收流失。例如，世界各国普遍开征的传统税种之一的印花税，其课税对象是交易各方提供的书面凭证，课税环节为各种法律合同、凭证的书立或做成，而在网络交易无纸化的情况下，物质形态的合同、凭证形式已不复存在，因而印花税的合同、凭证贴花（即完成印花税的缴纳行为）便无从下手。

（6）快速演进（Rapidly Evolving）

互联网是一个新生事物，现阶段它尚处在幼年时期，网络设施和相应的软件协议的未来发展具有很大的不确定性。但税法制定者必须考虑的问题是网络，像其他的新生儿一样，必将以前所未有的速度和无法预知的方式不断演进。基于互联网的电子商务活动也处在瞬息万变的过程中，短短的几十年中电子交易经历了从 EDI 到电子商务零售业的兴起的过程，而数字化产品和服务更是花样出新，不断地改变着人类的生活。

而一般情况下，各国为维护社会的稳定，都会注意保持法律的持续性与稳定性，税收法律也不例外。这就会引起网络的超速发展与税收法律规范相对滞后的矛盾。如何将分秒都处在发展与变化中的网络交易纳入税法的规范范畴，是税收领域的一个难题。网络的发展不断给税务机关带来新的挑战，税务政策的制定者和税法立法机关应当密切注意网络的发展，在制定税务政策和税法规范时充分考虑这一因素。

跨国电子商务具有不同于传统贸易方式的诸多特点，而传统的税法制度却是在传统的贸易方式下产生的，必然会在电子商务贸易中漏洞百出。网络深刻地影响着人类社会，也给税收法律规范带来了前所未有的冲击与挑战。

# 第二节　跨境电子商务的发展

1. 跨境电子商务发展的背景

作为新型高效的交易环境和手段，电子商务正在从某一区域或经济体成员内部向跨境域的全球化交易服务延伸，跨境电子商务成为全球货物与服务的重要流通方式。这种新的贸易形式的兴起是在全球化、国际贸易和电子商务发展到新阶段的共同推动下形成的。跨境贸易主要包括了货物贸易和服务贸易，本书主要针对的是跨境货物贸易。

（1）全球经济一体化趋势日趋加深

自20世纪70年代以来，随着跨国公司的全球扩张，生产要素和活动在全球范围内开始重组，生产组织活动的全球化带来了全球经济发展的同步性，同时，也带来了对相应生产性服务业的全球需求，服务业开始出现全球化，全球化发展进入新阶段；而新兴经济体经过一段时间的高度发展，生产和消费能力提升，开始逆向发展到发达地区，首先表现在对发达地区消费品的需求，这样全球生产、消费、市场一体化趋势愈加明显；而国际组织和各国政府也在推动相关政策的制定，国家或区域间的自由贸易协定大量签订，推动贸易便利化以提高贸易过程中的效率。在多方的推动下，全球信息和商品等流动更加自由，贸易全球化、无国界贸易进一步发展，跨境贸易日益频繁。

（2）跨境贸易进入转型期

近年来，贸易环境发生了较大的变化，一是敏捷生产和供应链管理理念的广泛应用，使得生产企业，尤其是跨国企业的全球采购行为发生变化，转向零库存管理；二是消费者个人消费习惯的改变，伴随着信息技术而成长起来的新一代消费者，正在成为市场主力军之一，电子化、个性化、时尚化等思维特点正在驱动社会及商业领域的发展；三是风险规避需求的上升，尤其是近几年，经济发展高度不确定，世界贸易总量增长速度自2010年强劲反弹到13.8%后，却呈现连年下滑的趋势，2012年世界贸易仅增长了2%，2013年也不太乐观，这必然要求分散风险，推动传统跨境贸易形式发生变化。因此，在跨境贸易的市场中，跨境贸易由大批量交易向小批量、多批次、短期、快速交易方式转变；在个人消费市场，由原有的自然人流动附带性购物转变为主动性、经常性的跨境购物，跨境交易快速增加，通常以快件和邮件的物流方式为主，使得个人小额、多次、多样化的碎片化交易跨境消费市场规模日益增长，从而推动商业化、规模化企业行为的出现，逐渐形成新业态和产业，涌现出海淘和跨境电商平台以及跨境电商服务商等群体。

(3) 电子商务逐渐由国内市场向国际市场拓展

电子商务具有天然的全球性，向全球市场的拓展是电子商务自身的必然发展。自 2003 年以来，经历了网络泡沫以后，美国等发达国家的电子商务长期保持上升趋势，电子商务的便利性已经成为个人消费者和企业的内在需求。但近年来，一些领先地区国内市场的发展趋于饱和，网购渗透率提升空间已不大，这主要是由于北美和西欧地区信息基础设施发展较为完善，市场发展较为成熟，网购渗透率比较高。据 eMarketer 公司数据显示，2013 年，美国有 73%、日本有 78.3%、西欧地区有 72.3%的网民已经转为电子商务用户，但目前新兴地区的网购渗透率还比较低，如印尼仅为 9.5%、中国为 49.3%、墨西哥为 20.4%、印度为 23.5%。因此，近年来，亚太等新兴地区电子商务增长远远超过其他地区，并在 2012 年首次超过西欧地区成为全球第二大市场。随着新兴地区信息基础设施的持续普及，新兴地区的电子商务领域将不断发展。这导致电子商务巨头目前纷纷高举国际扩张的旗帜，积极走向全球化。同时电子商务相关技术发展逐渐成熟，金融支付、物流体系等支撑体系日益完善，相关基础设施和法律体系逐渐形成，尤其是互联网基础建设得到普遍开展，贸易便利化、电子数据交换与电子海关等政策、法规和标准在全球推行，使得跨境贸易电子商务的条件日益成熟。因此，在全球化进程加深，消费行为和习惯发生变化的背景下，电子商务成为跨境贸易转型的必然选择。

2. 我国跨境电子商务发展阶段

1999 年阿里巴巴实现用互联网连接中国供应商与境外买家后，中国对外出口贸易就实现了互联网化。在此之后，共经历了三个阶段，实现了从信息服务到在线交易、全产业链服务的跨境电商产业转型(见图 1-1)。

(1) 跨境电商 1.0 阶段(1999—2003 年)

跨境电商 1.0 阶段的主要商业模式是网上展示、线下交易的外贸信息服务模式。跨境电商 1.0 阶段第三方平台主要的功能是为企业信息以及产品提供网络

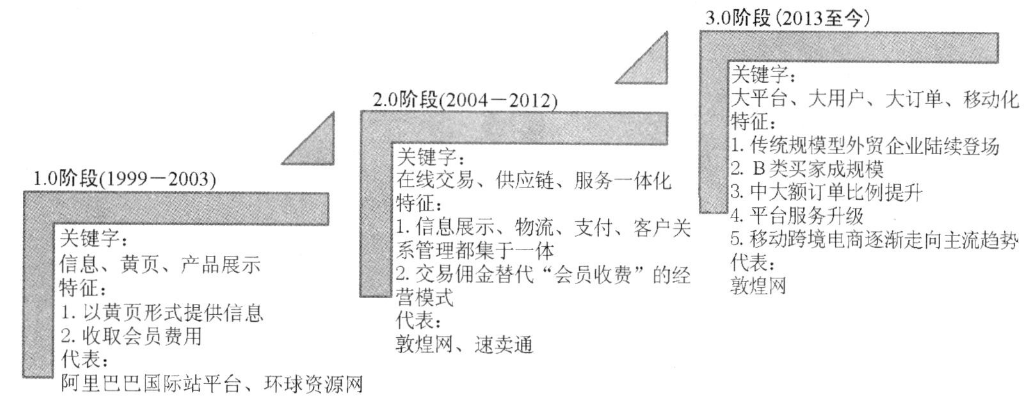


图1-1 中国跨境电商发展阶段

展示平台，并不在网络上涉及任何交易环节。此时的盈利模式主要是通过向进行信息展示的企业收取会员费(如年服务费)。跨境电商1.0阶段发展过程中，也逐渐衍生出竞价推广、咨询服务等为供应商提供一条龙信息流增值的服务。

在跨境电商1.0阶段中，阿里巴巴国际站平台以及环球资源网为典型代表平台。其中，阿里巴巴成立于1999年，以网络信息服务为主，线下会议交易为辅，是中国最大的外贸信息黄页平台之一。环球资源网1971年成立，前身为Asian Source，是亚洲较早提供贸易市场资讯者，并于2000年4月28日在纳斯达克证券交易所上市，股权代码为GSOL。

在此期间还出现了中国制造网、韩国EC21网、Kellysearch等大量以供需信息交易为主的跨境电商平台。跨境电商1.0阶段虽然通过互联网解决了中国贸易信息面向世界买家的难题，但是依然无法完成在线交易，对于外贸电商产业链的整合仅完成信息流整合环节。

(2) 跨境电商2.0阶段(2004—2012年)

2004年，随着敦煌网的上线，跨境电商2.0阶段来临。这个阶段，跨境电商平台开始摆脱纯信息黄页的展示行为，将线下交易、支付、物流等流程实现电子化，逐步实现在线交易平台。

相比较第一阶段，跨境电商2.0阶段更能体现电子商务的本质，借助于电子商务平台，通过服务、资源整合有效打通上下游供应链，包括B2B(平台对企业小额交易)及B2C(平台对用户)两种平台模式。跨境电商2.0阶段，B2B平台模式为跨境电商主流模式，通过直接对接中小企业商户实现产业链的进一步缩短，提升商品销售利润空间。2011 年敦煌网宣布实现盈利，2012 年持续盈利。

在跨境电商 2.0 阶段，第三方平台实现了营收的多元化，同时实现后向收费模式，将“会员收费”改以收取交易佣金为主，即按成交效果来收取百分点佣金。同时还通过平台上营销推广、支付服务、物流服务等获得增值收益。

(3) 跨境电商 3.0 阶段(2013 年至今)

2013 年成为跨境电商重要转型年，跨境电商全产业链都出现了商业模式的变化。随着跨境电商的转型，跨境电商 3.0“大时代”随之到来。

首先，跨境电商 3.0 阶段具有大型工厂上线、B 类买家成规模、中大额订单比例提升、大型服务商加入和移动用户量爆发五方面特征。与此同时，跨境电商 3.0 服务全面升级，平台承载能力更强，全产业链服务在线化也是 3.0 阶段的重要特征。

在跨境电商 3.0 阶段，用户群体由草根创业向工厂、外贸公司转变，且具有极强的生产设计管理能力。平台销售产品由网商、二手货源向一手货源及好产品转变。

3.0 阶段的主要卖家群体正处于从传统外贸业务向跨境电商业务转变的艰难转型期，生产模式由大生产线向柔性制造转变，对代运营和产业链配套服务需求较高。另一方面，3.0 阶段的主要平台模式也由 C2C、B2C 向 B2B、M2B 模式转变，批发商买家的中大额交易成为平台主要订单。

(4) 中国跨境电商快速进入 3.0 时代主要得益于以下几个方面：

首先，得益于中央及各地政府的高度重视。在中央及各地政府大力推动的同时，跨境电商行业的规范和优惠政策也相继出台。如《关于跨境贸易电子商务进出境货物、物品有关监管事宜的公告》(海关总署公告〔2014〕56 号)、《关于进一步促进电子商务健康快速发展有关工作的通知》(发改办高技〔2013〕894 号)、《关于促进电子商务健康快速发展有关工作的通知》(发改办高技〔2012〕226 号)、《关于开展国家电子商务示范城市创建工作的指导意见》(发改办高技〔2011〕463 号)等多项与跨境电商相关的政策的出台，在规范跨境电商行业市场的同时，也让跨境电商企业开展跨境电商业务得到了保障。

其次，在境外市场，B2B 在线采购已占据半壁江山。有相关数据指出，在美国，B2B 在线交易额达 5590 亿美元，是 B2C 交易额的 2.5 倍。在采购商方面，

59%采购商以在线采购为主，27%采购商月平均在线采购 5000 美元，50%供货商努力让买家从线下转移到线上，提升利润和竞争力。

最后，移动电商的快速发展也成就了跨境电商 3.0 阶段的快速到来。2013 年，智能手机使用达 14 亿台，智能手机用户占全球人口 22%，首次超过 PC 比例。

移动电商的快速发展得益于大屏智能手机和 Wi-Fi 网络环境的改善，使用户移动购物的体验获得了较大提升，用户移动购物习惯逐渐形成。另一方面，电商企业在移动端的积极推广和价格战促销等活动都进一步促进移动购物市场交易规模大幅增长，预计 2016 年将达到 7362.4 亿元。方便、快捷的移动跨境电商也为传统规模型外贸企业带来了新的商机。

3. 跨境电商发展现状及趋势

在经济全球化以及电子商务快速发展的大趋势下，全球市场跨境网购需求空间巨大，国内跨境电商行业有望迎来新的发展契机。跨境电商行业成为整个电商行业追逐的热点，未来三年跨境电商规模增速有望超过 30%。跨境电商交易平台也将向移动化、垂直化、本地化、高端化发展。

（1）移动化

中国电子商务研究中心监测数据显示，2014 年移动电子商务市场交易额占网络交易总额 1/4 左右，众多跨境电商将发力移动端，从欧美市场来看移动消费需求巨大，消费者随时随地地享受购物为卖家带来更大的市场机会，而且移动端的交易具有更强的冲动性，因而转化率比传统 PC 端更高，利润也更高。

（2）垂直化

对于每一个跨境电商平台来说，都有自己的行业优势和忠实的用户群，或者是在某个国家或地区有重要的影响力，所以对特定的产品和用户群来说，对目标市场进行深耕细作也是十分重要的策略。从最近上线的跨境平台看，仅有少数几家是综合性的交易平台，其余都是在国家或者品类上垂直细分领域，其中以母婴、美妆、服饰类目最为普遍。

（3）本地化

随着物流配套的持续升级尤其是境外仓模式的兴起，国内众多电商企业都在密集布局境外购物市场，将大宗货物直接备货在境外，让境外消费者享受本地化的物流和退换货服务。未来跨境电商交易将加强本地化服务质量，提升本地化服务能力，本地化服务竞争将成为未来跨境交易的关键点。

（4）高端化

全球市场对中国制造的选择也逐渐在发生转变，对中国制造的选择不仅仅只是以低价作为切入点，而是对中国制造的产品质量、品牌知名度、品牌影响力、信誉程度、产品价格等多方面因素进行综合考量。全球市场对中国制造选择的转变，表示全球市场对中国制造的进一步认可，且对中国制造抱以更高的期望，同时也表现出中国跨境电商未来发展的核心方向。

## 第三节　跨境电子商务的主要类型

跨境电商，是指分属不同关境的交易主体，通过电子商务平台达成信息或是商品交易的国际商业活动。根据贸易模式可以分为跨境出口和跨境进口两类，后者目前在国内主要依托于国内 B2C 电子商务平台开展业务。本教材所涉及跨境电商分类主要侧重于跨境出口，而不包含跨境进口业务。

1. 以产业终端用户类型分类

（1）B2B 平台

B2B 跨境电商平台所面对的最终客户为企业或集团客户，提供企业、产品、服务等相关信息。目前，中国跨境电商市场交易规模中 B2B 跨境电商市场交易规模占总交易规模的 90%以上。在跨境电商市场中，企业级市场始终处于主导地位。

代表企业：敦煌网、中国制造网、阿里巴巴国际站、环球资源网。

（2）B2C 平台

B2C 类跨境电商企业所面对的最终客户为个人消费者，针对最终客户并以网上零售的方式，将产品售卖给个人消费者。

B2C 类跨境电商平台同时在不同垂直类目商品销售上也有所不同，如 FocalPrice 主营 3C 数码电子产品，兰亭集势则在婚纱销售上占有绝对优势。B2C 类跨境电商市场正在逐渐发展，且在中国整体跨境电商市场交易规模中的占比不断升高。在未来，C 类跨境电商市场将会迎来大规模增长。

代表企业：速卖通、DX、兰亭集势、米兰网、大龙网。

2. 以服务类型分类

(1) 信息服务平台

信息服务平台主要为境内外会员商户提供网络营销平台，传递供应商或采购商等商家的商品或服务信息，促成双方完成交易。

代表企业：阿里巴巴国际站、环球资源网、中国制造网。

(2) 在线交易平台

在线交易平台不仅提供企业、产品、服务等多方面信息展示，并且可以通过平台线上完成搜索、咨询、对比、下单、支付、物流、评价等全购物链环节。在线交易平台模式正逐渐成为跨境电商中的主流模式。

代表企业：敦煌网、速卖通、米兰网、大龙网。

3. 以平台运营方分类

(1) 第三方开放平台

平台型电商通过线上搭建商城，并整合物流、支付、运营等服务资源，吸引商家入驻，为其提供跨境电商交易服务。同时，平台以收取商家佣金以及增值服务佣金作为主要盈利模式。

代表企业：速卖通、敦煌网、环球资源网、阿里巴巴国际站、WIS。

(2) 自营型平台

自营型电商通过在线上搭建平台，平台方整合供应商资源，通过较低的进价采购商品，然后以较高的售价出售商品，自营型平台主要以商品差价作为盈利模式。

代表企业：兰亭集势、米兰网、大龙网、炽昂科技、FocalPrice。

## 第四节　全球电子商务发展现状

随着全球贸易的增长，互联网在线商业的利益相关者，面临新的挑战。全球电子商务发展规模已经越来越大，平均每年增长 19%左右，而在中国，电子商务的销售额在 2011 年就增长了 130%。据 J. P. 摩根的研究，到 2015 年，全球电子商务规模增长达1.4万亿美元。在发展中国家、新兴市场和成熟市场，移动电子商务为消费者提供购买在线商品和在线服务的全新方式以及新的付款方式。移动电子商务预计比电子商务增长速度更快。

1. 网上零售

截至2015年6月，中国网络用户规模达4.17亿人，同比增长19.1%。其中，中国网络零售市场交易规模达16140亿元，同比增长48.7%。中国网络零售市场交易规模占社会消费品零售额的11.4%，同比增长31%，并且在2016年呈现更大规模的增长态势。网络零售占比持续扩大，行业进入兼并整合期。在庞大的网上购物人口的推动下，中国的网上零售市场将发展成为世界最大的市场。

在线多渠道销售已成为发展的当务之急。2015年上半年，中国移动网购交易规模达到8421亿元，仍保持快速增长趋势，成为世界上增长最快的移动电子商务业。

随着电子商务和移动电子商务的蓬勃发展，全球研究和咨询公司Forrester指出，在2011年，56%的网上零售商表示，他们将加大对创新电子商务技术的投资。由于国外市场需求的带动，25%的受访电子商务企业高管表示，公司计划在未来几年内，改变他们的电子商务支付平台。网上零售商意识到跨境电子商务的商机，他们可以通过采用在线多渠道销售模式，来实现盈利。同时，国际银行卡提供商、国际收支服务提供商、收购银行等各种金融机构，也会参与进来，共同建立一个统一完整的商业价值链体系。比如，在全球范围内，建立横跨各个地区的电子商务（资源）收购、兼并、整合平台。

全球越来越多的网上购物者、互联网新一代普遍倾向于在网上购物的过程中，使用社会化媒体。在博客上的用户留言和产品评价，可以帮助网上零售商改善他们的产品质量和服务水平。尼尔森调查公司的调查指出："70%的社交网络用户都通过互联网来购买产品。其中53%的用户通过社交网络提供的信息来选择判断购买哪一款或哪一个品牌产品。"零售商需要了解这些信息，以改变他们的商业模式。顺从目标受众者的需求和关注，将会成为一个关键的商业策略，谁顺从，谁做到位，谁就获得消费者的青睐，谁就获得更多的利润。

不同的研究表明，在线购物的确为消费者提供了更广泛的产品来源和更多样化的产品种类，消费者可以更自由、更方便地比较不同产品或同一产品的价格和服务，大大提升了消费者的产品购买体验，让消费者亲身感受更舒适的购买体验。有经验的网上购物者，为了节约预算，腾出更多的钱来买更多的产品，通常会选择不收运费的网上零售商。普华永道的调查报告显示，免费送货上门的网上零售商可以获得比同等竞争条件下的其他收取运费的网上零售商多出10%的商业机会和客户。网上零售商们知道，他们彼此之间战斗的前沿阵地，是社交媒体网站和博客。顺应和捕获这个世界上最大的零售市场——网上零售市场中来自全球范围的消费者的心和大脑，是成功的关键。供应商和零售商将不得不与全球银行卡发行商合作，因为只有通过与全球银行卡发行商合作，供应商和零售商才能与不同区域的国际支付服务提供商和收单银行建立金融连接关系。只有这样，电子商务和移动电子商务零售商们才可以在全球扩张，才可以确保他们在不同地区之间的跨境电子贸易的收入能安全返回到他们的账下。

2. 商业模式和在线付款

不同于传统的一对一多渠道销售模式，在线多渠道销售模式下，来自全世界的网上购物者在多种渠道、多种信息来源搜索、比较、评估信息，满意后，才决定购买产品和服务。无论是通过电脑、平板电脑，还是通过手机，进行网上支付或移动支付，消费者都可以自由选择，都可以亲身感受到这种多渠道购物模式带来的舒适性和方便性。在移动商务下，消费者只要用一部手机，就可以随时随地地比较产品价格和访问产品评论，进而选择、敲定，最后用手机进行移动支付。伴随着这种变化，手机转变成关键的业务促成者。多渠道销售模式可以让消费者立体式全方位体验各种产品或品牌，而在传统的一对一多渠道销售模式下，消费者只能一次性体验一个渠道对应的一个产品或品牌，然后再一次性体验另外一个渠道对应的另外一个产品或品牌。以至于，这种改变已经影响了消费者传统的产品购买思维，造成了消费者无论是在线购买产品还是线下传统方式购买产品，他们都习惯性地喜欢考虑使用多渠道购买逻辑。

IDC的一份零售业考察报告指出，多渠道销售消费者比传统一对一多渠道消费者的购买欲望强烈，比如，后者肯花费100美元购买商品，前者就肯花费115～130美元购买商品，前者的商品购买欲望比后者整整多出15%～30%。零售商们将不得不考虑改变他们的商业销售模式，从传统一对一多渠道销售模式尽快转变为多渠道销售模式。这需要零售商们另外投资ICT(信息和通信技术)解决方案,以及与全球CNP支付(信用卡无卡支付)解决方案供应商建立合作伙伴关系。

全球智能手机、平板电脑和其他创新电子设备的普遍使用,推动了以在线多渠道销售模式为中心的网上零售业的快速增长。它允许消费者在任何地方、任何时间,仅仅使用这些电子终端设备,就可以方便购买商品。消费者可以充分借鉴和采用网上的信息,比如商品评价,商品排名(价格、热门度等),等等。消费者可以胸有成竹、信心满满地自由选择自己喜好的产品。

网上消费者的购买行为表现出显著的一致性,即无论消费者是来自发达国家市场,还是来自发展中国家市场,全世界各个国家的任何一位消费者,都可亲临在线多渠道销售,充分利用网络上的各种相关产品评价、评估信息,挑选种类繁多的产品。网上消费者最终会选择那些有着良好的在线声誉,良好的网站使用界面和提供快速、可靠、免费送货上门的网上零售商。

面对全球消费者的一致性需求,只有那些投资多渠道销售策略的零售商和品牌,才可以赢得市场。传统实体零售商,错过了巨大的商业机会,它们缺乏远见,缺乏对信息化技术的了解。没能与时俱进,没能及时地切换到在线多渠道销售模式。普华永道最近的数字IQ研究报告指出,只有56%的传统实体零售商表示,它们的管理层和决策层,在制定企业经营战略中,会考虑使用信息技术。

建立全球跨境电子商务平台,拓展网上零售业务,首要的也是最关键的一步是,要与全球领先的金融支付服务提供商和收单银行彼此建立合作伙伴关系,即可顺利接入全球金融支付网络。网上支付提供商,熟知各个地方的法律管辖知识和地区性金融偏好,这些都是至关重要的。除此之外,与当地的区域物流配送服务商建立良好的关系也是至关重要的。银行卡支付提供商和PSPs,对在线零售过程中发生的各种金融交易的驾驭和控制是极其精通的,比如,安全PCI-兼容卡处理、信贷管理、授权过程管理、风险管理、订单状态管理、客户履行状态管理等等。一些领先的美国和英国的在线零售商,不断积极扩张全球市场,因此,他们获得的跨境收入也显著地增长。这种扩张,仅需连接到一个全球的金融支付网络便可实现,对在线零售商而言,所做的就是与一家领先的在全球各地都有相关金融支付业务的全球性收单行合作。

3. 区域发展趋势

(1) 亚太地区的发展趋势

韩国是全世界互联网普及率较高的国家，这得益于韩国政府的举措，韩国的互联网宽带的定价和早些年推出3G服务的定价比较低。韩国居民的消费者信心指数较高，加上可支配的高收入，刺激了韩国的网上零售业发展。其中“Z一代”以社交网站和博客为辅助工具来进行网上购物。韩国的整体零售业(包括传统零售和网上零售)的规模，在2012年第一季度，达到2369亿美元。其中，网上零售贡献了8.5%，规模为201.365亿美元。

全球研究和咨询公司Forrester预计，日本、韩国和澳大利亚的网上零售业的增长速度，与美国和发达欧洲国家的电子商务增长速度不相上下，甚至超过后者。日本、韩国和澳大利亚的网上零售市场，吸引着越来越多的本国国内投资者和国外投资者进入，寻找新的商业机会，推出新的在线服务。

截至2015年6月，网络零销市场交易规模达16140亿元，同比增长48.7%。中国网上零售市场的规模不断扩大。中国正在成为世界上最大的互联网市场。

印度的网上零售业规模预计到2016年将增长5倍，印度的在线消费者数量非常之多，这些消费者，来自于不断增长的中产阶级群体和对全球知名品牌感兴趣的群体。大部分印度穷人阶级分布在印度农村地区，而大部分印度农村地区的基础设施(金融基础设施和固定通信基础设施)落后，因此，占印度人口大部分的印度农村地区的滞后发展，影响了印度整体电子商务的发展。尽管农村地区的金融基础设施和固定通信基础设施不太好，但是手机的普及却扭转了这一困局，手机信号是无线的，而且覆盖的范围广，信号又强又稳定，因此，手机不受地域限制，只要有信号的地方都可以使用。所以，我们可以看到移动电子商务在印度的高速发展。同时据统计，约有1亿印度人使用手机来进行网上冲浪浏览网页，3000万印度人使用手机来在线购买商品。印度的在线旅游业是最受益的电子商务行业之一，市场规模多达84亿美元，占印度所有类型电子商务规模总和的77%。预计印度网上零售的市场规模很快就会赶上在线旅游业的市场规模。

(2) 欧洲的发展趋势

欧洲国家的多语言、多文化的景观，对于那些野心勃勃欲扩大全球足迹的国际零售商而言，的确是过于复杂了。但欧盟委员会已采取措施降低这种复杂性，比如通过统一的倡议、提案来推进其发展。欧洲市场的一大优势是，欧盟国家拥有非常高的信用卡和借记卡的普及率，银行业的渗透率高，互联网和移动电话的普及率高。不经意间就缔造了一个完美的网上支付景观，为欧洲电子商务的蓬勃发展铺平了道路。在德国、瑞士和法国，超过50%的消费者在网上购物，而西欧整体只有40%左右。英国和荷兰的消费者在网上购物的百分比已达到70%左右。在大多数西欧国家，通过个人电脑、平板电脑或移动电话上网来进行在线购物，已经成为一种受欢迎的购物方式，用以替代传统的繁忙的街边实体购物方式。

据Forrester公司的估计，整个欧洲国家的复合年均增长率（CAGR）在2012—2015年间为12.47%。

英国网上零售的销售规模在2012年增长了15%，达到了312亿英镑。年龄在55岁以上的老年消费者是一个被忽略的群体，这个群体的人口数量和消费购买力比较有特点：① 社会人口的老龄化，老年人占很大一部分人口比例。② 老年人积攒了一辈子的储蓄，手头上有充裕的钱可支配。尤其是在2011年到2016年，这些特点更为明显。聪明的在线零售商，可以一并开发针对这些被忽略的55岁年龄段以上消费者的市场。预计从2011年到2016年，英国55岁以上的网上购物者的数量将上升31.9%，达到1000万。

北欧的市场领导者IKEA（宜家家居），看到了世界的新变化和市场的新的发展趋势，顺势而为，采取了多渠道销售模式，并面向不同年龄段的人口采取不同方式。宜家已经充分理解了多渠道销售的力量：分发硬拷贝，结合公开网站，提供在线目录和工具，供他们的客户浏览、评论，网站提供产品信息并和实体店的产品信息同步动态更新。正如消费者期待的一样，把实体店搬上网站，将实体店的陈列室，变为网络数字虚拟陈列室。

俄罗斯虽然不是欧盟的一部分，但截至2015年6月，俄罗斯约有7000万网络用户和1500万潜在的网上购物者，是所有欧洲国家中拥有最多在线人口的国家。俄罗斯的手机普及率非常高，但金融和物流基础设施不发达，也许是因为俄罗斯的国土面积太过巨大，完善这些基础设施的难度大、成本高。仅仅20%的俄罗斯民众拥有信用卡。因此，在俄罗斯，手机移动支付，的确能作为一种理想的针对网上零售的第三方支付解决方案，预计俄罗斯的移动支付规模到2016年将增长至

160 亿美元。同时，俄罗斯也是众多移动支付厂商竞相追逐、竞争的场地，比如，Visa QIWI 和 WebMoney。

(3) 拉丁美洲的发展趋势

B2C 电子商务在拉丁美洲仍处于发展阶段，2012 年整个拉丁美洲的 B2C 电子商务销售规模仅为 368.2 亿美元。拉丁美洲的在线消费者是一些最活跃的互联网用户，尤其当他们登录娱乐网站和社交网络的时候。这些在线消费者只占拉丁美洲一部分人口，大多数拉丁美洲居民仍不愿在线购买商品，他们没有这种意识。eMarketer 估计，在 2012 年，只有 31.7%的拉丁美洲互联网用户进行网上购物。旅游业及娱乐业(电子门票)得益于电子商务和移动商务的增长最大，其次是电脑、电子产品、服装、鞋类及书籍。

巴西有着巨大的互联网人口，非常高的移动电话普及率，日益完善的网络宽带，由此创造了一个神话，即整个拉丁美洲网上电子商务消费市场的 50%以上来自于巴西，巴西缔造、贡献了最大规模的拉丁美洲网络购物经济。在巴西，网上热销的产品包括娱乐业或旅游业的门票(30%的调查用户表示他们曾购买过)，电脑配件(22%的调查用户表示他们曾购买过)，服装、鞋帽、配件(22%的调查用户表示他们曾购买过)，书籍(16%的调查用户表示他们曾购买过)。整个拉丁美洲的 B2C 电子商务的规模，预计将从 2013 年的 433.4 亿美元增长至 2016 年的 624.2 亿美元。

尽管巴西占据着霸主地位，但阿根廷和墨西哥也各自成为推动整个拉丁美洲电子商务增长的驱动力。因为拉丁美洲是一个社会化媒体渗透非常高的地区。在 2011 年，有 1.145 亿拉丁美洲人口定期访问社交网站，而这个数字约占整个拉丁美洲网民的 96%。

除了委内瑞拉的网民偏好访问 Twitter 外，一般的拉丁美洲国家网民都流行使用 Facebook。值得一提的是，巴西是 Google+(谷歌的社交网站)在全球的第六大市场。因为社会化媒体的大量渗透，促使整个电子商务和移动商务的高速发展。用户通过博客、Facebook 和 Twitter，与他们的网上同龄人分享商品评论和各种商品价格优惠提示等。受欢迎的社交媒体网络给电子零售商带来了巨大的商机。

对于拉丁美洲的消费者是更偏爱跨国电子商务网站还是本地电子商务网站，数据显示如下：3/4 的阿根廷网上购物者更愿意选择本国的电子商务网站。而巴西和哥伦比亚国内，超过一半的消费者首选本地购物网站。墨西哥、智利和秘鲁，略超过一半的消费者却首选跨国网站进行网上购物。

墨西哥的互联网网民增长、互联网渗透速度在拉丁美洲国家中是最快的，其网民数量是阿根廷的两倍之多，即使是在世界范围内，墨西哥的互联网发展速度也是最快之一。但墨西哥的网上零售业仍处于发展阶段，由于电子商务技术发展过于缓慢，基础设施发展不完善，尤其是快递、仓储等物流基础设施和金融基础设施不完善，都严重制约墨西哥网上零售业的发展。

智利有着非常高的银行卡渗透、普及率。平均每个智利人拥有 4 张银行卡，70%的智利人在网上购物。智利领先的网上零售商 Falabella 和 Cencosud，占据智利 40%的网上零售市场。在巴西，B2W 和 Magazine Luiza 占据巴西 30%的网上零售市场。

MercadoLibre 是阿根廷的一家 B2C 电子商务网站，类似美国的 eBay。MercadoLibre 现在在 12 个拉美国家以及葡萄牙运营。巴西仍旧保持着最领先、最大的电子商务市场。MercadoLibre 网站 2012 年第一季度 8370 万美元的收入中，有一半都来自巴西市场。

全球在线零售商需要考虑拉丁美洲国家巨大商机下的各国语言差异问题，多亏拉丁美洲国家多是西班牙语系国家，这无形中降低了进入的成本。跨境网上零售商必须面对不同市场在语言上的差异问题，比如，在欧洲和亚洲市场上，面对不一样的语言环境，在线零售商们不得不采用不同的策略。

跨境在线零售商，通过与全球银行卡发行、供应商合作，连接到国际金融支付网络。通过向消费者提供多种付款方式、多币种选择的在线支付银行卡，将有助于跨境网上零售商的成长，以便他们的足迹遍布整个拉丁美洲。

(4) 北美和加拿大的发展趋势

2011 年，美国在线零售销售规模为 1615 亿美元。在 2011 年最后一个季度，美国的在线零售销售规模为 497 亿美元，比 2010 年最后一个季度的销售规模上涨 14%。Forrester 公司预测，2014 年的美国在线零售销售规模将达到 2780 亿美元，2015 年将达到 2790 亿美元，2016 年将达到 3270 亿美元。

表现最出色的在线产品类别分别为：数字内容的订阅、珠宝首饰及手表、消费类电子产品、玩具及嗜好小产品和计算机软件。

在线巨头零售商亚马逊公司2012年的移动销售额达到40亿美元，居美国移动电子商务首位。苹果公司位列统计数据第二位，其2012年的销售额达到11.7亿美元，这些销售额主要集中在在线应用程序、音乐、视频和电子书的销售上。统计数据显示，281家美国互联网零售商，2012年的在线销售额比2011年的43.6亿美元上涨83.3%，增至79.9亿美元。

智能手机和平板电脑在在线零售的增长过程中，发挥着重要的作用。消费者越来越多地使用智能手机查看产品价格、读取顾客评论、了解产品特色、购买产品。根据Javelin Strategy & Research公司的研究报告，消费者使用平板电脑进行支付的交易额已经飙升至50亿美元。以至于，移动电子商务规模欲凌驾于在线电子商务规模。但以下的在线产品类别，仍以在线电子商务为主导。在线电脑和电子产品（增长16%）、网上服装和配件销售（增长12.30%）、食品和药店（增长2.31%）、五金及家居装饰（增长2.42%）、办公用品（增长4%）。到2020年，网上零售商将完全整合互联网信息数据，通过数据挖掘来了解消费者购买行为。社交媒体已经成为一个强大的业务推动力乃至演变成某种重要的业务流程，在后台充分发挥作用，提高工作效率、减少工作成本、获取更多利润，比如配合物流，快速送货上门，等等。

美国和加拿大的网上零售业将在城市和农村地区蓬勃发展。美国和加拿大网上零售商可分析成熟市场的消费者行为，如韩国、日本和巨大的新兴市场（如中国和巴西），通过分析这些关键数据，可以帮助他们理解未来十年市场将如何发展。在加拿大经济衰退期间，美国网上零售商抓住机会进入了加拿大市场。尽管加拿大的零售商一直在努力为本国消费者提供多渠道的购物选择，但加拿大的居民不太喜欢选择本国的网上零售商。75%的加拿大人住在美国和加拿大边境100英里（约160千米）之内。尽管运输成本高，60%的加拿大的网上购物者，都愿意选择跨境从美国在线零售商那里购买商品。全球跨境在线零售的37%都集中在加拿大—美国市场。加拿大零售商应该采取Omnichannel（全渠道）销售策略，与全球性银行卡支付供应商、处理商合作，通过全球化的商业网络和PSPs扩大加拿大零售商在本国和跨境区域内的零售规模。

在美国和加拿大网上零售市场上，信用卡付款仍然是首选的付款方式。其中，移动电子商务使用信用卡支付的程度和密度比电子商务使用得多。初创公司为消费者提供了大量的、易于使用的安全的移动支付工具。这些工具都涉及信用卡，这些工具的使用被证明是非常成功的。平板电脑，吸引了大量的消费者，这些消费者选择使用平板电脑，是因为平板电脑的屏幕比智能手机的屏幕大，同时，平板电脑又比笔记本更容易随身携带。2015 年上半年，中国跨境电商交易规模为 2 万亿，同比增长 42.8%，占我国进出口总值的 17.3%。

4. 风险管理

LexisNexis（律商联讯）的研究报告指出，商业欺诈会对美国在线零售商、消费者和金融机构造成严重影响。LexisNexis 对欺诈的定义范围如下：① 欺骗性的或未经授权的交易；② 欺骗性的请求退款/退货、跳票；③ 商品丢失或被盗。LexisNexis 的研究报告并没有包含有关内幕欺诈或雇员盗窃的内容。

在 2012 年，在线零售商们为了防止信用卡欺诈，同意增加信用卡的拒付比例和额外支付的相关拒付费用。果然，信用卡诈骗的欺诈交易总额，从 2011 年的 65%下降至 2012 年的 60%。同时，金融机构也定义了欺诈的种类：如伪造卡、(Card-Not-Present，非面对面交易）欺诈、恶意高额定价、恶意吞并商家账户等。

英国 2011 年金融欺诈报告指出，英国 65%的信用卡诈骗（3.419 亿美元）是 CNP 欺诈，其中 3480 万美元的 CNP 欺诈是由信用卡被盗造成的信用卡丢失引起的。英国 2011 年发生的总的信用卡欺诈损失额为 5.278 亿美元。英国的这些信用卡诈骗数据同时也能代表整个欧洲的信用卡诈骗情况。

2012 年，CyberSource 在线欺诈报告指出，在 2011 年有 56%的受访商家使用了自动筛选系统。同一项调查也显示，受访商家拒绝了 2.8%有可疑支付欺诈意图的订单。75%的商家手工审查 27%的订单。

商家不应该轻视自己网站上出现的欺诈行为，这些欺诈行为会损害网站的形象、信誉，负面消息在发达社会化媒体的快速传播下，很快会反过来对公司造成严重的利益上的影响。

在英国，银行卡提供商、付款解决方案供应商、收单银行、风险管理解决方案提供商、政府机构，已经采取了联合行动，促使英国的信用卡诈骗数量减少了 7%。

网上商家应该改善相关的业务流程、完善风险管理、更新投资新技术，也要做到遵守反欺诈法规，降低相关法律风险，更好地预防欺诈。

与网上零售商合作的银行，也要搭建相关的成熟监管架构、体系，帮助网上零售商发展他们的业务，减轻他们的风险控制。

# 第二章　跨境电子商务的经营策略

本章主要对跨境电子商务的商业模式、市场定位、供应链管理、品牌构建以及支付方案等经营策略进行介绍。跨境电商的成功关键在于选择正确的经营策略，并用它来指导跨境电商业务的实施。对跨境电商经营策略的学习是开展跨境电商业务的必修环节和理论基础。

## 本章要点

- 跨境电商的商业模式。
- 跨境电商的市场定位。
- 跨境电商的供应链管理。
- 跨境电商的品牌构建。
- 跨境电商的支付方案。

## 学习目标

- 了解跨境电商的商业模式类型。
- 了解跨境电商的市场定位方法。
- 熟悉跨境电商的品牌构建。
- 掌握跨境电商的供应链管理和支付方案。

## 第一节　跨境电商的商业模式

跨境电商的商业模式,即开展跨境电子商务时,企业创造价值、传递价值和获取价值的基本原理。涉足跨境电商领域,首先应该明确自身的商业模式,确定用什么样的形式使企业盈利。

随着跨境电子商务的发展,其商业模式也在不断地发生着转变。在跨境电商1.0阶段到3.0阶段的变迁中,跨境电商的商业模式也发生了由单纯的网上展示、线下交易的外贸信息服务模式向在线交易平台模式和综合性跨境交易平台模式的转变。

## 第二节　跨境电商的市场定位

很多跨境电商企业在开始时会不知道什么样的产品适合,不知道哪个市场可以发展。品牌定位能够帮助跨境电商企业在市场上占据消费者的心智和获得对品牌的期望认知,从而赢得消费者在众多选项中选择你的优势。一个没有定位、没有清晰的产品路线的企业,很容易落入什么都不是的尴尬境地,最终在竞争激烈的国际市场中败下阵来。

市场定位最重要的就是满足需求。但由于身处国内,中国企业对境外市场和境外消费者需求的了解却无法和国内相提并论。企业想要做好定位,就需要去做一些前期的调研,在不断的积累中,培养对买家需求的敏感度。

在对国外市场调研阶段,企业要去关注市场国总体物价水平和销售产品所属行业的价格水平。终端零售价格非常重要,只有了解了终端零售价格才有可能清楚境外消费者处于怎样的购物环境中,最终才能更好地给产品定价。而由于地域、文化等因素的差别,境外消费者的购物喜好与国内消费者相比,会有差异存在。所以,调研过程中企业还要了解境外消费者的喜好。

目前速卖通主要市场国有俄罗斯、巴西、美国、西班牙、法国等国家。企业可以多和这些国家的朋友交流,进行市场调研。调研发现,俄罗斯轻工产品价格是中国的 3 倍,巴西生活用品价格相当于中国的 2～3 倍,美国整体物价相对于工资水平来说是较低的,但是也有一部分商品价格很高。

美国普通数码周边产品和婚纱产品与我国有较大差别。企业通过消费者的购买需求进行定位。看看自身产品是否具有独特的产品功能和款式,是否拥有价格优势,是否质量拥有绝对的保证,是否为国外消费者了解的品牌。可以通过以下途径调研。

① 国外考察。可以去欧美国家,注意不要去亚洲国家,亚洲国家的习惯和文化背景与我国是相似的,而且我国企业的主要市场大部分偏欧美国家,俄罗斯消费者的喜好和欧美也是相似的。

② 多和外国人沟通。最简单的方法就是咨询在中国的外国朋友,他们网购一般都买什么,这对企业选品有重要提示作用。

③ 看国外的零售网站,例如:

http://www.targer.com(综合性超市)。

http://www.macys.com(综合性百货)。

http://www.costco.com(综合性批发超市)。

④ 看看企业产品在国外类似品牌官方旗舰店的品质和价格是怎样的,可以去学习和超越。

⑤ 看国外电影、美剧。去了解国外消费者的生活习惯及日常涉及的生活用品等。

⑥ 看买家频道,分析销量高的商品的特点和共性。企业有时会忽略这点,其实看买家频道,就是为了了解买家需求,站在消费者的角度思考问题。

⑦ 数据分析。目前国内竞争相当激烈,价格战严重、产品同质化明显。企业在选品时要尽量规避这些问题,可以通过细分市场,找寻合理定位。

细分市场可以从产品出发,分成中、高、低端市场;也可以做品类专业化,从消费者年龄层、性别等条件进行具体划分;还可以从风格差异化入手,展现自己风格,让人轻易记住。

找寻自己的产品定位,具体可以分为三步。第一,前期调研,从细分市场切入,选品、店铺装修尽量统一,给人专业的印象;第二,市场时间的检验,设置一段时间让市场检验产品，看产品是否符合市场需求，可以通过曝光数据、销量、评价等判断；第三，在经过检验后，选出明星产品优化发展，调整市场定位。

在定位产品时，企业可以想想自己的品牌、店铺、商品的记忆点是什么，而不是千篇一律地卖同质化产品。找对了方向和市场定位，就可以增加产品的附加值，提高成交率。

## 第三节 跨境电商的供应链管理

1. 跨境电商供应链管理的基本概念

跨境电商的供应链管理，目的是在满足一定客户服务水平的前提下，最大限度地降低跨境电商的成本，同时将制造商、仓库、供应商、配送中心和渠道商等跨境电商成员有效地组织在一起，进而完成产品制造、分销、转运、销售等跨境贸易环节。也就是说，跨境电商的供应商管理包括计划、采购、制造、配送和退货五个环节。

与传统国际贸易相比，跨境电商能够简化中间代理环节，提高交易效率和效益。跨境电商的顺利实施，除网上产品推广、订购交易等信息流和跨境支付资金流外，还需稳定的跨境物流同步支持。良好的客户体验及口碑是网商生存的基础，物流服务的时效性、安全性、成本低廉性、售后退换货的便利性等均构成客户的购物体验，影响客户满意度和忠诚度。跨境电子商务的物流配送需跨境运作，涉及不同关境的物流运作商，运作复杂，供应链协同性较差，因此，对跨境电商而言，供应链管理起着至关重要的作用。

2. 跨境电商物流模式分类

近年我国新注册的电商经营主体中，九成以上为中小企业和个体商户，其电商模式以零售为主，零售模式下订单物流批量小，运作难度大，在进行跨境电子商务时，选择正确的供应链显得尤为重要。跨境电商包括出口电商和进口电商，跨境电商的供应链模式也分为出口跨境物流配送模式和进口跨境物流配送模式。

（1）出口跨境物流配送

兰亭集势、敦煌网、阿里巴巴速卖通、eBay 等为我国知名的出口跨境电商平台。这些出口跨境电商平台采用的供应链模式主要有境内集中配送和境外分散配送两种。

① 境内集中配送

我国电商外销商品一般为服装服饰、3C产品、日用品、化妆品等个人消费品，商品配送主要采用国内配货，按买主集成商品单元，委托邮政体系或国际快递等直邮境外，再由境外合作者将包裹运输递送给客户。此模式下报关主体是邮政或快递公司，个人用品邮包一定标准内无须缴纳关税。

国际四大快递公司（UPS、DHL、FedEX、TNT）物流质量好，时效、安全性、稳定性、可跟踪性均能保证，但价格相对昂贵，只有极少量价值高的商品才会选择国际快递。多数个人消费品售价较低，偏低的客单价只能承担相对低廉的物流费用，因此，多数电商委托邮政体系进行包裹跨境递送。

此模式优势是境内一次性按客户配货集成订单包裹，后面只需完成运输递送任务，电商无须提前在境外储备大量存货，进入门槛低，适合实力较弱的中小规模卖家。其劣势为无法满足客户对物流服务高质量与低价格的双重要求，低价格下物流配送的实效性、安全性等无法保证，客户体验差影响电商口碑。在俄罗斯、巴西等物流配套不完善、海关政策不稳定的新兴市场尤为如此，客户经常一两个月后才收到商品，丢包现象也时有发生。

② 境外分散配送

部分规模较大的跨境电商尝试境外分散配送策略，电商在境外目标市场建立或分租仓库，据销售预估提前将批量货物通过海运等低价运输到境外仓库，收到客户订单后由境外距客户最近的仓库实施订单拣选、配货送货至买家。其优势是当地配送增加了跨境物流的可控性，物流的时效、准确性、售后服务很有保证，合理的境外仓储及配送策略还能有效节约物流成本，这些均能改善客户体验。这一策略还能帮助境内商家拓展跨境销售的商品类别，使原本不适合跨境配送的重量高、体积大、形状特异的商品（如汽配类、家居园艺类）成为跨境电商推广的新品类，目前部分电商采用这一模式取得了良好的经济效益。其弊端和局限性在于，随着境外业务拓展，需建立和分租的仓库数量增加，提前备货的库存量大幅攀升，沉淀资金和库存管理的压力明显加大，且对销售预测准确性要求较高，预测误差导致的世界性库存或者滞销风险接踵而来。

（2）进口跨境物流配送

国内买家热衷境外网购的商品有护肤美妆、婴幼儿食品、服饰、保健品、电子产品等消费品。欧美品牌商和零售商强势进入我国进口电商领域，国内的洋码头、天猫国际、苏宁易购“全球购”、依托上海自贸试验区的“跨境通”等纷纷涉足。进口跨境物流配送包括境外货源的采购与组织、跨境运输与配送两大业务环节。

① 境外货源的组织与采购

境外品牌商和零售商具有货源优势。境内电商获取货源的渠道有：获得品牌商授权；提供平台合作境外供应商；派人在境外市场采购集货。目前境外多数母婴用品、化妆品、奢侈品等品牌商为保障区域代理商利益或基于其他方面考量，往往不愿直接授权国内规模较小的电商渠道。因此，部分境内电商提供平台与境外供应商合作，直接采取B2C的模式。还有部分奶粉、纸尿裤类电商直接派人到境外市场以平价或高于市场价的方式采购集货。

② 跨境运输与配送

目前，最具代表性的配送为境外仓库集中配送和境内保税区配送两种模式。

a. 境外仓库集中配送

境外仓库集中配送是境内、外电商在境外设立的仓库按客户订单配货集货，通过国际快递直邮中国配送给境内客户，或通过国内邮政、自身合作的物流公司、国际航空公司等递送给境内客户。资料显示每年有8亿罐奶粉和10亿元奢侈品通过UPS和DHL等国际快递直邮（或通过转运公司）进入国内。境外很多网商不支持直邮中国，某些商品受限无法直邮中国，或客单价较低无法承受国际快递较高的资费时，便由华人转运公司在当地替中国买家签收包裹，再将货物发回国内买家。转运公司的价格可以低至每磅5美元以下，但跨境运输和送货环节委托国际航空公司和国内快递企业完成。转运公司多以免关税的个人包裹形式跨境递送，倘若被海关查验包裹的重量和价值超限被征收关税时，买家需自行补交税费，递送时间会随之拖延。多数从事境外转运业务的本土公司缺乏品牌效应，以低廉的价格行走在逃税灰色地带。海量的个人包裹不仅缺乏物流规模效益，也给海关清关带来巨大压力。转运公司信息与海关系统不对接，一旦包裹数量剧增时清关延迟、扣留、丢包等就很难避免，严重影响客户的购物体验和满意度。

b. 境内保税区配送

境内保税区配送是电商将境外商品提前备货到境内的保税区，待收到客户网络订单后，从保税区备货中拣选配货，快速递送至客户手中。我国已在上海、杭州、宁波、郑州、广州、重庆六城市试行“保税进口模式”，境外商品以批量低价运输到境内的保税区存储，形成进境备案清单，电商接到客户订单后对保税区内备货进行拣选、配货、发货，快速递送到客户指定地点。货物在保税区内出入境有海关、检验检疫等部门严格监管，可以保障商品质量。保税区内存货充裕，能保障客户退换货等售后服务。上海自贸试验区启动保税进口模式试点，从 2013 年底至 2015 年 3 月 30 日，累计成交订单 26766 笔，订单商品主要为奶粉、星冰乐等进口食品。宁波自 2013 年 11 月底开展跨境电商保税进口业务，截至 2015 年 3 月 30 日共验放 15017 票商品，货值 497.5 万元，品种主要为食品、尿不湿和不锈钢保温杯等。天猫国际平台上线后，已与郑州综合保税区、宁波保税区和杭州跨境电商产业园签约合作，部分产品将从保税区派送全国。

目前，我国实施保税进口模式试点的城市较少，在税收监管、退货便捷性等方面有待完善，交易规模有待扩大。我国 34 个保税区最有条件开展保税进口模式跨境电子商务。对比中国境外代购市场 2012 年 483 亿元、2013 年 750 亿元的交易规模，保税进口模式未来的发展空间巨大。

3. 跨境电商供应链管理业务痛处和管理策略

（1）跨境电商供应链管理业务痛处

物流配送效率一方面影响卖家的运营成本，另一方面又关乎用户体验，供应链管理效率无疑成为制约跨境电子商务发展的关键因素。由于跨境电商业务模式的特殊性，其供应链管理也面临着诸多难题。

① 跨境物流配送速度慢

目前跨境电商的物流送达时间最短为 7～12 天，最长可能延长至 3 个月。由于地域限制和航线制约等因素，无论是采用境内集中配送还是选择境外分散配送方式，目前的物流配送水平都无法真正满足用户对物流配送速度的要求，这严重影响了跨境电商的用户体验。

②跨境包裹难以全程追踪

由于跨境物流所经区域复杂、路程长，商品运送途中的安全隐患也较多。用

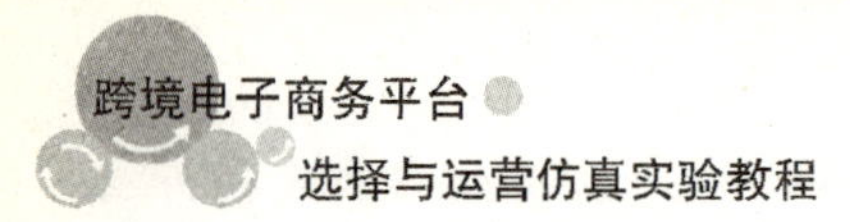


户显然更希望能够实时获取商品的物流信息，以确保所购商品安全。但是由于全球物流水平的不均衡发展，目前而言，只能实现部分物流发达国家（英、美、澳、中等）的物流信息查询，跨境电商尚不能实现跨境包裹的全程追踪。境外段物流配送应高度信息化，才能够实现同国内段物流配送的对接。

③ 跨境物流的清关障碍

跨境物流需要通过出口海关和目的国海关两道海关关卡。在出口跨境电商物流中，在目的国海关经常出现扣货查验，货件退回发件地或要求补充文件资料再放行的处理，甚至直接没收。“退件”和“没收”会给卖家带来难以承受的损失，而“补充文件资料再放行”往往会延长配送时间，可能导致买家的投诉甚至拒付货款。因此，跨境电商应当更加重视进口国的监管制度和目的国海关的贸易壁垒。

④ 跨境包裹破损甚至丢失

在跨境物流的邮政系统中，揽件以后，货物往往需要经过四五道甚至更多次的转运，才能最终送达客户，非常容易出现包裹破损的情况。与此同时，使用邮政包裹或者专线物流，都会存在一定概率的丢包情况。跨境包裹破损甚至丢失，不仅给客户带来糟糕的购物体验，也使得卖家的运营成本大幅提高，还要面临丢失客户的风险和损失。

⑤ 跨境物流的退换货困难

退换货问题在常规的贸易中，是不可避免的。但是由于跨境物流周期长、反向物流成本高、需要缴纳进口关税等原因，跨境物流中，无论是邮政包裹、商业快递还是专线物流，都无法支持卖家向买家提供退换货服务。这也成为阻碍跨境电子商务发展的因素。

（2）跨境电商供应链管理策略

面对跨境电商供应链管理的诸多业务难点，在供应链一体化的建设过程中，关键是实现国内外信息的无缝对接，同时需要适应不同国家和地区的法律和税务政策，也可以采取境外服务外包、寻找境外合作伙伴、建立境外仓储等手段提升供应链运作效率。

① 在境外适度进行服务外包

由于欧美国家社会体系已经高度成熟，分工非常明确，雇佣人力成本较高，企

业在境外建立自己的物流网络成本较高。选择与本土的企业进行业务合作，一方面可以降低成本；另一方面也能够提高境外物流的运作效率，但企业应当注意与外包企业的信息对接，避免物流配送过程中的意外情况。

② 寻找合适的境外合作伙伴

目前，在跨境供应链整合方面发力较大的多为民营企业，而民营企业资金较为匮乏，这会阻碍它们境外物流业务的拓展。因此，中国跨境电商企业可以选择与境外品牌合作，以更好地处理与境外商业协会和政府部门的关系，更快地融入当地主流社会，熟悉当地经商环境。在境外合作伙伴的选择中，综合考量合作企业的口碑和实力，将会使跨境电商企业少走很多弯路。

③ 注意法律与税务问题

在欧洲，银行及税务部门会严格监管各种商业活动，所以中国企业应该做到合法合理纳税、避税，不可存侥幸心理，不可急功近利，否则会影响企业长远的发展，甚至造成巨大损失。跨境电商企业在开拓和整合境外供应链，特别是组建境外建仓业务时，要特别注意当地的税务问题和法律法规。

④ 预测式响应订单——先发货再销售模式

面对跨境电商物流配送效率低的问题，可改变传统的先下订单再配送的模式，采取先发货再销售的模式，以减少客户的等待时间，提高用户体验。在跨境电商领域，目前已有部分企业在这方面取得了不错的成效。其中亚马逊公司就采用了预测式响应订单，在订单响应上化被动为主动，不但缩短了配送时间，还降低了发货成本，提高了销售量。

预测式响应订单是一种良性的供应链管理理念，其精髓在于运用互联网预测消费者的需求，主动反应订单。亚马逊经过多年的积累已经形成了强大的数据库，系统根据数据库中的历史数据可以预测某个产品的某一型号在某一个地区一天大概的订单量。根据系统的订单预测和备货周期记录，亚马逊的采购部门会在10天前将预测值发给供应商。也就是说，在下单之前，商品就已经在库房里准备好了。跨境电商要实现预测式响应订单，需要实现供应商系统和供应链系统的直接对接，以保证产品从供货仓储到配送的效率最优。

⑤ 由系统匹配最佳仓库

为了缩短配送时间，跨境电商企业可以选择在境外建立仓储，供应链系统自动根据相应的订单数据匹配给发货成本最低、到达效率最高的仓库。

4. 跨境电商供应链发展趋势

经过10年的积累和近两年政策的大力推动，如今的跨境电商正从量变走向质变，多数网商已由个体户发展成为几十人甚至上百人规模的中小企业。跨境网商的竞争逐步从价格战转向创品牌和整合物流供应链等高端领域。跨境物流运作向境外建仓、境内外合作构建一体化体系、优化整合供应链迈进，物流配送策略得以提升。经过多年发展，“出口易”由跨境电商成功转型为中国首家专注于境外仓储及配送服务的物流服务提供商，在中国香港、美国、英国、德国、澳大利亚建设五大境外仓储中心，在广州、深圳和上海等7个城市设立物流中心，为跨境电商提供M2C（生产厂家对消费者）供销平台及全程物流解决方案。B2C进口电商洋码头已在境外自建仓储物流设施，旗下的贝海物流在洛杉矶、纽约、旧金山设立三个技术先进的货站/分拣中心，在法兰克福和伦敦建立两个物流中心，2013年双十一，洋码头依托天猫完成20000个订单，洋码头以稳定的业务量预定航空仓位进行跨境递送，实现缩短时效和降低费用的双重目标，并借此优势与天猫国际深度合作搭建境外物流链。同时，递四方、中环运等转运企业逐步走向成熟，知名快递顺丰、申通已相继进军境外转运业务，以知名快递企业的规范操作引领产业升级。中外企业在优化业务基础上，由一般协约走向战略联合，提升跨境物流链的反应速度和协同性。顺丰与立陶宛邮政联手建立欧洲第二大物流枢纽中心，共同开拓欧洲市场；阿里巴巴以投资入股方式与澳洲邮政、新加坡邮政进行战略合作，为阿里巴巴跨境商家提供端到端物流解决方案；圆通速递与CJ大韩通运进行战略联合，推出中国到韩国72小时的门到门物流服务；日本宅急便运输公司和大和控股集团提升与中国邮政的合作，力争所购日本产品最快3天递送上门。跨境电商的产品类别决定了邮政国际小包依旧占据跨境电商物流的主导地位。为优化业务和有效利用自身的处理能力，2013年中国邮政国际小包取消了所有折扣，同时取消平邮只接受挂号小包。中国邮政与eBay、亚马逊、敦煌网、阿里巴巴、PayPal等主要电商和支付平台建立了合作关系，力争打通与跨境电商和相关各方的信息流，以一体化物流提升物流运作效率。

# 第四节 跨境电商的品牌构建

1. 跨境电商的“中国制造”瓶颈

跨境电子商务要往前走，有许多障碍横在面前。几乎所有的同行都面临共同的问题，其中包括如何有效地开拓全球市场，如何提升服务和客户体验，如何降低物流和支付成本，如何进行品牌化的发展，等等。在跨境电商初期，企业可以通过价格优势获得市场，但是随着行业不断发展，高质量的产品和更好的服务才是竞争的核心。从长远来看，品牌化才是中国跨境电子商务未来的一条出路。企业开展跨境电商，应当更注重服务质量和品牌发展，将中国的形象融入品牌设计和内涵中，这才是品牌化的道路。

然而中国跨境电商的品牌化之路并不好走。中国企业从事对外贸易的时候，就已经陷入了“中国制造”的困境。虽然“中国制造”以其物美价廉的优点在世界市场上占据了重要地位，但长久以来，西方国家总针对“中国制造”产品质量问题大肆炒作，对中国制造的一些“问题产品”提出严重的质疑，刮起了妖魔化“中国制造”的冷风。在造成经济损失的同时，“中国制造”问题更演变为一场信任危机，严重损害了中国产品的声誉和中国的国际形象。

“中国制造”遭到国际社会质疑，在出口占国民经济重要地位的情况下，这一问题的解决刻不容缓。然而解决这一问题又非易事，“中国制造”目前面临着诸多困境。

(1) 产品附加值低，核心技术缺乏

在世界制造业的产业链上，中国大多数企业只处在下游。中国制造业的加工组装在整个产业链中的附加值较低。目前可利用的比较优势是廉价劳动力，接受的是技术或产品的转移，这决定了我们在产业链中的位置即组装和制造。而研发或营销策略的实施是由产品转移国进行的，可以说大部分中国制造业是出口加工的模式。在中国制造的产品大多停留在加工制造的初级阶段，中国制造业处于低附加值、低技术含量的困境中，而高附加值、高技术含量产品的核心技术则仍然被发达国家所掌控。

(2) 品牌观念淡薄

纵观中国整个制造业，拥有自主知识产权的品牌较少，具有国际竞争力的品牌更是屈指可数。而且与国外跨国公司的国际品牌相比，自主品牌无论是在市场知名度还是品牌价值方面都还存在很大的差距。国际品牌的缺乏不仅会带来表面的国际地位以及直接的经济利润的下降，更会进一步使得中国制造企业在国际分工中处于不利的位置。国外企业赚取了丰厚的品牌溢价，而中国制造业仅仅赚到很小部分的加工费。缺少自主品牌，主要是由于我国制造企业缺乏品牌观念。首先，企业自身缺乏培育自主品牌的动力，自主研发投入少，急功近利。其次，市场尚未形成有利于品牌发展的竞争环境，地方行政性垄断限制了品牌企业的发展空间，假冒伪劣产品屡禁不止，知识产权侵犯时有发生，这些都极大挫伤了企业创建自主品牌的积极性。

(3) 人才瓶颈问题突出

发达国家技术工人中，高级工占35%，中级工占50%，初级工占15%；而我国高级工仅占4%，中级工占36%，初级工占60%。劳动保障部门的有关调查表明，某些技能人才、高级技工在一些地区供不应求，缺乏高级技师这样的骨干技术技能人才已是国有大中型企业的共同问题。进一步说，我们更加缺少创新型、复合型技术人才。这样我们就很难将现有的技术转化为现实的生产力，也难以吸收国外的先进技术，难以推进技术革新，从而削弱了“中国制造”的国际竞争力。

上述几点都在一定程度上反映出“中国制造”在企业核心竞争力、产品品牌战略、人才培养等方面有待加强。随着跨境电商的进一步推进，以低成本作为制造优势的局面将逐渐难以维系，所以给“中国制造”一个新的定位并寻求应对策略显得尤为重要。

“中国制造”危机确有自身原因，部分产品的确有质量问题。目前中国作为贸易大国，出口产品品种较多，出口国家和地区较广，一旦质量出现问题，产生的影响不言而喻。这些质量问题容易被某些人所利用，推波助澜，掀起风波。“中国制造”出现问题，中国自身内部一小部分唯利是图的企业难辞其咎，对此应深刻反省国内出口企业自身的不足。另外，从国内环境来看，中国的市场经济尚处于初级阶段，国内诚信体制缺失，法律体系不健全，劳动力整体素质有待提高。更有一些生产厂商以牺牲消费者的利益为代价来千方百计地压缩成本。总之，多种原因导

致国内产品出现质量问题，而出口产品的质量问题不过是国内产品质量问题的外延。

中国在出口贸易过程中与西方国家的贸易摩擦屡见不鲜，中国出口遭遇的不公平对待从未停止，然而在短时间内被大量集中报道，这是极不正常的。通过制造、夸大"中国制造"的危机，丑化中国产品的声誉，挤压"中国制造"的生存空间，实为贸易保护主义的手段。中国商品凭借廉价劳动力和原材料的价格优势涌向国外，国外的制造商无力抵制，只有借助其他一些方式来夺回一部分市场份额，近期爆发的"中国制造"问题就是其手段之一。另外，产品质量与安全问题是世界各国面临的共同挑战，而国际社会唯独盯住"中国制造"不放，这不排除浓重的"中国威胁论"嫌疑，在政治和外交方面阻碍中国影响力向全球延伸，同时在经济方面对中国的商品进行攻击和诋毁。"中国制造"危机无非是"中国威胁论"在经济领域的翻版。

2. "中国制造"的品牌化出路

"中国制造"长期以来以价格优势打入国际市场，这一策略在一定时期内产生了积极作用，但不利于可持续发展。"中国制造"的低价格竞争必然引起其他国家对中国出口企业提出反倾销指控。此外，中国周边的发展中国家和地区纷纷效仿中国，采取更低廉的劳动力和更优惠的引资政策，削弱"中国制造"的优势。特别是近期人民币升值、资源价格暴涨及劳动力成本急剧上升，使得"中国制造"仰仗的价格优势进一步丧失。跨境电商不能再停留于以往的"中国制造"模式，而应寻求其他出路。

(1) 选择竞争优势导向的发展模式

宏观上，"中国制造"要摆脱目前的局面，需要将出口导向的发展模式上升为竞争优势导向的跨境电商发展模式。中国长期以来选择的是"廉价劳动力＋跨国公司资本与加工技术"的出口导向型外贸发展模式，这一模式并非长久之计。必须使中国由跨国公司的"出口加工车间"变成"出口产品生产工厂"，再跃升为"高技术产品生产基地"。首先，要通过政策引导，提高外资企业的技术外溢水平，加强外资企业与中国本土企业的技术和生产上的关联度，促使"中国制造"向高端生产转移。其次，加强政府的导向作用，坚持将利用外部有利条件与发挥自身优势相结合，促使加工贸易朝着有利于出口产品升级转型的方向发展，积极吸引技术领先、产品附加值高、投资规模大的贸易型企业。

(2) 学习和研发核心技术，提高我国出口产品的技术含量

对外贸易要从单纯追求量的扩张向质的提升转变，不断提高出口产品的技术含量，优化出口产品结构，提高效益。中国大多数制造型企业处在国际分工的末端地位，需要提高企业生产的技术水平，促使我国制造业转向中高端产品的开发和生产，如此既有利于减少贸易抑制，也有利于改变我们在世界制造业价值链中靠后的位置，提升“中国制造”的整体竞争力，争夺在世界产业发展中的主动权和控制权。在这一方面，中国可以借鉴其他国家的成功经验。比如“日本制造”同样遇到过类似问题，20 世纪 80 年代，日本产品不断取得对美国的优势，因而遭遇了美国制造的种种贸易摩擦，日本被逼上另外一条道路，以更高档的产品进军市场，从而更大程度地获取利润。当前中国也要转变思路，寻求和打造“中国制造”的其他优势。

(3) 加强产品质量监控，带动产品的精品化和品牌化

只有从根源上解决产品质量问题，才能从根本上维护“中国制造”的正面国际形象。所以，提高企业的管理水平与效率，特别是加强出口产品的质量监控与管理，并与关键技术创新相结合，改进制约产品质量的薄弱环节与因素，不断提高出口产品的质量，采用以品质、品牌为主导的贸易营销策略取代目前某些企业以“拼价格、拼数量”作为代价来占领市场的方法，这才是恢复“中国制造”形象的重要出路。及时改变“中国制造”的出口增长方式，以质取胜，做出“品牌”，以高品位、精品化、品牌化的商品来开拓国际市场已刻不容缓。

(4) 培养高素质人才，提升劳动力成本

中国制造在国际分工中的比较优势体现在国际产业分工的低端，分工活动对劳工资源的素质要求相对较低。但是随着我国出口加工业的迅速发展，大量初级工的使用使得劳动在国际产业分工中不仅出现了劳动力“双低”(低成本与低效率)的现象，而且还呈现出成本不低但效果不高的趋势。因此，如果不迅速提高我国劳动力素质，势必削弱劳动力成本在国际产业分工中的比较优势。提高我国劳动力素质是提升“中国制造”产品竞争力的关键所在。从微观上讲，高素质人才是企业的核心，培养一批有技术、有能力、有素质的人才是企业赢得竞争力的重要方面。企业应最大限度地发挥人的创造力和智力，使人力资源、智力资本得到开发

利用。中国企业营造良好的社会大环境，尊重和重新认识技术工人的价值和地位，增强技术工人的职业荣誉感、自豪感和责任心，建立良好的人才开发管理机制，开拓现代人力资源管理的新途径。

总之，“中国制造”危机是中国出口贸易长期积累问题的集中爆发，我们应该化危机为契机，认真反思总结，解决长期困扰“中国制造”的顽症，使中国从制造大国提升为制造强国。

3. 跨境电商的品牌营销

传统品牌构建的方式费时又费力，而且需要较高的资本投入，因此，跨境电商的品牌化不能单纯地走传统的品牌构建路线，企业应当借助跨境电商平台的优势进行品牌营销。中国品牌利用跨境电商平台打造自主品牌，进而走向全球市场，将成为一种快速而又得天独厚的方式。

（1）建立自主品牌

中国传统外贸制造企业多为OEM（代工生产）和ODM（原设计制造商）形式。其中OEM形式的企业只负责加工生产产品，并没有关键的核心技术；ODM的企业，设计出某产品后，在某些情况下被另外一些企业看中，要求配上后者的品牌名称来进行生产，或者稍微修改一下设计来生产。这两种企业都难以掌握销售渠道，缺乏与产品消费者直接接触并了解消费者习惯的机会，在现实交易中往往饱受国际掮客的盘剥，丧失了自主定价权。

中国传统外贸企业早就应该摆脱受制于人、靠出口退税过日子的困境，建立自主品牌，而跨境电商平台恰好给外贸制造企业提供了一条成本相对较低、风险相对较小的品牌化发展之路。首先，外贸制造企业需要注册目的国的品牌，并开始锻炼国内供应链的电商化能力，初期可能牺牲部分利润，但一定要让产品拥有自主品牌。其次，积极运用eBay、Amazon等境外三方平台，钻研平台规则，主动推广，扩大影响力，打造互联网品牌，并且利用平台与客户互动，直接接触客户，了解用户消费习惯和市场的实际情况，为以后发展自己的渠道品牌做准备。再次，利用中国制造能力的优势，结合对目的国目标市场的了解，推出适应目标客户的高性价比产品，同时开展一些SNS经营培养客户忠诚度，也可以组建团队，尝试经营自主跨境B2C站点。最后，依靠前期积累的国内供应链电商化能力、渠道经验和国际市场数字信誉的积累，有实力的公司可以适时考虑组建国外研发、设计、商务团队，进一步开启品牌本土化之路。

（2）实施本土化

跨境电商面临着本土电商迅猛发展的挑战，为了在国际市场的竞争中生存下来，必须加快自身本土化进程。本土化可以降低服务成本，提升服务质量，改善用户体验，增加品牌亲和力，促进跨境电商的品牌化发展。

然而跨境电商面临着复杂的非统一市场，每个市场都要面对不同的语言、文化、流行时尚、法律、法规、通关流程、仓储物流程序、支付结汇方式等多方面的困难。早期的跨境小卖家和刚入行的外贸工厂可采用 B2B2C 的模式。其中第一个 B，就是传统的国内外贸工厂或外贸公司；第二个 B，就是国内外贸公司为了实现跨境电商本土化而注册的境外公司；C 泛指最终消费者、终端零售商。具体的实现路径是：国内团队＋境外公司＋境外仓囤货＋本地渠道。此模式成功的关键在于注册的境外公司的本土化。

（3）全渠道运营

全渠道运营代表着跨境电商的宽广之路，企业可以根据自身实际情况，选择一条适合自身的路径。跨境电商主要有第三方平台、分销和自建商城三类渠道。

第三方平台主要有 eBay、Amazon、乐天等，国内的淘宝和京东也开放了国际化平台，newegg、eBags 和 EToys 等平台成本相对较低，新卖家可以根据自身产品定位进行选择。选择第三方平台，市场进入成本相对较低，能够快速进入本地市场，具有固定的营销成本，但同时比价也较透明，竞争更为激烈，企业也无法建立自己的客户数据库。

分销就是给跨境电商大卖家、境外电商卖家和境外零售终端供货。工厂供应链从 OEM 生产，批量生产向电商零售转变会遇到不少困难，而以分销开始逐步锻炼工厂的供应链电商，可以为企业创造一个战略转变的空间，实现平稳过渡。分销具有低风险、低成本的优点，但同时也有低利润、高折扣、没有品牌形象的缺点。国内的联想手机、中兴手机、优派显示器等在很多境外市场就是以分销的形式跨境销售的。

自建商城能够使外贸企业具有更多的产品优势、成本优势和人力优势，同时可以增加与客户的互动和对细分市场的了解。现在对于国内市场，境外市场自建站点的转化率要高出很多。企业自建商城，具有自主的营销策略，能够建立自有的客户数据库，品牌形象深刻，也具有更多的利润空间，但同时也面临着高成本、高风险的困扰。

三种渠道相互对比没有绝对优劣之分，跨境电商需要选择适合自己的渠道或渠道组合，才能实现理想的投入产出比。选择合适的渠道和渠道组合，主要考虑企业的市场定位、营销策略、配套服务和人才因素等方面。

## 第五节　跨境电商的支付方案

1. 跨境电商支付业务类型

跨境电子商务是一种传统国际贸易网络化、电子化的新型贸易方式，不同国别或地区间的交易双方通过互联网及相关信息平台实现交易。

跨境电子商务以企业和消费者间的交易(B2C)为主，操作流程与国内电子商务基本相同，主要区别在于跨境电子商务具有国际性。目前，跨境电子商务存在以下两种较为常见的业务类型：① 境内用户在境外网站购买商品和服务。境内用户通过国际性的电子商务信息平台购买境外商品和服务，支付机构集中代用户购汇结算给境外商户。支付机构为境内用户提供的代付服务通常被称为境外收单业务。② 境内商户通过互联网向境外销售商品和服务。境内商户通过国际性的电子商务信息平台联系境外的买家并出售商品，支付机构集中代境内商户收汇，并根据境内商户的结算币种，向其支付外汇或代理结汇并支付人民币，物流则交给国际性快递公司完成。支付机构为境内商户提供的代收服务通常称为外卡支付业务。

2. 跨境电商发展现状

(1) 跨境第三方支付发展现状

随着跨境电子商务和国内非金融机构支付业务的迅猛发展，一些规模较大、发展比较成熟的支付机构扩展跨境支付业务的需求逐步强烈。2009 年，国家外汇管理局批复同意浙江支付宝和深圳财付通两家第三方支付企业开办境外收单业务，但一直未批准其开办外卡支付业务。实际上，目前已经有个别支付机构通过在境外设立分公司的方式变相开展了外卡支付业务。我国每年数百亿美元规模的跨境第三方支付市场主要由美国PayPal等境外支付公司垄断。2012年，占我国跨境第三方支付市场份额最大的支付宝的跨境支付总额约为9亿美元，仅占我国跨境电子商务总交易额的5%。大量跨境电子商务企业在境外开立账户收取货款，并通过个人分拆结汇等方式流回境内。境外支付公司对中国外贸企业不仅收费高，而且管理苛刻，在发生纠纷时普遍偏袒境外持卡人。因此，扶持我国自有支付公司拓展跨境业务，对于促进我国跨境电子商务和第三方支付市场的健康发展具有重要意义。

（2）跨境第三方支付监管现状

目前，我国尚缺乏系统的针对跨境电子商务和跨境第三方支付的管理法规。工商、商务等部门颁布的电子商务和第三方支付类法规及指导意见，仅明确了鼓励电子商务和第三方支付行业发展的态度，并未明确跨境电子商务及跨境第三方支付的管理要求。人民银行颁布的《非金融机构支付服务管理办法》主要规范的是支付机构的境内业务，并未涉及跨境业务的管理。为填补支付机构跨境业务管理空白，国家外汇管理局正在研究支付机构跨境电子商务外汇支付业务管理制度。

3. 跨境电子商务与传统国际贸易的区别

作为一项依托互联网技术的新兴业务，跨境电子商务与传统国际贸易在交易流程、物流方式及结算方式等方面存在显著区别。

（1）交易的无纸化和虚拟性

跨境电子商务将传统的国际贸易流程电子化、数字化，订购、支付甚至数字化产品的交付都通过网上操作，交易的无纸化程度越来越高。交易合同、作为销售凭证的各种票据和运输单据都以电子形式存在。此外，随着网络游戏产业的扩张，由此衍生的虚拟物品跨境交易日渐频繁。

（2）直接面对消费者，物流方式以快递为主

尽管基于互联网的信息流动畅通无阻，但是货物的实体流动仍然受到国界的限制。进出口货物需要通关，是跨境电子商务不可逾越的关卡。传统贸易是出口企业和进口企业间的交易(B2B)，而跨境电子商务大部分是企业和消费者之间的交易(B2C)。由于跨境电子商务直接面对消费者，具有单件包裹出境、频率高、单

价低和落地点分散等特点，一般报关要求难以满足此需要。在实际业务中，该行业多采用平邮或快递方式出入境，只能取得物流公司的运输单据，而无法取得海关报关单等单证。

（3）第三方支付机构参与结算过程

在跨境电子商务中，境内外交易双方互不见面，第三方支付机构的参与有效地解决了交易双方信用缺失的问题。其支付流程大致为：买方先将人民币（外币）资金支付给支付机构，支付机构在买方确认付款或经过一定时间默认付款后，通过合作银行代为购汇或结汇支付给卖方。也就是说，支付机构成为跨境电子商务结算双方之间的中介，这与传统国际贸易中买卖双方直接通过银行进行结算有着明显的区别。

4. 外汇管理新挑战

现行贸易外汇管理是围绕传统国际贸易的业务特点而设计的，因此，跨境电子商务给外汇管理带来挑战。

（1）交易的无纸化和虚拟性带来单证审核困难

跨境电子商务中，交易信息均以电子形式进行传递，而电子单证可以被轻易地修改，并且不留任何线索和痕迹，导致传统的单证审核失去基础。此外，网络游戏物品等交易产品具有虚拟特性，交易的真实性更加难以把握。跨境电子商务中，除货物贸易外，服务贸易也日趋活跃。按照现行规定，无形资产、计算机和信息服务等服务贸易项下售付汇业务，需要提供主管部门的批件或资质证明。如果按照传统服务贸易向银行提交纸质单证，将无法体现跨境电子商务的优势，即信息流、物流、资金流利用的高效性和便捷性。

（2）缺乏与资金流相匹配的报关信息

货物贸易外汇改革后，将通过贸易外汇监测系统，全面采集企业货物进出口和贸易外汇收支逐笔数据，定期比对、评估货物流与资金流总体匹配情况。而跨境电子商务的物流方式以快递为主，无法取得海关报关单等合法凭证，缺乏与资金流相匹配的货物流数据，这无疑增加了外汇监管工作的难度。

（3）银行无法直接进行真实性审核

在境外收单业务中，客户的支付指令由支付机构掌握，银行按照支付机构的指令，将资金由客户账户划入人民币备付金账户，通过银行购汇划入外汇备付金账户，再将资金由外汇备付金账户汇入目标账户。即便交易的全过程发生在同一银行的系统，银行也无法确定各项交易的因果关系。由于缺乏对买卖双方交易情况的了解，银行无法直接进行交易真实性审核。

(4) 支付机构相关外汇业务资格急需明确

一是代理结售汇资格和主体问题。在支付机构跨境外汇支付业务中，结售汇是其中的重要环节。但是，由于支付机构属于非金融机构，按现行政策，不具备开展结售汇业务以及代理结售汇的资格，因此，要想推进跨境第三方支付业务的发展，必须明确第三方支付机构从事相关结售汇业务的资格问题。同时，若允许第三方支付机构从事结售汇或代理结售汇业务，第三方支付机构是以自身名义还是以客户名义办理，仍需进一步明确。二是国际收支申报问题。按照现行规定，国际收支须逐笔申报。但是，第三方支付机构与电子商户间的资金结算具有周期性，若允许支付机构集中办理收付汇，则一次支付包含多笔交易资金，此时是以第三方支付机构名义进行一笔申报还是按实际交易逐笔申报，还需要进一步明确。

5. *跨境电子商务与第三方支付外汇管理思路探索*

跨境电子商务与跨境第三方支付呈现出新的特点，给外汇管理带来挑战。我们应创新管理理念，探索适应其业务特点的监管模式，以促进这一新兴业务的持续健康发展，同时有效防范跨境资金流动风险。

(1) 在风险可控的基础上，促进贸易便利化

跨境电子商务与跨境第三方支付不仅为进出口企业提供了网上交易及支付的便利途径，还通过第三方支付机构的信用中介功能，降低了国内企业进入新市场的信用风险，有力地推动了我国贸易便利化的进程。但是，在我国对外汇资金跨境流动实行较严格监管的背景下，跨境第三方支付从多个方面突破了现有的监管体系，产生资金流动的新风险。对此，外汇监管部门应积极应对，努力平衡严控风险与促进发展的需求，在充分肯定跨境第三方支付发展积极意义的同时，大力做好调查研究，找准风险点，制定具有针对性、可行性、可操作性的监管措施，保障我国跨境第三方支付行业的平稳有序发展。

(2) 先试点后推广，积极推动跨境第三方支付行业发展

为更好地控制风险，稳步促进支付机构的发展，有条件地逐步推广不失为一个合理的选择。首先，可先允许具有一定规模、风险控制措施完备的支付机构开

展跨境外汇互联网支付业务试点，针对真实背景下的跨境互联网交易提供代理收结汇和结售汇服务。外汇管理部门则要对试点企业做好辅导工作，指导企业在外汇监管框架内建立健全各项内控制度，同时还要注意根据企业业务开展情况不断调整监管措施，总结监管经验，为将来第三方支付机构全面进入市场打好基础。其次，外汇管理部门对支付机构跨境支付的监管应以业务监管为基本原则，根据不同业务所涉及的不同资金跨境流动方式实行有针对性的监管，电子支付渠道由互联网逐步放开，业务范围由小额货物贸易和部分交易价格明确的服务贸易逐步扩大到大额或价格波动较大的货物和服务贸易，并制定正式管理办法予以全面推广。

(3) 将跨境电子商务外汇收支纳入经常项目外汇管理范畴

跨境电子商务是将传统的国际贸易流程电子化，交易的主要内容仍为商品和服务。因此，应比照传统国际贸易管理原则，将跨境电子商务外汇收支纳入经常项目外汇管理范畴，按照“真实性、便利性和均衡管理”原则对其进行管理，确保交易的合法合规。相关部门要制定具体的外汇业务管理规定，进一步明确第三方支付机构业务办理资格和范围，以及与合作银行之间的职责分工。一是明确对第三方支付机构的管理要求，将第三方支付机构视同外汇指定银行进行管理，明确其应对交易的真实性负责，并围绕这一原则，建立客户身份识别制度、交易记录保存制度，建立健全风险控制制度和内部监督制度。二是明确对合作银行的管理要求。合作银行应对第三方支付机构代收付环节进行审核，代交易主体对跨境电子支付交易进行逐笔申报。外汇管理部门要加强对银行和第三方支付机构的非现场核查及现场检查。同时，参照货物贸易和服务贸易外汇管理模式，全面采集支付机构订单、物流数据和国际收支申报逐笔数据，按照交易项目分别纳入货物贸易外汇监测系统和服务贸易外汇业务非现场监管系统管理，在此基础上实行总量核查和非现场监管。

(4) 通过“三流合一”的信用分类监管模式，构建全方位监管体系

跨境电子商务和跨境第三方支付管理涉及工商、海关、税务、商务及外汇管理等多个部门。外汇管理部门在对跨境外汇资金流动制定监管措施时，既要充分考虑我国外汇管理的工作实际，也要积极主动地与相关部门进行协调，不断推动跨境电子商务和第三方支付行业的全方位监管体系的建立和完善。

在具体操作上，可考虑联合相关部门，制定可信标准，建立跨境电子商务信用监管公共服务平台。商户主动将订单、支付和物流等数据上传至平台，由平台对其网上交易记录进行认证，将订单流、资金流和物流"三流合一"，交叉核对，保障交易的真实性和合法性。纳入可信体系的商户可享受海关、工商、商务、税务及外汇管理等部门提供的便捷服务。

## 本章实训

### 跨境电子商务的经营策略

**实验时数：2**

**一、实验目的**

通过本次实验的学习，学生能够理解本章所介绍的跨境电商的几种商业模式、市场定位、供应链管理、品牌构建和支付方案。

要求学生能够自主分析跨境电商企业的经营策略，掌握跨境电商经营策略的分析方法。

要求学生为给定的企业设计跨境电子商务的经营策略，学会跨境电商经营策略的设计方法。

**二、实验内容和步骤**

选择一个跨境电子商务企业，分析其跨境电子商务的经营策略。

**三、实验报告要求**

将选择的跨境电子商务企业的经营策略分析结果撰写成实验报告，实验报告内容可参照以下内容。

1. 企业简介。

2. 市场定位和目标客户。

3. 商业模式分析。

4. 供应链系统。

5. 品牌构建策略。

6. 支付方案选择。

## 四、设备与所需软件

多媒体实验机房，每人配备一台可以访问互联网的计算机。

## 五、实验报告要求与实验考核要求

表 2-1 实验报告要求与实验考核要求

| 实验报告要求 | 实验考核要求 |
| --- | --- |
| (1) 实验目的 | (1) 学生根据实验要求提交实验报告 |
| (2) 实验内容及要求 | (2) 教师根据实验报告评定单项实验成绩 |
| (3) 实验过程 | (3) 根据单项实验成绩和实验报告内容给出整体实验成绩 |
| (4) 实验心得 | (4) 总体实验成绩按适当比例计入课程总分 |
| (5) 同学之间关于实验的交流 | |

# 第三章　主要跨境电子商务平台分析

本章主要对目前较为成功的跨境电子商务平台进行了分析，分别对它们的基本信息做了介绍，并分析了各自的主营产品、主要功能及特色、盈利模式和平台优劣势。本章要求学生对介绍的10个跨境电商平台有基本的了解，并能够亲自体验每个平台的操作，熟悉跨境电商平台的运作机理。

## 本章要点

- 跨境电商平台的主营产品。
- 跨境电商平台的主要功能和特色。
- 跨境电商平台的盈利模式。
- 跨境电商平台的优势比较。

## 学习目标

- 了解各跨境电商平台的基本情况。
- 了解各跨境电商平台的主要功能和特色。
- 熟悉跨境电商平台的盈利模式。
- 区分各跨境电商平台的优缺点。

## 第一节 阿里巴巴国际站：http：//www.alibaba.com

1. 基本信息

阿里巴巴国际交易市场(www.alibaba.com)是领先的跨界批发贸易平台，服务全球数以百万的买家和供应商。阿里巴巴国际站的用户遍布全球190多个国家和地区，拥有3100万的境外注册买家和超过200万的商家店铺，为买家提供了超过40个不同大类的数以亿计的产品。

阿里巴巴帮助中小企业拓展国际贸易的出口营销推广服务，基于全球领先的企业间电子商务网站阿里巴巴国际站贸易平台，通过向境外买家展示、推广供应商的企业和产品，进而获得贸易商机和订单，是出口企业拓展国际贸易的首选网络平台。小企业可以通过阿里巴巴国际交易市场，将产品销售到其他国家和地区。阿里巴巴国际交易市场上的卖家一般是来自中国、印度、巴基斯坦、美国和泰国等生产地的制造商和分销商。

图3-1为阿里巴巴国际站首页，为买卖双方提供了各式服务，其中阿里巴巴国际站的核心价值为：① 买家可以寻找搜索卖家所发布的公司及产品信息；② 卖家可以寻找搜索买家的采购信息；③ 为买家卖家提供沟通工具、账号管理工具等。

2. 主营产品

阿里巴巴提供的供应商服务目前主要有两种会员服务，分别是出口通和金品诚企，主要是帮助国内企业做外贸推广。加入需要用中国正规公司(个人或离岸公司加入不了)提供的工商注册营业执照、税务登记证、办公场地证明、法人身份证件等相关信息进行认证。付费用户账号由当地客户经理上门签订合同、付款、通过认证以后方能开通服务。

(1) 出口通

出口通服务提供一站式的店铺装修、产品展示、营销推广、生意洽谈及店铺管理等全系列线上服务和工具，帮助企业降低成本、高效率地开拓外贸大市场，会员还享有免费报价特权。

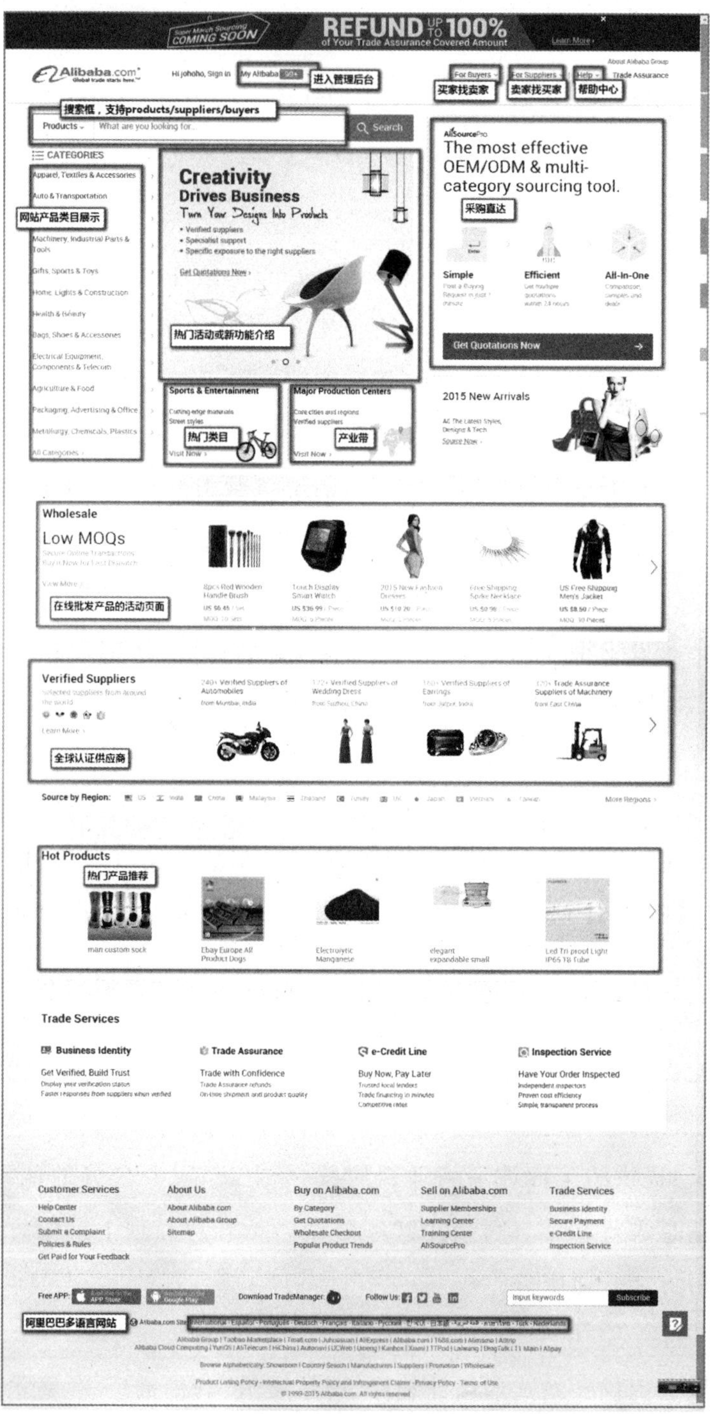


图 3-1　阿里巴巴国际站首页

(2) 金品诚企

金品诚企是阿里巴巴根据买家采购习惯推出的综合性推广服务，旨在帮助企业能快速赢得买家信任，促进交易。使用金品诚企服务，除了享有基础会员服务，卖家的企业关键信息还将由第三方国际权威认证机构进行认证，再通过阿里巴巴平台多渠道曝光，真实、全面地展示企业实力，提升被买家选择的概率。除了提供出口通的基础服务外，阿里巴巴还为金品诚企提供更权威的企业能力评估报告、主营产品认证、验厂视频、更多的橱窗推荐等，金品诚企卖家也享有授信保障服务特权，成为更受买家信任的供应商。

3. 主要功能及特色

办理中国供应商会员(即出口通会员)后就可以在阿里巴巴国际站上开店，发布产品信息、联系境外买家并报价。企业可以在国际站上建立企业网站，发布产品信息，向境外买家报价，拥有橱窗产品(10 个)，另外企业还可享受数据管家、视频自上传和企业邮箱等服务内容。

除了为卖家提供出口通基础服务外，阿里巴巴国际站还推出了采购直达(Request for Quotation，RFQ)、一达通、信用保障服务(Trade Assurance)、网商贷、外贸培训等特色服务。

(1) 采购直达

采购直达是指买家主动填写采购信息委托阿里巴巴平台寻找合适卖家，供应商可查看采购需求，根据买家要求及时报价。

在这个公开的大市场中，买家会主动发布采购需求，供应商可以自主挑选合适的买家进行报价。采购直达服务能够在大幅度提升买家采购效率的同时，帮助供应商更好地完成订单转化，并赢取更多高质量买家。供应商可以通过频道搜索、自主定制、系统推荐等形式获得采购需求，图 3-2 为阿里巴巴国际站提供的采购直达服务流程图。

为了让采购直达市场健康地发展下去，让买卖双方达到共赢，市场规则迎来

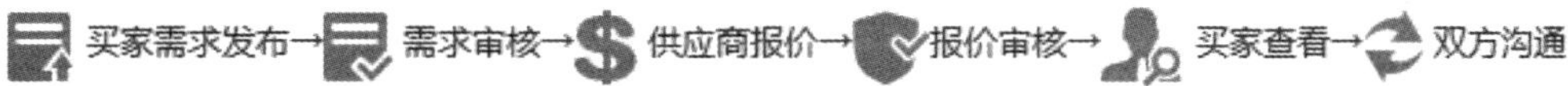


图 3-2 阿里巴巴国际站采购直达服务流程

了新的变革，其中规则主要变化有：① 收紧报价权限：根据市场供需情况及供应商历史报价数据，来分配给每家供应商合理的报价权限，避免大量报价权限被浪费或者滥用。② 先占位后报价：供应商点击“Quote Now”即成功占位，不需要匆忙提交去抢席位，给供应商充分的时间填写报价内容，以保证报价质量。③ 按公司享有一定数量的报价权限：所有主子账号可以报价，但使用的是该公司的报价额度。比如一家公司每天 10 条报价额度，一个子账号报了 2 条，那其他子账号还可以报 8 条(如果报价审核未通过，不占用名额，和原有规则一致)。④ 取消报价直达和人气供应商，取而代之是更为完善的等级制度，从 $V_1$ 到 $V_4$ 分为 4 级，在一定报价量的基础上，报价质量越高，等级就越高，从而得到的报价权限及其他特权就越多。

(2) 一达通

阿里巴巴一达通为外贸企业提供专业、快捷、低成本的通关、外汇、退税及配套的物流、金融服务，以电子商务的手段，解决外贸企业流通环节的服务难题。具有如下优势：

① 快速退税。最快 3 个工作日将垫付退税款汇至企业的账户。

② 自助操作平台。最快 5 分钟下单，3 分钟转款；何时操作由企业掌控。

③ 数据沉淀。出口订单数据将不断累积、沉淀，成为企业在 Alibaba.com 上最具说服力的实力证明。

④ 外贸服务补贴。出口 1 美元最高补贴 3 分人民币。

(3) 信用保障服务

信用保障服务(Trade Assurance)是阿里巴巴根据每个供应商在国际站上的基本信息和贸易交易额等其他信息综合评定并给予一定的信用保障额度，用于帮助供应商向买家提供跨境贸易安全保障的一种服务。

卖家可以通过登录“my alibaba 后台—交易与物流—所有订单—点击‘起草信用保障订单’”起草一达通出口服务订单，供应商需完成一达通的开票人预审及产品预审才能获得及展示该保障额度。同时交易完成后买家的评价可以展示在网站上，成为供应商企业信用和实力的证明，让供应商与买家更快达成互信，获得更多商机。

信用保障服务的主要优势：

① 彰显信用。独特专属标识及保障额度全网彰显，让信用看得见。

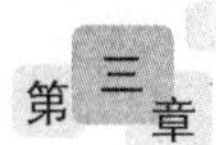

② 促进交易。阿里巴巴帮助卖家向买家提供跨境贸易安全保障，帮助卖家更快达成交易。

③ 信用累积。保障额度和买家评价不断累积沉淀，向买家彰显实力，赢得更多订单。

4. 盈利模式

阿里巴巴巴国际站卖家会员是收费办理的，按年收取，费用由基础服务费和增值服务费组成，具体由客户经理根据卖家想要的推广效果制定合适的方案。其中基础服务费为出口通基础服务，按年收取；增值服务费主要来自金品诚企、一达通、网商贷、培训之家以及海运综合服务平台增值服务等。

5. 跨境电商平台选择依据

(1) 阿里巴巴国际站的优势

① 知名度高。阿里巴巴在世界企业间 B2B 电子商务领域享有盛誉，号称全球最大的商务交流社区和网上交易市场。是国内三大主流 B2B 外贸平台上升劲头最快的一个，也是最饱受争议的一个。服务对象主要是国内中小型企业，近年也在往大型集团客户发展，其在国内的广告宣传力度最大也最广，另外淘宝、诚信通(内贸)网站间的相互支撑也不断扩大阿里巴巴公司的名气。

② 功能较完善。阿里巴巴帮助会员找买家、供应商、合作伙伴以及进行在线的销售和采购；提供最新的宏观的行业信息和微观信息，如产品库、公司库以及供应、求购、代理、合作、投资融资、招聘等信息，以帮助客户找到有用的商业资讯，做出正确的决策；为企业产品树立品牌；为客户提供即时交流工具等。

③ 优质的客户服务和销售服务系统。会员培训系统非常成熟，有线下培训和网络培训两种。帮助企业更好地开展对外贸易。

④ 轻工产品有优势。平台较偏向于轻工产品的推广。

⑤ 综合资源能力最强。阿里巴巴称未来的发展方向有这样两点。第一，成为一个电子商务生态链，提供电子商务的一切服务和产品；第二，未来发展成为类似于“水”“电”这样融入千家万户的电子商务服务供应商。中小企业选择阿里巴巴对企业成长性会有很大的帮助。

⑥ 小额平台发展潜力巨大。阿里巴巴转型之作“速卖通”，将成为电子商务发展的一个重要方向。

(2) 阿里巴巴国际站的劣势

① 中国诚信通会员扎堆,同一种产品好几页都是诚信通会员,竞争激烈。

② 排名没有保障,谁花钱多谁排前面。

③ 英文站价格较高,实际效用与宣传有一定差距。

④ 英文站采购商良莠不齐,客户的含金量不高,大多是境外华裔和东南亚及中东采购商,在欧洲北美没什么知名度,主要靠广告进行推广。

⑤ 询盘量相比其他网站会比较多,但是近几年全球经济不振,询盘越来越少。

⑥ 无效的询盘(比如广告、刺探情报、重复询盘、钓鱼询盘等)比较多,特别是尼日利亚等非洲国家。

⑦ 客人回复率比较低,由于采购商询盘采用群发机制,可能造成仅要报价或产品信息的(客户)比较多,而真正下单的客户较少。

⑧ 价格战会比较严重。由于买家同时会向几家供应商发询盘,这些供应商(有工厂也有贸易商)的产品质量和价格都不统一,所以供应商就希望能够通过压低价格来得到客户。

## 第二节　中国制造网国际站: http://www.made-in-china.com

1. 基本信息

中国制造网于 1998 年正式上线,由焦点科技开发和运营的,是国内最著名的 B2B 电子商务网站之一。中国制造网汇集中国企业产品,面向全球采购商,提供高效可靠的信息交流与贸易服务平台,为中国企业与全球采购商创造了无限商机,是国内中小企业通过互联网开展国际贸易的首选 B2B 网站之一,也是国际上有影响力的电子商务平台。2015 年 5 月 7 日,中国制造网被评为“2014 年度中国电子商务最佳跨境电商企业”。

2. 目标客户

中国制造网是一家采购驱动的 B2B 电子商务网站,所以其客户;尤其是愿意付费做高级会员的绝大多数是供应商。他们的国际目标用户定位为国际中小企业。作为国内领先的综合型第三方 B2B 电子商务服务平台,截至 2012 年,中国制造网拥有遍布全球240多个国家和地区的采购商会员，汇集高达100万种以上的中国产品数据及1200万条以上的商业信息，每天有超过30万用户在线交流洽商。截至2015年9月30日，拥有收费会员12586位。如果说阿里巴巴走的是高端路线，那中国制造网就是走大众路线，该网着重吸引发展广大中小企业，引领中小企业走出国门，拓展对外贸易。

3. 主要功能及特色

中国制造网的利益相关者主要包括供应商、采购商、广告主、第三方认证服务商等等。中国制造网电子商务平台为中国供应商和全球采购商提供会员服务，注册免费会员可以通过虚拟办公室发布并管理企业、产品和商情信息；注册收费会员（目前为中国供应商）除享有注册免费会员的所有服务外，还可以发布网上展示厅、专业客服支持、在产品目录和搜索结果中享有优先排名的机会等。焦点科技通过电子商务平台还向注册收费会员提供名列前茅（Top Rank）、产品展台（Spotlight Exhibits）、横幅推广（Banner Pro）等增值服务以及认证供应商（Audited Suppliers）服务，以增加在互联网上的展示机会，增加与目标全球采购商的接触机会，从而达成交易，获得收入和利润。焦点科技积极平衡中国供应商与全球采购商、注册免费会员与注册收费会员之间的服务与利益以维持中国制造网电子商务平台的持续稳定发展，并获得公司营业收入及盈利持续增长。

除了提供跨境电商基础服务外，中国制造网国际站还为外贸企业提供了金牌认证供应商服务、名列前茅推广服务、商聚园、客户培训等增值服务。

（1）高级会员服务——金牌认证供应商

在蓬勃发展的电子商务时代，越来越多中国企业需要深入、广泛的推广服务。为协助广大优秀出口企业领先一步，获得更多商机，中国制造网国际站推出了高级会员服务——金牌认证供应商。

金牌认证供应商服务的主要功能有：尊贵标记（高级会员标记是“China Suppliers”的缩写“CS”），高级会员展示厅（高级会员在中国制造网上的公司/产品信息将直接链接至展示厅），更多信息与功能，优先排序（主打产品在产品目录搜索中享受优先排序），优先审核，客服支持等。

（2）名列前茅（TopRank）

名列前茅（TopRank）是中国制造网的一种推广服务，包括以下两项内容：

① 关键词搜索和优先排名：供应商可以选择特定的产品关键词(Product Keyword)；每当买家或采购商访问中国制造网，使用该关键词进行搜索时，供应商的公司、产品等信息即可以出现在搜索结果的最前列位置(1～10位)。② 目录搜索优先排名：供应商可以选择特定的产品目录(Product Category)；每当买家或采购商访问中国制造网，在该产品目录进行搜索时，供应商的公司、产品等信息即可以出现在搜索结果的最前列位置(1～10位)。

(3)“商聚园”

“商聚园”是焦点科技股份有限公司独立开发并运营的集商业资讯与公司服务于一体、旨在加强国内专业商务人士之间互动交流的网络社区平台。商聚园于2009年4月正式上线，前3个月的论坛就吸引了超过5000名的注册会员发布了超过10000条的精彩话题。现在商聚园正在集聚着越来越多的专业商务人士，朝着国内最专业的商务社区迈进。

商聚园的板块有：外贸实战、热点行业、单证报关、境外市场、外贸英语和外贸茶馆等，为外贸企业提供了跨境电商经验交流的平台。

(4) 客户培训

中国制造网以近20年专注于贸易推广领域的经验，以客户培训的方式协助出口企业突出自身卖点。中国制造网客户培训部每年都会为中国制造网的高级会员组织举办上百场的培训会，足迹遍及大江南北。培训课程实用多样，涵盖网络推广技巧、外贸实务操作、国际市场分析、风险应对等多方面内容，深受广大客户的好评。

4. 盈利模式

中国制造网国际站的主要业务是吸收会员，主要盈利方式是收费会员的费用、竞价排名和增值业务费用。这就决定了中国制造网收入来源包括会员费用、提供增值服务所带来的广告与搜索排名费用及认证供应商收取的认证费。

5. 跨境电商平台选择依据

(1) 中国制造网国际站的优势

① 独特的域名。Made-in-China对于国际买家来说很容易识别和记忆，经过多年的发展在国际市场积累了较高的知名度，这一得天独厚的域名优势，使得中国制造网成为一个优秀的将中国制造的产品(Made in China)推向世界的出口贸

易平台。

② 在国际知名搜索引擎中排名靠前。中国制造网的 16 大产品目录前加上"China",通过 Google 进行搜索,或者在 Google 、Yahoo 等国际搜索引擎上搜索 made in China product、China suppliers、China Light Industry 等,搜索结果排名都非常靠前。

③ 在国内、国际享有较高知名度。根据美国电子商务先驱亚马逊公司下的 www. alexa. com 的测评,中国制造网综合访问量在同类 B2B 电子商务网站中排名第二,且将近 80%的访问量来自国际站点。

④ 连续三年入选全国百强商业网站。因不俗的表现和良好口碑,自 2003 起连续三年均被《互联网周刊》评为"最具商业价值中国百强网站",在业内同行中表现突出。

⑤ 丰富、定位准确的产品数据库。遍布各行业的中国产品信息(16 个大类,400 余个子类),配以生动的图片和详细说明,产品极具针对性。

⑥ 庞大的会员数。拥有近百万的会员,其中约 50%为活跃会员。并且,中国制造商网站浏览者绝大多数是以采购中国产品为目的的境外买家,是中国供应商们最希望找寻的目标客户。

⑦ 简洁、明快的网站风格。没有纷繁复杂的广告图片等,符合境外买家的使用习惯;内容重于形式,性价比高,不会让客户花冤枉钱。

⑧ 视中国供应商为合作伙伴,通过各种方式为客户创造最大价值。

(2) 中国制造网国际站的劣势

随着时间推移以及我国互联网的发展,中国制造网短短数十年的骄人成绩背后,依然存在着很多问题,例如:

① 中国制造网的模式中,公司目前过分依赖外贸服务,有战略定位风险,因为中国出口正持续遭遇压力。而一旦金融危机深度蔓延,必将导致全球采购与外贸出口同步大幅萎缩,企业对此预算也随之大幅减少,这将会给该网站带来重创。

② 在互联网这个充满风险的领域,当出现"一家独大"的现象时,行业内其他公司生存遭遇窘迫,这样的案例在互联网行业比比皆是,如搜索领域的百度、即时通信领域的腾讯等。而面对阿里巴巴在 B2B 上的巨大优势,中国制造能否做大也

是一个巨大疑问。

③ 作为综合型的B2B平台，中国制造网也存在“大而全、泛而不精”的天然缺陷，网站的编辑、运营与服务人员由于缺乏对各行业的深入了解，无法提供专业化产品与服务。

## 第三节　敦煌网：http：//www.dhgate.com

1. 基本信息

敦煌网成立于2004年，是中国第一个B2B跨境电子商务平台，致力于帮助中国中小企业通过电子商务平台走向全球市场。敦煌网CEO王树彤是中国最早的电子商务行动者之一，曾在1999年参与创立卓越网并出任第一任CEO。敦煌网开创了“为成功付费”的在线交易模式，突破性地采取佣金制，免注册费，只在买卖双方交易成功后收取费用。敦煌网一直致力于帮助中国中小企业通过跨境电子商务平台走向全球市场，开辟了一条全新的国际贸易通道，让在线交易不断变得更加简单，更加安全、高效。

作为中国B2B跨境电子商务平台的首创者，敦煌网致力于引领产业升级。敦煌网CEO王树彤女士认为，传统信息平台式的电子商务已死，真正的电子商务不仅要解决交易问题，还要提供专业化的、具有行业纵深、区域纵深、服务纵深的服务以及最好的客户体验。

敦煌网作为中国最领先的在线外贸交易品牌，是商务部重点推荐的中国对外贸易第三方电子商务平台之一。工信部电子商务机构管理认证中心已经将其列为示范推广单位。

截至2015年，敦煌网已经实现约120万家国内供应商和3000万种商品在线，遍布全球224个国家和地区，并达到约1000万买家在线购买的规模。

2. 主营模式

① 按效果付费。在敦煌网推出的“全程外贸开放平台”上，中国供应商可以免费建立网上店铺，向全球客户推广品牌、产品，企业进入外贸电商平台实现了零门槛，以极低的成本就可以得到全球客户的访问。配套商户可以自主选择模块化深

度服务，按效果付费。

② 模块化深度服务。敦煌网经过8年的基础建设，已经打造了一个成熟的外贸交易平台，提供模块化深度服务的条件已经成熟。举例来说，如果供应商缺乏外贸经验和人才，可以采用敦煌网的“代运营服务”；再比如，供应商如果有个性化需求，可以非常便捷地选择模块化深度服务，如定制化营销、小额贷款和物流等服务。

3. 主营产品

在细分市场的选择上，在考虑了境外竞争力和对供应商的把握因素之后，敦煌网将提供的产品定位在了服装服饰、消费类电子产品、饰品及家居用品等六大类，一来这些商品境外竞争力非常强，需求十分旺盛；二来这些产品供应商一般集中在长三角和珠三角一带，不仅信息交流通畅，而且物流配送相对发达、报关商检效率相对较高，为交易的快速达成提供了有力保障。

4. 主要功能及特点

(1) 主要功能

敦煌网采用“交易服务型 B2B”营运模式，与传统的贸易方式和跨境电子商务相比，敦煌网的模式比较新颖，以交易服务为核心，提供了整合信息服务、支付服务、物流服务等在内的全程交易服务，并在交易完成之后收取佣金。

具体来说，敦煌网主要由供应商、中介平台、采购商构成。进入敦煌网主页，呈现的是卖家页面，它的特色是出口性质的贸易关系，供应商是国内的中小企业，采购商是国外的大小批发商。敦煌网的业务主要分为两块，即买方和卖方。敦煌网业务员带着订单去寻找客户，客户看到订单并完成交易，整个过程中敦煌网的价值自然体现出来，而客户也相当满意。这是敦煌网这个平台和以会员收费制平台最大的不同。敦煌网力图建立的是一个网上二级批发商的开放平台，所有订货量小但订货频率高的企业主，都可以在其平台找到合适的货源，并依托敦煌网提供的物流和资金流支持顺利完成交易。

此外，敦煌网注重服务的创新，为了解决困扰卖家的各种难题，敦煌特别成立了由业务精英团队组成的动力营，下到各个地区，为卖家提供培训、寻找货源，全方位扶持卖家。为了使这种与生俱来的创新具有更强的持续性和更旺盛的生命力，敦煌网将目光更多地投向了培养和挖掘具有创新精神的青年人才，大学生正是其中最典型的代表。

(2) 特点

面向全国供应商,平台化运营,一体化服务,移动端领先。

① 服务对象。由最初的中小商户开始扩展到规模化的外贸企业、工厂和品牌商家。针对不同服务对象,敦煌网除了交易平台外,还推出了网货中心。网货中心是针对传统外贸企业的服务,2013 年 8 月开始,敦煌网和义乌共同推出“全球网货中心”平台。

② 定位。第三方 B2B 跨境交易平台,致力于帮助中国中小企业通过跨境电子商务平台走向全球市场。截至 2014 年 6 月,敦煌网拥有 120 万卖家,2500 万种在线商品,550 万买家,每小时 10 万的访问人数,平台化运营的用户和流量及产品品类优势明显。

③ 除了提供基于平台的基本服务外,敦煌网也在优化一体化服务,主要包括:

支付:DHpay 对接全球 30 多种支付方式。

物流:在线发货,DHlink 支持 EMS、UPS、DHL 等 20 多种物流方式,也可提供仓库及集运服务。

信贷:与金融机构合作,DHCredit 提供信贷服务。

其他增值服务:培训、营销推广和代运营等服务。

④ 移动端:2011 年,敦煌网上线跨境电商领域第一款买家端移动 App,随后推出买家端 WAP 平台和卖家端 App。在硅谷成立移动实验室。截至 2014 年 6 月,敦煌网移动端访问量占到全平台访问量的 42%,交易量同比增长 200%,新注册的真实买家增长 248%,活跃买家增长 220%。

5. 盈利模式

敦煌网作为一个交易平台,为买卖双方提供交易服务,以促使双方在网上达成交易。基于这个定位,敦煌网主要有两种盈利模式:

① 佣金收入。作为平台,敦煌网提供一个交易市场,买家和卖家可以在这个平台上交易,交易成功之后,向买家收取一定比例的交易佣金。

② 服务费收入。由于跨境电商面向全球 200 多个国家及十几万个城市,复杂程度远远高于内贸电商,同时,跨境电商整个交易流程较长,买卖双方对交易中涉及的服务有较高要求。跨境平台的交易复杂性及商务性,决定了整个跨境交易过

程需要很多服务环节。基于这个特点，敦煌网也会向企业提供集约化物流、金融服务、代运营服务等项目，并收取一定的服务费。

## 第四节 速卖通：http：//www.aliexpress.com

1. 基本信息

全球速卖通（AliExpress）是阿里巴巴为帮助中小企业接触境外终端，拓展利润空间而打造的融合订单、支付、物流于一体的外贸在线交易平台，被广大卖家称为国际版“淘宝”。通过互联网的方式缩短优化外贸产业供应链，帮助中国商家获得更高的利润。速卖通于2010年4月正式上线运行，是一个面向全球市场的在线交易平台，被称为国际版“淘宝”，到2015年为止速卖通面向全球220个国家和地区销售，覆盖多个不同的品类。

速卖通经过三年多的快速发展，目前业务已经遍及220多个国家和地区，每天有近5000万的境外流量，成交额年增长率达到400%，目前是我国最大的B2C跨境电子商务交易平台。

2. 主营产品

截至2015年，速卖通提供的产品的品类有40种，数量超过54万件。一般来说，只要是支持国际快递的产品都可以在该平台上销售，这些产品一般具有体积小、附加值高的特点，主要包括服装、珠宝首饰、3C产品及配件、玩具等。此外，速卖通还有禁限售的产品，包括酒类制品、烟草、保健产品、药品及医疗器械、军警用品、无形物品及服务、化工产品、矿产品、大型机械、生鲜食品等。

3. 速卖通平台特色功能和服务

卖家可以像在淘宝一样，把宝贝编辑成在线信息，通过速卖通平台发布。速卖通的发货流程也类似国内发货流程，通过国际快递，将宝贝运输到买家手上。在速卖通进行跨境电子商务，语言不是障碍，物流不是难关，主要城市只需一个电话，货代即来上门收货，像发国内快递一样简单；使用淘代销工具，宝贝信息自动翻译成英文。

速卖通业务流程也非常简单便利，只要经过四个步骤就能实现跨境贸易：账号注册、身份认证、淘代销工具一键搬家和等待订单联系货代。速卖通通过淘代销工具将国内贸易和国际贸易无缝衔接，通过当地货代收货的方式简化了跨境物流的烦琐流程，减少了跨境物流的不确定因素，大大提高了跨境电商的效率和安全性。

(1) 淘代销工具

淘宝代销是一个帮助速卖通卖家降低产品发布成本的一键搬家发布工具。

淘代销工具拥有淘宝产品一键导入、自动翻译全力协助、批量工具自主修改、图片空间不受限制四大核心功能，能够帮助速卖通卖家将淘宝网上的产品轻松采集到全球速卖通平台进行销售。没有淘宝店的速卖通卖家也可以使用代销功能，境外买家在速卖通平台对卖家发布的代销产品下单之后，速卖通卖家从淘宝进货、验货之后，发给境外买家即可。代销产品和普通产品除了信息发布方式外，没有任何区别。代销产品的选品、定价、进货、交易均和普通产品一样，均由速卖通卖家自主决策。代销产品及相关交易仍然属于速卖通规则的规范范围，即同样受审核、交易规则等网规约束。

(2) 速卖通卖家服务市场

速卖通卖方服务市场由与速卖通合作的第三方软件公司提供，第三方软件公司通过速卖通授权的开放平台 API 接口进行数据获取，并对取得的数据做相应处理，形成不同功能的各式应用和工具，为卖家提高操作效率和提升操作效果。

到目前为止，速卖通卖家服务市场已经有订单类、物流类、商品类、营销类、图片类、ERP 和店铺装修类七大类跨境电商服务。

(3) 全球速卖通大学

为了方便卖家，阿里巴巴公司还为速卖通卖家开设了全球速卖通大学网上培训，通过网络视频、在线经验交流、书籍传播等形式帮助速卖通全球卖家熟悉速卖通业务。

全球速卖通大学为全球卖家提供了从行业选品、营销推广、境外物流到客户服务等跨境电商各个业务环节的培训课程，使得无经验卖家开展跨境电商业务成为可能。

4. 盈利模式

速卖通盈利模式主要包括以下方式：

① 每单收取 5%的交易佣金，类似于天猫。

② 速卖通直通车，靠点击付费，类似于淘宝直通车。

③ 联盟推广，卖家设置佣金比例，吸引国外网站推广，按成交付费，类似于阿里妈妈淘宝联盟。

④ 提现手续费，卖家每操作提现一次收取 15 美元的手续费，15 美元收入为速卖通和新加坡花旗银行分摊。

5. 速卖通优势

通过速卖通进行跨境电子商务，具有以下几大优势：

① 市场大。速卖通为中国最大 B2C 交易平台，覆盖 220 多个国家和地区，每日境外流量近 5000 万。

② 低佣金。在速卖通发布产品，即可免费开店，订单完成后网站收取 5%交易佣金，远低于同类外贸电商网站。

③ 发展快。2013 年速卖通发展速度非常快，在网站 Alexa 排名不断上升的同时，订单数也以 600%的速度增长，速卖通的跨境电商潜力巨大。

④ 新兴市场。近几年速卖通深耕俄罗斯、巴西等新兴市场，在当地排名高于同类电商平台，这些新兴市场为网商带来了巨大的商机。

## 第五节　亚马逊：http：//www.amazon.com

1. 亚马逊简介

亚马逊公司是美国最大的一家网络电子商务公司，是网络上最早开始经营电子商务的公司之一，亚马逊成立于 1995 年。亚马逊网站一开始只经营网络的书籍销售业务，现在则扩及范围相当广的其他产品，已成为全球商品品种最多的网上零售商和全球第二大互联网企业。在公司名下，也包括了 Alexa Internet、A9、Lab126 和互联网电影数据库(Internet Movie Database，IMDB)等子公司。亚马逊及其他销售商为客户提供数百万种独特的全新、翻新及二手商品，如图书、影视、音乐和游戏、数码下载、电子和电脑、家居园艺用品、玩具、婴幼儿用品、食品、服饰、鞋类、珠宝、健康和个人护理用品、体育及户外用品、玩具、汽车及工业产品等。

2. 主营产品

亚马逊向全球买家用户提供推广服务、培训服务和运营服务。

亚马逊推广服务分为商品推广和广告展示，实时竞价，按点击收费。

亚马逊培训服务分为新手卖家指南和网络培训，为免费服务。

亚马逊运营服务分为第三方软件和服务商及亚马逊商城网络服务（亚马逊MWS）。其中第三方软件和服务商是独立的组织或机构，自主决定其服务的价格和政策，亚马逊对其提供的服务和其网站内容不承担责任。亚马逊并不能收集所有服务商的名称以及服务内容，卖家也可以在市场中寻找适合的产品或者服务。

亚马逊商城网络服务（亚马逊 MWS）是一个集成网络服务的 API，亚马逊卖家可以使用这些接口，以编程方式交换商品、订单、付款、报告以及其他各种数据。与亚马逊进行数据集成，可以提高销售的自动化水平，从而帮助卖家拓展业务。借助亚马逊 MWS，卖家可以提高销售效率、减少人工需求并缩短响应买家的时间。

亚马逊 MWS 服务没有任何相关费用，但要想使用亚马逊 MWS API，必须有一个符合亚马逊 MWS 要求的卖家账户，并注册使用亚马逊 MWS。

借助亚马逊 MWS，可以为自己的亚马逊卖家账户创建各种应用程序。此外，还可以为其他卖家创建应用程序，帮助他们管理其网上销售业务。使用亚马逊MWS，可以创建诸如查找降价商品、下载待处理订单、确认发货以及计划和接收报告等应用程序。可以通过一个类似 REST 的接口来调用这些 API。

亚马逊 MWS 提供以下功能：

库存管理——可以执行库存批量上传、添加商品、检查库存数量、查看定价信息及其他库存管理任务。

订单管理——可以下载订单信息、获取付款数据、确认订单以及安排报告时间。

报告管理——可以请求多种报告、查询报告状态并下载报告。

如果是亚马逊物流（FBA）卖家，还可以利用亚马逊 MWS 执行以下操作：

创建发往亚马逊运营中心的入库货件——可以自动完成该流程，为发往亚马逊运营中心的商品创建标签。

查看入库货件的状态——可以查看货件是否已到达运营中心。如已到达，是否已得到处理。

提交配送订单——将客户的系统与亚马逊 MWS 进行整合后，买家即可随时提交多渠道配送订单。当处理或批量处理订单时，也不会产生时间延迟。

追踪并管理出库货件请求——订单离开亚马逊运营中心后，可以追踪货件，并帮助买家时刻了解送达时间。

3. 特色服务

(1) 比较购物服务(Shop-the-web)

假如你进入亚马逊网站购物，只要你按一下 Shop-the-web 选项，就会出现各种商品在不同网站的价格。这时，你可以通过对比，选择任一网站中你喜欢的商品。若将这项服务放进实体零售店，不仅可以看到琳琅满目的商品，还可以看到同种商品在不同网站的不同价格。这一点在实体商店是无法实现的。

(2) 新型的礼物注册服务

这项服务为发送电子感谢卡提供方便的链接。亚马逊名为 A9 的新型网络搜索引擎提供新型分屏格式，为对产品满意的顾客将产品图片展示出来。

(3) 趣味无穷的统计功能

亚马逊书店推出一项统计功能，读者若输入选定的书名，可计算该书的段落数和字数，还可得知该书对不同年龄段读者的"可读性"。它甚至还具备计算每个字价值多少美元这一有趣的功能。

(4) 地图搜索(Map-in-search)服务

2005 年 8 月 17 日，亚马逊推出地区搜索服务，允许用户进入虚拟街道，开始面向用户提供详细的地图搜索和驾驶指南服务。A9 的图片数据库中已经有 3500 万张城市街区的照片，遍及全美 22 个城市。这些 A9 使用装备 GPS 的"流动摄影车"拍摄的城市照片形成了亚马逊的"独门利器"。

(5) 专设礼物页面

亚马逊书店专门设置了一个礼物页面，为大人和小孩都准备了各式各样的礼物。它通过向各个年龄层的顾客提供购物券或者精美小礼品的方法吸引顾客长期购买本商店的商品。另外，亚马逊书店还对长期购买其商品的顾客给予优惠。

(6)"随点即拨"(click-to-call)服务

据《华尔街日报》(WSJ)报道，亚马逊(Amazon)2006 年 3 月透过网络电话，推出新型客户服务。消费者只要在网页的服务区打上电话号码，立刻有专人来电解答疑惑。提供网络随点即拨客服，主要是为了提高顾客满意度，以增加顾客的回购率。

4. 盈利模式

① 巨大的长尾给亚马逊带来超额利润。常规的最大的书店只有几十万本书，亚马逊书店有310万本书，长尾理论挑战传统的20％的重度消费者购买80％产品的营销理论，互联网的低成本让80％的低度消费者成为利润的重要来源。

② “亚马逊模式”。口口宣传的模式转移到网络上，只要某个个人网站上有亚马逊的链接，用户通过该链接最终购买了亚马逊的产品，该网站能获得消费额的3％～7％的奖金。

③ 由低价批发到产品定制。收集用户的购物信息和购物喜好，主动定制产品。

④ 转型购物网站。拥有1000万用户之后，网上书店成功转型为网络购物平台。

5. 亚马逊跨境电商平台优势

(1) 网站功能丰富

顾客通过亚马逊的在线平台，可以方便地实现以下功能：利用分类查询系统快速查询商品信息，对图书类产品可以阅读概要；浏览其他顾客的评价；预订商品，并得到新品送达时间承诺；等等。此外，除了基本功能外亚马逊公司网站设计美观，精确搜索和模糊搜索功能全面地满足了消费者搜索需要，读者书评、商品概要等内容加强了消费者对产品的了解，减少消费的盲目性。总体来讲，网站通过不断地优化和完善现有功能使消费者获得了较好的购物体验。

(2) 商品品类齐全且低价

亚马逊公司初期主营图书类商品，经过十几年的不断发展，目前经营范围已涵盖20个以上的品类，并在众多领域翻新商品和交易收集品。此外，亚马逊公司利用自身的成本优势，将网络营运节省的成本大量回馈给顾客，提供大大低于传统商店的价格折扣，从而使成本优势转化为价格优势，吸引更多的消费者。

(3) 合作模式独特

亚马逊公司采用销售提成方式来鼓励其他网站链接本公司产品信息，任何一个拥有自己网站的商业或机构，都可以注册成为 Amazon. com 的合作伙伴，并将亚马逊商品广告添加到自身的网站上，即当顾客通过此链接指向 Amazon. com 并完成整个购买流程时合作机构可以得到相应的手续费。这种独特的合作模式下，虽然亚马逊的收入被合作机构分享，但其本质为亚马逊节省了大量的营销费用，同时扩展了亚马逊宣传范围，取得了良好的效果。

(4) 配送体系完善

以美国市场为例，一方面，亚马逊充分利用美国高效率的邮政体系；另一方面，公司自建容量巨大的仓库，只要订货单到位，就可以将书打包并发送到顾客手中。此外，亚马逊还要求发行人按最快的交易方式送书，从而有利于控制存书和仓库租赁成本。按照公司创始人贝索斯的说法，亚马逊充当的是"信息经纪商"的角色，即在发行商和消费者之间建立顺畅的联系。

(5) 科学管理顾客

亚马逊公司利用网络互动了解顾客意见，从而提供基于消费者需求的服务。同时，公司通过顾客关系管理系统(Customer Relationship Management，CRM)来管理顾客，详细分析顾客的基本资料和历史交易记录，从中推断出不同顾客的消费习惯和消费心理，以及顾客忠诚度和潜在价值，对重点顾客进行差异化的重点营销，最终向顾客提供一对一的服务。这样有利于增加重点顾客的购买频率和购买数量。

## 第六节 eBay: http: //www. ebay. com

1. eBay 简介

eBay 是一个可让全球民众上网买卖物品的线上拍卖及购物网站，人们可以在 eBay 上通过网络出售商品。ebay. cn 致力于推动中国跨国交易电子商务的发展，帮助中国的小企业和个人用户在 eBay 全球平台上进行销售，为他们开辟直接面向境外销售的新渠道。

eBay 全球领先的交易平台结合领先的在线支付工具 PayPal，已经成为全球中小企业和个人用户从事跨国贸易的首选。PayPal 是全球在线支付标准，拥有 1. 84 亿注册账户，支持全球 190 个市场、23 种货币的收付款，是网络跨国交易的最佳支付工具。

为了更好帮助中国卖家在"eBay 平台/eBay Marketplace"上进行销售，eBay. cn 还成立专业的跨国交易服务团队，提供从跨国交易认证、业务咨询、疑难解答、外贸专场培训及电话培训、在线论坛外贸热线，到洽谈物流优惠，协同 PayPal 提供安全、快捷、方便的支付解决方案，帮助中国卖家顺利开展全球业务。

eBay 还推出专为中国跨国交易卖家打造的交流、沟通和分享的平台，www. ebay. cn 不仅提供 eBay 跨国贸易培训课程，分享各个目标市场贸易动态，帮助中国卖家开拓境外市场，还设有用户"讨论区/Discussion Boards"，使得用户能够通过经验交流来提高他们的销售技巧。

2. 主要产品

每天都有数以百万的家具、收藏品、电脑、车辆在 eBay 上被刊登、贩售、卖出。有些物品稀有且珍贵，然而大部分的物品可能只是个满布灰尘、看起来毫不起眼的小玩意。这些物品常被他人给忽略，但如果能在全球性的大市场贩售，那么其身价就有可能水涨船高。只要物品不违反法律或是在 eBay 的禁止贩售清单之外，即可以在 eBay 刊登贩售。服务及虚拟物品也在可贩售物品的范围之内。可以公允地说，eBay 推翻了以往那种规模较小的跳蚤市场，将买家与卖家拉在了一起，创造了一个永不休息的市场。大型的跨国公司，像是 IBM 会利用 eBay 的固定价或竞价拍卖来销售他们的新产品或服务。资料库的区域搜寻使得运送更加迅捷或是便宜。软件工程师们借着加入 eBay Developers Program(eBay 开发者项目)，得以使用 eBay API，创造许多与 eBay 相整合的软件。截至 2005 年 6 月，已经有超过 15000 人加入这个项目。

3. eBay 盈利模式

eBay 采用免收登录费低价设置费和店铺费用的收费模式，即任何用户只要在 eBay 开店，无论是普通店铺、高级店铺还是超级店铺，都将终身免费。除此之外，eBay 还有一些其他的收入来源，包括广告收入、销售佣金和通过提供其他站点的链接而获得的转介收入。

4. 跨境电商平台选择依据

(1) eBay 优势

eBay 是世界上最大的在线拍卖网站。这是一个巨大的市场，世界各地数以百万计的人在 eBay 上购买和出售货物。

该公司拥有良好的客户关系管理的能力，其利用客户资料报告和统计数据，可以更好地解决其经营中的问题。

多样化一直是 eBay 的主要政策。通过其产品的多样化保持其竞争地位。

(2) eBay 劣势

eBay 的弱点之一是买方能够选择自己的付款方式，对卖家的保护较少。

航运一直是 eBay 最大的问题之一。卖家在 eBay 搜索列表降低产品价格以期望被列至榜单前列，却在运输成本上增加两倍或两倍以上的价格。这导致买家逃离到其他电商平台或零售商店。

eBay 的另一个缺点是它无法控制出售物品的内容，这可能导致假冒产品或侵权问题的产生。

## 第七节　兰亭集势：http：//www.lightinthebox.com

1. 基本信息

兰亭集势成立于 2007 年，是目前我国最大的外贸 B2C 网站，兰亭集势最初以销售定制婚纱礼服为主，后来进行品类扩张，目前销售产品品类涵盖服装、电子产品、玩具、饰品、家居用品等 14 大类，共 6 万多种商品，主要市场为欧洲、北美洲等。2013 年 6 月 6 日，兰亭集势在美国纽交所挂牌上市，发行价 9.5 美元，融资额约 7885 万美元。2014 年净营收为 9900 万美元，其中，服装作为核心品类，净营收为 3700 万美元，同比增长迅速，达到 103.9% ，此外，订单数及客户数同比增长均超过 50%。

2. 主营模式

① 低价策略。兰亭集势利用各种中国制造的低价电子产品和廉价婚纱礼服，敲开了境外电子商务市场的一角，2012 年兰亭集势的用户数已超过 247 万，总计贡献营收 2 亿美元，平均下来每位用户在兰亭集势上消费 81 美元。价格低廉是驱动境外用户在兰亭集势消费的主要因素，拿婚纱来说，根据 The Wedding Report, Inc.（婚礼报告公司）统计，2011 年，美国地区平均每件婚纱的价格在 1166 美元，

而同期兰亭集势婚纱的平均价格仅为209美元。

② 极强的成本优势。兰亭集势之所以可以在如此低廉的定价水平上取得如此高的毛利水平，核心在于其具备相当强的成本优势，且极大地缩短了供应链，降低了成本。向上，兰亭集势绕过了层层中间贸易环节，目前70%的商品直接从工厂进货，达到节约进货成本的目的；向下，兰亭直接将这些价格低廉的中国制造品以境外市场的定价标准直接卖到终端顾客手中，获得了高毛利的优势。

③ 众多的供应商伙伴。兰亭集势目前在全国共设有6处采购办公室，由于品类扩张的需要，以及兰亭的外贸渠道越来越广阔，兰亭集势不断在全国范围寻找更多的供应商伙伴。由于商品主要销往境外市场，兰亭对供应商的生产能力也有较高的要求，例如，要能满足一定的采购量，对境外市场需求要敏感等。此外，一些本土品牌，包括纽曼、爱国者、方正科技、亚都、神舟电脑等也加入到兰亭集势销售平台，成为该公司的供货商。兰亭集势还组建了设计团队，打造自有品牌，丰富产品多样性，如创建了服装自有品牌 Three Seasons/TS brand。

④ 库存周转速度快。兰亭集势的库存周转速度能够做到比普通电商还要快，是由它的特殊供应链管理模式决定的。

3. 主营产品

兰亭集势上线之初主营电子产品，但是由于电子产品的毛利比较低，后来便开始转向毛利较高的产品品类，如服装、电子产品配件等，并不断地进行产品品类的调整，增加毛利较高产品的占比而降低对毛利较低的产品的投入。目前电子产品配件已成为它最大的销售品类，所占比重为39.1%；服装比重为30.7%。

4. 主要功能及特色

兰亭集势特点体现在供应链优势、网络营销能力及本地化举措。

(1) 供应链优势

① 供应链环节。直接从制造商进货并直接面向消费者销售，极大地缩短了供应链环节，实现了从工厂到网站再到消费者的最短销售链条，达到较高的毛利率水平。

② 供应链管理。一方面在供应链的广度上，寻求越来越多的供应商合作，不断增加提供商品的品类，从而提升网站货品的丰富度；另一方面在供应链合作深度上，将供应商纳入产业链条，让供应商主动更新产品，提升整个网站的货品更新

速度。

③ 定制类商品。提前培训供应商流程化生产协调能力，供应商按需定做，在接到订单10到14天内完成生产并将货品送至兰亭集势的仓库；对于定制的标准品，供应商通常在48小时内将货品送至兰亭仓库。此外，成立婚纱设计中心，加强产品的设计能力。

④ 标准品。要求部分供应商提前备货，存放至兰亭仓库，通过供应商"提前备货"，兰亭集势提高了订单处理效率，并有效避免了库存风险。

(2) 网络营销能力

① 网络营销。精准的网络营销技术。通过社会化营销、搜索引擎、广告展示等方式进行推广，切入目标市场。网络营销转为品牌建立、产品推广和移动业务发展并重。

② 投放情况。兰亭集势在Google、社交媒体（如Facebook）、本地网盟等均衡投放市场费用，在降低市场费用在销售额中占比的同时，提升市场投放效率。

(3) 本地化举措

① 境外仓储。在欧洲、北美建立仓储，正在筹建南美仓库。

② 境外办公室。2014年初在美国设立境外办公室。

③ 人员及服务。在美国、西班牙、波兰等招聘本土雇员，通过自主打造的"虚拟公司"网上协作平台，建立遍布全球的员工协作网络。实现客服本土化，在当地服务市场聘请的客服，客服超过20多个国家。

④ 本地化营销。通过本地网盟及社会化营销等营销方式，建立并强化公司在当地市场的品牌知名度与美誉度。

5. 盈利模式

在收入模式方面，兰亭集势对商家不收取年费，以一定比例的销售分成获取收入。目前，兰亭集势的收入依然以自营的商品进销差价为主。

(1) 自营：进销差价模式

① 采购。产品采购方面，兰亭集势绕过层层中间贸易环节，70%的商品直接从工厂进货，节约进货成本。

② 销售。产品销售方面，直接将从工厂进货的价格低廉的中国制造品以境外市场的定价标准直接卖到终端消费者手中，获得了高毛利的优势。

③ 毛利。兰亭集势在保持一定毛利水平的基础上，再进行一定的规模扩张，以获得规模效应。

(2) 平台：佣金模式

① 招商对象。国内线下传统品牌、互联网品牌和外贸工厂。

② 开放品类。只开放服装品类(主要是成衣)，不包括兰亭的核心品类婚纱。未来平台成熟后，不排除开放更多的品类。

③ 收费方式。无年费，兰亭收取商家销售额的15%作为分成。

## 第八节　米兰网：http：//www.milanoo.cn

1. 基本信息

米兰网(Milanoo.com)是国内一流的服饰外贸B2C运营商。公司旗下有英、法、德、日、意大利、西班牙、葡萄牙、俄语等语言站，覆盖全球180多个国家和地区，产品配送至全球170个国家地区。米兰网日均访问量逾10万人次，日均在线活跃客户数在1万以上。网站着重围绕婚纱礼服、时尚穿着、家居布置来重点打造场景文化，通过差异化的产品与用户体验向客户传播“穿得与众不同”的思想。

2. 主营模式

(1) 零会员费制度

招募供应商时，他们一直遵循让合作伙伴零投入、零费用获得海量外贸订单的宗旨，为国内中小生产商谋利。跟米兰网签约后的国内中小生产商、批发商均可享受到从境外宣传到境外营销、产品售后服务整个一条龙的免费商业服务。所有合作批发商、生产商只需要将自己的产品图片资料批发价格等传给米兰网，并签署合作协议即可。米兰网专业翻译外贸团队便会免费将产品信息发布到米兰网国际销售门户。而国内供应商只需每天登录米兰网国内入口，检查全球分配过来的订单，然后保质保量生产便可。生产完毕后发货到米兰网广州国际物流中心，即时获得人民币实时结算，不用承担任何库存风险和汇率变动的影响。

(2) 零服务费用制度

更让人叫绝的是米兰网在整个外贸服务流程中不收取一丝费用，仅在供货商提供的产品批发价基础上略加微薄利润进行境外销售。所以不难想象，只有协助达成交易，为国内供货商达成订单，米兰网才有利可图，这种变相的佣金模式使得整个外贸流程变得非常有效率。

和阿里巴巴相比，这种模式对于供应商的吸引力是不言自明的。阿里巴巴诚信通的会员收费制度，交了费用还需要自己耗费精力找订单，产品图片信息也需要自己整理维护，变相收取的门目繁多的广告费用更是让会员企业叫苦不迭。也难怪在阿里付了大量费用却看不到效果的企业会纷纷试水米兰网。

3. 主营产品

米兰网的产品主要包括婚纱礼服、晚礼服、男士服装、女士服装、cosplay 服饰及洛丽塔系列服饰。它的前身是一家动漫服装厂，通过雅虎日本向日韩、欧美、中国台湾等30 多个国家及地区销售 cosplay 服饰，2008 年作为外贸 B2C 网站正式上线。经过几年的发展，米兰网的产品已扩展到时尚服饰领域，但动漫及 cosplay 服饰仍是主营方向。

4. 盈利模式

米兰的利润仅仅来自于目标市场的价格。举例说明，一件商品，供应商提供给米兰的供货价格是 50 元人民币，而该商品在日本市场的直销价格是 100 元人民币，卖出该商品后，则米兰从中获得 50 元利润。如果米兰网 10%返利的话，还能为供应商增加 5 元的返利，米兰网实际支付给供应商 55 元的货款。由此可见，米兰网不仅不向供应商收取任何组织产品销售的费用，还会竭尽全力促成产品的境外销售，为供应商创造更大价值和更多财富。

## 第九节　美国移动购物平台：Wish

1. 基本信息

Wish 是一款根据用户喜好，通过精确的算法推荐技术，将商品信息推送给感兴趣用户的移动优先购物 APP。

Wish 约 2013 年 3 月前后上线，在美国购物 APP 下载量中排名前五；用户数已达 3300 万，多为经常去沃尔玛的中产阶层(年收入约 6.5 万美元)，主要为 16～30 岁(也是未来 10～20 年移动端的主流消费人群)的人群。用户构成上，分布在

46个国家，其中美国、欧洲、东南亚和其他地区各占比约44.5%、43.2%和13.2%；从美国来看，用户也并非集中在纽约、加利福尼亚州、得克萨斯州等主要城市和地区，基本上等比例于各州经济总量构成，相对均匀地分布在全国各地。

Wish目前日均活跃用户超100万，日均新用户超9万，用户平均浏览时间约30分钟/天，92%用户来自移动端，商户约10万，多为中小企业，每周增长达12%。据亿邦动力网统计，Wish客单价约32.6美元（含邮费），日订单量1万～1.2万单，退货率0.065%；用户性别构成上，男性占比仅20%，但贡献了40%的销售额。

Wish销售增长迅速，连续3个季度销售翻番，在法国最初55天内即实现销售3000万美元的业绩。

2. 主营模式

Wish通过消息流向用户展示商品。用户可以将喜爱的商品保存至心愿单，随后Wish的软件可以了解用户的喜好，并带来订制的购物体验。

作为一个电商新手，Wish完全没有PC端购物平台的设计经验，这也使得Wish能够不带任何思想包袱地开拓移动端市场。移动端最大的特点就是“随时随地随身”，进而带来碎片化需求：某个手机用户可能仅仅是想在等电梯的30秒内在购物APP上逛逛。这个时候，如果能够了解用户偏好，并据此推荐相关商品给用户，则能够极大地增加用户“冲动性”下单的可能性。这就是Wish的模式。

3. 主营产品

Wish主营产品主要有女装、男装、母婴/玩具、家居、美妆/健康、饰品钟表/服饰配件、鞋类、包类、运动户外、电子设备和电子配件等。

4. 主要功能及特色

(1) Wish的主要功能

Wish淡化了品类浏览和搜索，去掉了促销，专注于关联推荐。当一个新用户注册登录的时候，Wish会推荐一些不令人反感的商品，比如T恤、小饰品等。此后，Wish会随时跟踪用户的浏览轨迹以及使用习惯，以了解用户的偏好，进而再推荐相应的商品给用户。这样，不同用户在Wish APP上看到的界面是不一样的，同一用户在不同时间上看到的界面也是不一样的。这就是Wish的魅力所在，其能通过智能化推荐技术，与用户保持一种无形的互动，从而极大地增加了用户黏性。

(2) Wish 的主要特色

① 不同于亚马逊、eBay、速卖通等跨境电商平台，Wish 有更多的娱乐感，有更强的用户黏性。亚马逊、eBay 等平台是由 PC 端发展起来的传统电商，更多的是注重商品的买卖交易；Wish 虽然本质上也是提供交易服务的电商平台，但其专注于移动端的"算法推荐"购物，呈现给用户的商品大都是用户关注的、喜欢的，每一个用户看到的商品信息不一样，同一用户在不同时间看到的商品也不一样。

② 不同于 Wanelo 等社交导购网站，Wish 不依附于其他购物网站，本身就能直接实现闭环的商品交易。作为社交导购网站，用户在 Wanelo 发现自己喜欢的商品后，如果需要购买，则会跳转到相应的购物网站上，无疑妨碍了购物体验。在 Wish 平台上，用户在浏览到自己喜欢的商品图片后，可以直接在站内实现购买。

③ 不同于 Pinterest 等社交图片网站，Wish 提供商品的购买服务。在 Pinterest 上，用户可以收集并分享自己喜欢的图片，但如果想要拥有图片上的商品，却只能通过其他渠道去购买。Wish 上面也有大量的精美商品图片，但只要用户喜欢，便可以随时购买。

5. 盈利模式

该公司从网站或应用的商品销售中收取 15%的费用。

## 第十节 上海自贸区"跨境通"：http：//www.kjt.com

上海自贸区跨境通是 2013 年 11 月 20 日上海自贸区第一家经政府审批的海淘网站平台。作为首批入驻自贸区的项目之一和上海唯一的国家跨境贸易电子交易试点，"跨境通"电子商务平台已完成功能测试，试点平台于 2013 年 12 月 28 日正式启动。"跨境通"推出的商品主要包括服装、服饰、婴幼儿用品、3C 电子产品、化妆品、箱包等六大类热门商品，价格预计有望比国内专柜便宜三成左右。

跨境通的主要特点有：

1. 实现商品追溯，降低风险

与其他"海淘"网站不同的是，"跨境通"采取的是仓储保税进口加个人购买的模式，即仓库到个人的直接销售。

为保证价格透明，上述平台的每件产品，除标明商品本身的价格，还会标明进口关税和物流费用。根据承担“跨境通”建设运营的上海东方支付有限公司（以下简称东方支付）方面的说法，商品在通关前已全部缴付过“行邮税”，通关时，海关的工作人员验证过“跨境通”商品上独有的二维码，会安排其走绿色通道。

“跨境通”要求所有入驻的店铺在国内有负责售后服务的分支机构。“跨境通”平台其实是在做一个全球的商品类搜索引擎，公司主要通过海关对该平台上所有的商户以及商品进行备案，可以说平台上所销售的商品均系热门正品。平台的合作商户主要来自境外，公司对这些商户的要求是在境内一定要有子公司或分公司，除了方便消费者在购买商品后能够享受到应有的售后服务，还便于海关管理，一旦有责任问题发生，就能快速追溯到责任人。

2. 物流成本将大幅降低

一直以来“海淘”最大的风险来自商品是否为正品，货源的不明常使“海淘一族”难有保障。“跨境通”实行全程的电子化路管理体系，其购物渠道都比较规范和透明，这样一来容易对从事境外代购的一批商户形成冲击。

由于“跨境通”采用上海自贸区的“仓储保税进口”模式，能够实现物流成本大幅降低，同时缩小国内外奢侈品之间的价格差距，对于国内奢侈品实体经营会有较大冲击，更多购买需求会转移到电子商务平台。

由于关税造成中高端产品境内外价格悬殊，该领域更多的消费需求涌入境外消费市场，然而“跨境通”电子商务平台的建立能够让境内消费者同样享受到优惠。由于“跨境通”的商品价格优势显著，与高档商场的产品价格会形成差距，对高档商场会造成一定冲击。

按照海关的规定，“跨境通”上所有消费者必须经过实名认证，且年度消费总金额和总数量也会被限制。限制并非在“跨境通”平台，而是来自“保税进口”的限制。目前对于进口的限制主要是单笔订单大于一件商品不能超过 1000 元，港澳台地区则不能够超过 800 元，不过这个限制海关应该还会进行调整，将根据“跨境通”的发展情况进行相应修改。

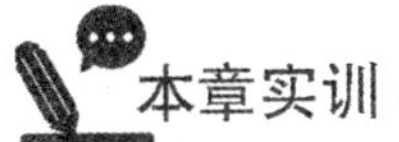

## 本章实训

### 典型跨境电子商务平台的认识

### 实验时数：2

**一、实验目的**

通过本次实验的学习，学生能够了解本章介绍的跨境电子商务平台，熟悉各跨境电商平台的基础操作。

要求学生亲自体验每一个跨境电子商务平台的操作，并在每一个跨境电子商务平台进行注册；了解各平台的市场、产品、服务功能等的差异；理解各平台的收费标准和盈利模式。

**二、实验内容和步骤**

1. 以两人小组形式完成以下几个平台的卖家用户注册和认证，并将通过认证的账号填入表 3－1。

**表 3－1 各跨境电子商务平台卖家账户注册情况**

| 跨境电子商务平台 | 注册卖家账户 |
| --- | --- |
| 阿里巴巴国际站：http：//www. alibaba. com | |
| 中国制造网国际站：http：//www. made-in-china. com | |
| 敦煌网：http：//www. dhgate. com | |
| 速卖通：http：//www. aliexpress. com | |
| 亚马逊：http：//www. amazon. com | |
| eBay：http：//www. ebay. com | |
| 兰亭集势：http：//www. lightinthebox. com | |
| 米兰网：http：//www. milanoo. cn | |
| 美国移动购物平台：Wish | |

2. 熟悉各跨境电商平台基本操作，了解每个平台的产品、功能和服务以及盈利模式等。

3. 通过浏览跨境平台和网络信息，区分各跨境电子商务平台，归纳各平台差异，完成表 3－2。

表 3－2　典型跨境电子商务平台运营模式区分

| 跨境电子商务平台 | 市场规模 | 目标市场 | 主营产品 | 特色功能和服务 | 收费情况 | 占跨境电商市场份额 |
|---|---|---|---|---|---|---|
| 阿里巴巴国际站 | | | | | | |
| 中国制造网国际站 | | | | | | |
| 敦煌网 | | | | | | |
| 速卖通 | | | | | | |
| 亚马逊 | | | | | | |
| eBay | | | | | | |
| 兰亭集势 | | | | | | |
| 米兰网 | | | | | | |
| Wish | | | | | | |

## 三、实验心得

1. 选取一个你感兴趣的行业，从卖家的角度在上述几个跨境电子商务平台中选取一个平台销售自己的产品，并说明选择的理由，对选择平台进行详尽的平台优劣势分析。

2. 通过查阅网络信息和文献资料，了解上海自贸区“跨境通”的动态，分析“跨境通”建立对跨境电子商务的影响。

## 四、设备与所需软件

多媒体实验机房，每人配备一台可以访问互联网的计算机。

## 五、实验报告要求与实验考核要求

表 3－3　实验报告要求与实验考核要求

| 实验报告要求 | 实验考核要求 |
|---|---|
| (1) 实验目的 | (1) 学生根据实验要求提交实验报告 |
| (2) 实验内容及要求 | (2) 教师根据实验报告评定单项实验成绩 |
| (3) 实验过程 | (3) 根据单项实验成绩和实验报告内容给出整体实验成绩 |
| (4) 实验心得 | (4) 总体实验成绩按适当比例计入课程总分 |
| (5) 同学之间关于实验的交流 | |

# 第四章　跨境电子商务平台的选择过程

## 第一节　跨境电商平台的评价标准

跨境电子商务涵盖实物流、信息流、资金流、单证流，与国内电子商务相比，其涉及的环节更为复杂，如何对跨境电商平台进行科学的判断成为很多卖家进入平台之前必然会遇到的难题，在接下来，我们争取提供一个评价框架，使得评价标准直观易懂，具有较强的操作性。

首先，作为卖家需要了解跨境电商的流程，跨境电商出口的流程是，生产商或制造商将生产的商品在跨境电商企业的平台上上线展示，在商品被选购下单并完成支付后，跨境电商企业将商品交付给物流企业进行投递，经过两次（出口地和进口地）海关通关商检后，最终送达消费者或企业手中，也有的跨境电商企业直接与第三方综合服务平台合作，让第三方综合服务平台代办物流、通关商检等一系列环节，从而完成整个跨境电商交易的过程。跨境电商进口的流程除了与出口流程的方向相反外，其他内容基本相同。

整个跨境电商流程涉及跨境电商平台、支付企业、物流商、海关、用户等一系列关键要素（见图 4－1）。对于卖家来讲，是否选择该跨境电商平台，需要考虑该平台的目标用户、所采取的支付方式、物流、平台服务内容等众多因素，本书将采用系统的框架来衡量其平台价值，主要由7大板块组成，即目标客户、平台卖家、准入条件、支付方式、网上服务平台、物流以及其他服务（见表4-1）。

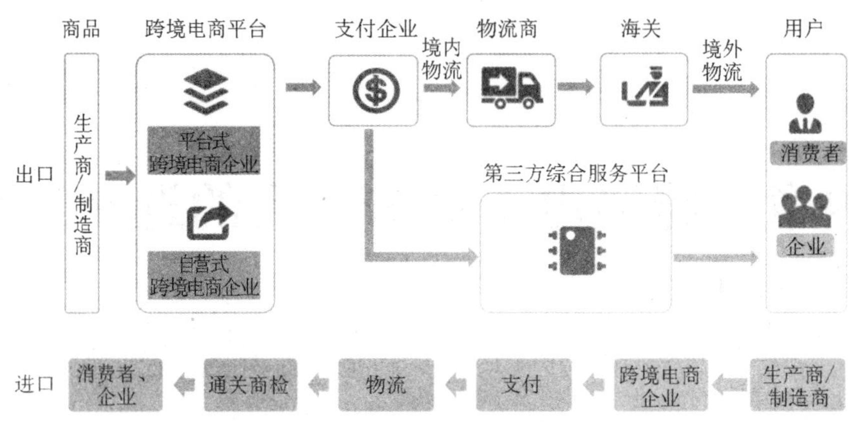


图4-1　跨境电商流程

**表4-1　跨境电商评价标准框架**

| 1. 目标客户 | 2. 平台卖家 | 3. 准入条件 | 4. 支付方式 | 5. 网上服务平台 |
|---|---|---|---|---|
| 类型<br>地区<br>性别<br>年龄<br>职业<br>收入水平<br>客户价值 | 产品种类卖家<br>数量<br>卖家质量 | 卖家类型<br>交易佣金<br>平台规则 | 银行转账<br>信用卡<br>第三方支付等 | 感官体验（网页布局、网页设计等）<br>交互用户体验（操作难易度等）<br>情感用户体验（客服、FAQ等） |

| 6. 物流 | 7. 其他服务 |
|---|---|
| 物流成本<br>运输时间<br>是否设立境外仓 | 定制化水平<br>产品收货、分拣打码质检等预加工处理<br>跨国贸易结算、通关代理等服务<br>信贷<br>培训、营销推广和代运营等服务 |

1. 目标客户

跨境电商平台必须做出合理决议，到底该服务哪些地区用户。由于跨境电商平台所涉及的买家在异国他乡，其文化与国内具有极大的差异性，所以针对某地区用户，跨境电商平台可以凭借对特定群体需求的深刻理解，设计相应的服务。如表4-2为部分跨境电商平台目标客户细分依据。

表 4-2 目标客户细分依据

| 客户细分依据 | 目标客户细分群体 |
| --- | --- |
| 类型 | 按照买家是属于零售还是批发进行区分 |
| 地区 | 跨境电商平台服务于哪些地区 |
| 性别 | 男、女 |
| 年龄 | 年轻人、中年人、老年人 |
| 职业 | 根据从事工作内容不同划分 |
| 收入水平 | 根据收入金额不同进行划分 |
| 客户价值 | 根据最近消费时间、消费频率、消费金额等指标进行评估 |

2. 平台卖家

平台卖家在选择跨境电商平台时，也需要考虑在平台的其他卖家的情况，比如类型、地区、产品种类、公司规模、公司经营情况等，如表 4-3 所示：

表 4-3 平台卖家考虑因素

| 平台卖家细分依据 | 平台卖家细分群体 |
| --- | --- |
| 类型 | 个体还是企业卖家 |
| 地区 | 来自于哪个地区或哪个国家 |
| 产品种类 | 销售的产品属于电子产品、服装、汽配等类 |
| 公司规模 | 大中小公司 |
| 公司经营情况 | 根据公司的销售量、顾客数量等 |

3. 准入条件

各大跨境电商平台对于卖家的要求不尽相同，部分平台只接受企业卖家，不接受个人卖家或者对个人卖家的要求甚是严格，个人卖家在进入该平台之前必须首先考虑这一因素。其次，各大平台的收费方式也有着显著的差异，收费方式主要有年费、交易佣金、服务费等，不同的平台收费模式也大相径庭。

4. 支付方式

做跨境电商除了保证自身产品质量和服务以外，更需要去了解客户的需求，其中支付就是这些需求当中很重要的一部分。全球各地区的人们在网上购物时，所使用的支付方式是有差异的。表 4-4 简单罗列了一下各地区的消费者习惯的支付方式，供读者在查看跨境电商平台是否符合消费者支付习惯时进行参考。

表 4－4　各地区常见的支付方式

| 地　区 | 常用的支付方式 |
| --- | --- |
| 北美地区（泛指美国和加拿大） | 熟悉各种先进的电子支付方式，如网上支付、电话支付、邮件支付等，信用卡是在线使用的常用支付方式之一 |
| 欧洲 | 欧洲人最习惯的电子支付方式除了维萨（Visa）和万事达（MasterCard）等国际卡外，还喜欢使用当地卡，如 Maestro（英国）、Solo（英国）、Laser（爱尔兰）、Carte Bleue（法国）等 |
| 日本 | 信用卡付款和手机付款为主，支持 20 种货币的 JCB 信用卡常用于网上支付 |
| 澳大利亚、新加坡、南非和南美地区 | 最习惯的电子支付方式是 Visa 和 MasterCard，也习惯用 PayPal 电子账户支付款项 |
| 其他欠发达地区 | 如东南亚、南亚、非洲的中北部等欠发达地区，一般也是使用信用卡支付。但是风险较大，要充分利用第三方支付商提供的反欺诈服务，事先屏蔽掉恶意欺骗或有风险的订单 |

5. 网上服务平台

网上服务平台也就是我们通常所说的网站，在近年更加注重用户体验。本书主张从用户体验角度出发来对跨境平台进行评价。用户体验主要可以分为感官体验、交互用户体验、情感用户体验三类。感观体验是呈现给用户视听上的体验，强调舒适性。一般在色彩、声音、图像、文字内容、网站布局等方面进行呈现。交互用户体验是界面给用户使用、交流过程的体验，强调互动、交互特性。交互体验的过程贯穿浏览、点击、输入、输出等过程。情感用户体验是给用户心理上的体验，强调心理认可度。比如现在很多网站都设立了客服，客服回答的及时性、解决问题的快速性等都影响着用户的情感体验。如果让用户通过站点能认同、抒发自己的内在情感，那说明用户体验效果较好。

6. 物流

跨境电商众多平台都涉及国际物流，基本会选择第三方国际物流，但其选择的第三方物流公司具有各自不同的特点，如物流时间、物流成本等，并且很多跨境电商平台在境外设立了境外仓，缩短了物流时间，提高了办事效率，促进境外客户能在境外仓进行线下购买。所以境外仓也是需要考虑的关键因素。

7. 其他服务

跨境电商平台主要服务是产品销售，但是围绕产品销售，平台会根据自身情况和用户需求提供其他相应的服务，但各大平台提供的服务有较大的差异性，卖家需要根据自身情况选择适合自己的平台（见表 4－5）。

**表 4－5　跨境电商平台的其他服务**

| 其他服务 | 说　　明 |
|---|---|
| 个性定制化 | 例如兰亭集势网站的突出点在于婚纱的个性化定制，这一特点吸引了广大适婚人士在网站上进行注册和购买 |
| 产品收货、分拣打码质检等预加工处理服务 | 为卖家提供了便利，提高了效率 |
| 跨国贸易结算、通关代理等服务 | 能减少卖家所走的程序 |
| 信贷服务 | 解决卖家和买家资金难的困扰，如敦煌网就与 DHCredit 合作 |
| 培训 | 从事跨境电商的人员需要较强的外语能力以及专业知识储备，平台为新手提供了培训 |
| 营销推广 | 为卖家提供提高产品曝光的营销工具，包括定价广告、竞价广告、展示计划等 |
| 代运营服务 | 针对商家提供店铺装修及优化、账号托管等服务 |

## 第二节　跨境电商平台的选择步骤

第一节我们详细阐述了跨境电商平台的评价标准框架，在这框架体系中，可以结合自身的行业特征和产品特点，对跨境电商平台进行选择，选择适合自己的平台进入。本书通过资料的整理，归纳出跨境电商平台的选择步骤和方法。

1. 了解各平台对于卖家的准入条件以及平台的相关规则

卖家分为企业卖家和个人卖家，国内的跨境电商平台，比如敦煌网、速卖通等接受个人和企业卖家，对卖家的要求比较低，只需要通过实名认证即可。但是国外的很多跨境电商平台，如 eBay、Amazon 等，对卖家的要求相对比较高，

eBay在注册的时候需要提交相关的证明，比如你将销售的物品的发票、银行账单等，企业卖家需要提供营业执照等相关证明，进行认证。同时，也会收取一定的交易费用。

熟悉平台规则。敦煌网的卖家都来自中国，敦煌网能做到较为公平地对待买家和卖家，风控经验丰富（控制买家欺诈做得最好）；速卖通作为阿里巴巴的一大平台，也是比较公平地对待买家和卖家，不过其规则会发生一些变化，卖家需要及时地进行了解；eBay、Amazon作为境外的知名跨境电商平台，其规则对于卖家而言较为严厉，充分保障买家的权益。如果买家投诉卖家售卖仿制产品，eBay和Amazon会立刻冻结卖家账号，只有等卖家提供相应的证据证明自己所销售的不是仿制产品时，eBay和Amazon才会将账号解冻，会消耗较长的时间。

2. 分析平台所针对的买家群体

买家群体大致上分为零售和小额批发商，考虑自己的产品特点以及企业特点，如果企业主要销售给个人，那可以选择B2C的平台，比如兰亭集势、米兰网、敦煌网等，境外的主要有eBay、Amazon等。

清楚平台买家的分布地区。各大平台的精力有限，所以其推广的地区也有其针对性，各地区的买家对于平台的使用频率略有差异。另外，产品品牌知名度也在各大地区存在差异性，卖家应对平台在国外地区的知名度等进行考虑，从而选择适合自己产品销售地区的平台。比如敦煌网主要的买家在欧美、澳、俄、南美等地；速卖通的买家主要分布在俄、南美地区；eBay作为世界有名的平台，买家分布于全球；Amazon是美国人创立的平台，其买家也主要在欧美。如果公司的产品主要销往美国，那可以考虑美国买家群体较大的Amazon或者eBay。

3. 掌握平台销售的商品信息和其他卖家的情况

从销售产品品类看，跨境电商企业销售的产品品类从服装服饰、3C电子、计算机及配件、家居园艺、珠宝、汽车配件、食品药品等便捷运输产品向家居、汽车等大型产品扩展。eBay数据显示，eBay平台上增速最快的三大品类依次为：家居园艺、汽配和时尚。eBay、Amazon等网站所销售的产品种类多种多样，但也有很多网站在主打某类产品，如兰亭集势只开放服装类品牌。

有人可能会问为什么要了解其他卖家的情况，因为在每个细分市场里，存在几十家竞争对手是非常常见的。对这些平台上的竞争对手进行简单的实力评估，最好能做份表格进行记录。比如制作竞争对手产品分析表，对地址、联系方式、价格、支付方式、最低零售价、主产品线构成及价格、附属产品构成及价格、运费等参数加以分析。当完成这一张表后，在产品方面，你与竞争对手之间的优势和劣势就一目了然了。通过对卖家的详细分析，以后无论在发展战略上还是在具体的操作战术上，都可以有的放矢。

4. 熟悉网上服务平台的操作

之前在评价标准小节中，我们提出评价网上平台主要可以从用户体验角度出发：① 感官体验，主要考虑网页色彩搭配、布局给人的舒适感程度。② 交互用户体验。通俗地来讲，就是网站的操作难易度，目前来讲，敦煌网和速卖通对于中国的卖家而言，符合中国人的操作习惯，是比较容易上手操作的。eBay、Amazon 是境外网站，对于国内卖家而言，操作相对复杂，因为其卖家来自于全世界，平台需要适应全世界卖家的习惯。③ 情感用户体验，通过客服的回复是否及时、网页上是否有比较详尽的 FAQ 设置等来感受。例如兰亭集势网站在美国、西班牙、波兰等聘请服务市场当地的客服，客服超过 20 多个国家。此举措与当地的买家建立了更好的互动，提高了买家的情感用户体验。

5. 了解平台所采用的支付方式

这主要从买家的角度出发看平台的支付方式是否符合买家的需求，具体的情况在第一节有阐述，本节就不再做赘述。

6. 清楚平台的物流方式以及境外仓是否设立等情况

例如大龙网在境外开设俄罗斯莫斯科、巴西圣保罗、印度新德里、加拿大蒙特利尔、澳大利亚堪培拉等多个境外销售办公室，拥有 200 多名外籍员工，负责境外的销售和推广工作。还在各地设立仓储，在国内长三角、珠三角等地拥有仓库，在东莞拥有公共监管仓，仓内对接海关和检验检疫，可实现一站式通关出口；在黑龙江省拥有合作配送点，为外贸企业的俄罗斯市场开发提供更多便利；此外，在俄、印、英、美、澳等国家拥有境外仓。这极大地提高了物流的便利性。

7. 探索各大平台提供的其他服务

敦煌网除了提供基于平台的基本服务外，敦煌网也在优化一体化服务，如 30 多种支付方式、20 多种物流方式、多种信贷服务以及其他的增值服务。大龙网特点在于其属于跨境 O2O 模式，建立了云库房，实现本土化运营；兰亭集势特点在于其供应链优势、营销能力及本地化举措。在选择时，需根据自己产品的特点以及所需的服务和平台的特点进行匹配，看哪个平台最符合自己的要求。

## 第三节　适合开展跨境 B2B 电商的平台

目前，中国跨境电商市场交易规模中，B2B 跨境电商市场交易规模占总交易规模中 90%以上。在跨境电商市场中，企业级市场处于主导地位。从客户的角度来看，B2B 跨境电商平台所面对的客户多为经销商；再从企业规模看，大企业一般走的是 B2B 模式，由于其品牌效应，产品的流通渠道已经打开；但好多中小企业也在运用 B2B 平台进行推广。目前，适合开展跨境 B2B 电商的平台主要有阿里巴巴国际市场、敦煌网、环球资源、中国制造网、环球市场集团、浙江网盛生意宝、Directindustry、全球采购网、美国进口网等。下面介绍一下最知名的两个电商平台。

1. 阿里巴巴国际站

讲到平台，绕不过中国的“大佬”阿里巴巴，也就不得不提阿里巴巴国际站(见表 4－6)。“阿里巴巴国际站”是帮助中小企业拓展国际贸易的出口营销推广平台，基于全球领先的企业间电子商务网站阿里巴巴国际站贸易平台，向境外买家展示、推广供应商的企业和产品，进而获得贸易商机和订单。

**表 4－6　阿里巴巴国际站的情况分析**

| 1. 目标客户 | 2. 平台卖家 | 3. 准入条件 | 4. 支付方式 | 5. 网上服务平台 |
|---|---|---|---|---|
| 俄罗斯、巴西等金砖国家<br>美国、欧美、澳大利亚、加拿大等国家和地区 | 10 多万的国内公供应商 | 出口通会员费 29800 元，全球宝会员费 59800 元 | 银行转账<br>信用卡<br>第三方支付等均可 | 国际站英文版面，可设置多国语言，符合世界普通用户的审美和需求 |

| 6. 物流 | 7. 其他服务 |
|---|---|
| 采用第三方物流及贸易服务商<br>Shipping 国际物流服务平台 | 提供集合认证、信息、交易、营销、供应链金融等完整服务体系 |

阿里巴巴作为全球最大的B2B贸易市场主要的优势在于以下几个方面。第一，庞大的国内供应商群体。阿里的集聚效应是非常突出的，目前阿里有十多万的国内供应商。第二，强大的品牌效应。在行业形成较高的知名度和良好的口碑。第三，创新的思维角度。通过不断新建、并购等方式对会员客户推出创新增值服务，如搜索功能、支付功能、管理软件功能等。

当然阿里目前也面临很多的问题，如大众化局限，通常不能根据各外贸企业所在的产品行业、竞争对手情况、境外市场定位、卖家客户分析、营销突破点上给予定制化服务等，产品质量保障率较低，询盘质量不高等问题。

2. 敦煌网

敦煌网主要的目标客户是欧美、澳大利亚等发达市场，因发达国家的消费水平较高，具有较大的需求量，并且线上支付环境也非常成熟。国内卖家本来以中小企业为主，慢慢进行扩展，目前很多的外贸企业、工厂、品牌商家也都在敦煌网进行销售推广，针对平台卖家，敦煌网的要求较低，只需要实名认证即可(见表4－7)。

**表4－7 敦煌网的情况分析**

| 1. 目标客户 | 2. 平台卖家 | 3. 准入条件 | 4. 支付方式 | 5. 网上服务平台 |
|---|---|---|---|---|
| 欧美、澳大利亚等发达市场 | 包含个人卖家、中小商户、外贸企业、工厂和品牌商家等在内的120万家国内供应商，提供2500万种商品 | 固定佣金比例收取佣金，实行"阶梯佣金"政策 | DHpay对接全球30多种支付方式 | 网页感官设计比较符合中国人的口味，操作也较为简单<br>推出了移动端App |
| 6. 物流 | | 7. 其他服务 | | |
| 在线发货，DHlink支持EMS、UPS、DHL等20多种物流方式，也可提供仓库及集运服务 | | 营销推广<br>代运营服务<br>提供互联网金融服务、物流集约化品牌、境内仓和境外仓的仓储服务、通关、退税、质检等一套服务 | | |

在敦煌网卖家免费注册、免费上传产品、免费展示，只在买卖双方交易成功后按交易额收取买家的佣金。其佣金模式采用单一佣金率模式，按照平台类目分别设定固定佣金比例来收取佣金，并实行"阶梯佣金"政策，当单笔订单金额达到300美元，平台佣金率统一为4.5%。另外，平台为卖家从商家入驻开店、平台运营、营

销推广、资金结算等方面提供一系列的服务并收取相应的服务费。其网上服务平台操作简单,符合中国人的操作习惯。针对欧美等发达国家手机购物较多的情况,2011 年,敦煌网上线跨境电商领域第一款买家端移动 App,随后推出买家端 WAP 平台和卖家端 App。在硅谷成立移动实验室。截至 2014 年 6 月,敦煌网移动端访问量占到全平台访问量的 42%,交易量同比增长 200%,新注册的真实买家增长 248%,活跃买家增长 220%。

敦煌网还提供其他服务。

① 营销推广服务。为卖家提供提高产品曝光的营销工具,包括定价广告、竞价广告、展示计划等,采取购买敦煌币的方式付费。

② 代运营服务。针对商家提供的培训、店铺装修及优化、账号托管等服务,根据服务类型不同收取一定的费用。

③ 一体化外贸服务。提供互联网金融服务、物流集约化品牌、境内仓和境外仓的仓储服务、通关、退税、质检等一套服务,并收取一定的服务费。

## 第四节　适合开展跨境 B2C 电商的平台

不少卖家都会提出“产品是做 B2B 好还是 B2C 好”的问题。从产业体系来看,如工业生产体系中最上游的钢材、原油等大宗原材料产业,还有大型装备制造业、机械、电子、化工工业品生产制造企业等,这些属于价值链上端的企业,面对的客户多为经销商,比较适合 B2B 模式;而流通企业、消费品企业则面向最终客户,比较适合 B2C 商业模式。从企业规模来看,中小型企业和发展中企业,因为本身品牌没有竞争力,所以比较适合 B2C 的营销模式。有利于中国品牌利用跨境电商试水“走出去”战略,熟悉和适应境外市场,将中国制造、中国设计的产品带向全球,开辟新的战线。

另外,B2C 模式直接面对终端消费者,有利于更好地把握市场需求,为客户提供个性化的定制服务。还有一大优势是市场广阔,与传统产品和市场单一的大额贸易相比,小额的 B2C 贸易更为灵活,产品销售不受地域限制,可以面向全球 200 多个国家和地区,能够有效地降低单一市场竞争压力,市场空间巨大。

国际B2C跨境电商平台众多，主要有速卖通、亚马逊、eBay、Wish、兰亭集势、敦煌网、DX、米兰网、大龙网等。

本书选取定位明确的兰亭集势作为代表进行分析(见表4-8)。兰亭集势成立于2007年，是目前我国最大的外贸B2C网站，兰亭集势最初以销售定制婚纱礼服为主，后来进行品类扩张，目前销售产品品类涵盖服装、电子产品、玩具、饰品、家居用品等14大类，主要市场为欧洲、北美洲等。

**表4-8 兰亭集势的情况分析**

| 1. 目标客户 | 2. 平台卖家 | 3. 准入条件 | 4. 支付方式 | 5. 网上服务平台 |
| --- | --- | --- | --- | --- |
| 欧洲、北美洲等发达市场 | 只开放服装品类(主要是成衣)，不包括兰亭的核心品类婚纱 | 无年费，兰亭收取商家销售额的15%作为分成 | 多种支付方式，与PayPal、Visa等合作，满足国外购物者的需求 | 页面多图，色彩鲜艳，年轻化，迎合西方人审美<br>主打低价产品 |

| 6. 物流 | 7. 其他服务 |
| --- | --- |
| 在欧洲、北美建立仓储<br>设立境外办公室 | 当地客服<br>本地化营销<br>开放数据 |

兰亭集势的卖家主要是国内线下传统品牌、互联网品牌和外贸工厂，但只开放服装品类(主要是成衣)，不包括兰亭的核心品类婚纱。未来平台成熟后，不排除开放更多的品类。商家进入后不收取年费，只收取商家销售额的15%作为分成。兰亭集势主打低价的婚纱定制，境外的婚纱价钱昂贵，买一套一般的婚纱至少要1000美元，而兰亭集势上的婚纱价格大概是100～400美元。

另外，本地化也是兰亭集势主打的特色。在欧洲、北美建立仓储，在南美筹建仓库。2014年初在美国设立境外办公室；在美国、西班牙、波兰等地招聘本土雇员，通过自主打造的“虚拟公司”网上协作平台，建立遍布全球的员工协作网络。实现客服本土化，聘请当地的客服进行服务，客服超过20多个国家。通过本地网盟及社会化营销等营销方式，建立并强化公司在当地市场的品牌知名度与美誉度。

## 第五节　适合开展跨境 C2C 电商的平台

一位俄罗斯妈妈这样形容自己的一天:“早晨起来,给孩子穿上来自中国的童装,从新西兰进口的奶粉装在美国产的奶瓶里喂养孩子,再用日本的洗涤液清洗餐具,出门散步把孩子们装进德国产的童车,回家则为他们浇上法国浴液洗澡,再撒上美国的爽身粉。”

从这位俄罗斯妈妈的一天我们可以发现,大多数人开始海淘的原因很简单,就是为了购买安全、有品质的商品。当他们发现境外购买的商品,哪怕加上关税和转运费,价格也比国内便宜一大截时,这个群体开始迅速扩大。与国内状况相一致的是,高品质、价格便宜、品种繁多的国内商品也洪水一般涌入国际市场。

相比综合类 B2C,C2C 模式更强化了商品丰富度的问题,大量非标品、个性化商品源源不断地通过 C 端产出。由单一个体主导,极大地降低了运营、仓储和物流成本。主要依靠第三方服务平台和跨境电商主流平台,如 eBay、Amazon、速卖通等开展业务。

作为全球最大的国际贸易电商平台,eBay 有着跨时代的意义。eBay(中文名译为电子湾、亿贝、易贝)是一个可让全球民众上网买卖物品的线上拍卖及购物网站。eBay 于 1995 年 9 月 4 日由 Pierre Omidyar 以 Auctionweb 的名称创立于加利福尼亚州圣荷西。人们可以在 eBay 上通过网络出售商品。发展到目前,它已在美国、英国、澳洲、中国、中国香港、阿根廷、奥地利、比利时、巴西、加拿大、德国、法国、爱尔兰、意大利、马来西亚、墨西哥、荷兰、新西兰、波兰、新加坡、西班牙、瑞典、瑞士、泰国、土耳其等地建立站点。虽然在中国内地由于受到淘宝的竞争而落败,但在其他国家或地区基本处于首位,所以对于境内卖家而言,如果想进入境外的零售市场,eBay 是最好的选择之一。

卖家注册 eBay 是完全免费的,并且 eBay 不设任何月租费或最低消费限额,主要在发布费、特殊功能费和店铺费等方面收取费用,以美国站点为例,当你在 eBay 美国站发布物品时,eBay 会向你收取一定比例的发布费;物品售出后,将需缴付小额比例的成交费。根据选择的物品发布形式的不同——拍卖方式还是一口价方式,产生的费用也会有所区别。此外,还可以为物品添加一些特殊功能,但需缴付相应的功能

费。如果开设 eBay 美国站店铺,每月需支付相应的店铺月租费,根据所选的店铺级别不同,月租费也不尽相同;同时,开设店铺出售物品的卖家,同样也需支付物品刊登费与成交费。此外,PayPal 费用将会单独通过 PayPal 来收取(见表 4-9)。

**表 4-9 eBay 的情况分析**

| 1. 目标客户 | 2. 平台卖家 | 3. 准入条件 | 4. 支付方式 | 5. 网上服务平台 |
|---|---|---|---|---|
| 覆盖 190 多个国家和地区,1.52 亿活跃用户 | 来自于全世界 | 刊登费、成交费、功能费、店铺月租费等 | 通过 PayPal 提供跨地区、跨币种和跨语言的支付服务 | 拥有 37 个独立的站点及门户网站,支持全球 23 种语言 |

| 6. 物流 | 7. 其他服务 |
|---|---|
| 卖家自主选择第三方物流 | 提供跨境交易认证、业务咨询、疑难解答、外贸专场培训及电话培训、外贸论坛热线、洽谈物流优惠等一系列服务 |

## 第六节 适合开展进口贸易的电商平台

对于卖家而言,如果要进口国外商品,可以选择国外的 B2B 平台或者阿里巴巴国际站等具有众多国际商家的电商平台,本书对部分国外的网站进行了整理说明,卖家可以根据自己所要进口产品的情况进行选择(见表 4-10、表 4-11)。

**表 4-10 适合开展进口贸易的电商平台**

| 网 站 | 说 明 |
|---|---|
| http://www.globalsources.com | 环球资源前身是亚洲资源,是一家老牌的国际贸易电子商务服务公司,从中国台湾地区发展起来,一直在行业内备受关注,也得到部分供应商的认同。公司主要以全球展会、杂志、光盘以及网上推广相结合,帮助供应商拓展全球市场。优势行业有电子、礼品、五金、家居产品 |
| http://www.ec21.com | EC21 是韩国贸易协会投资的网站,EC21 拥有 43 万的网上产品库,以韩国、东南亚访问量居多 |
| http://www.ecplaza.net(KOREA) | ECPLAZA 1990 年起源于境外买家数据情报搜集工作,是全球最早的 B2B 网站之一。线上加线下运作,以立体贸易方式提供给供应商 B2B 平台 |

续　表

| 网　站 | 说　明 |
| --- | --- |
| http：//www.tradeasia.com | 亚洲网络成立于 1995 年，约 60 万会员，350 万次/月访问量，其中 best products 比较有特色 |
| http：//www.asianproducts.com | 亚洲产品网起源于德国，拥有 52 年外贸杂志发行积累的买家资源，活跃买家 45 万，欧美占 61%，每年近 50 场国际性展会的宣传 |
| http：//www.tradeindia.com | 印度最大的贸易商务网站。Trade-india 是由印度 Infocom Network Limited 公司创办于 1996 年，专门致力于为众多商家提供国际和印度的各种贸易商务信息，拥有来自全球上万个供应商及采购商的庞大数据库以及每日更新的供求信息。其中包括 1264 种不同产品目录 |
| http：//www.traderscity.com | traderscity 是 100%免费为进出口贸易商提供信息和服务的网站。traderscity 为进口商、出口商代理商和经销商、国际供应商和制造商提供国际商务旅行服务、国际贸易金融服务以及国际贸易投资机会等 |
| http：//www.ioffer.com | 2001 年成立，位于美国旧金山(San Francisco)。属于小额批发类网站，iOffer 是一个基于谈判的交易系统，买家可以在线提问、与卖家协商、最终成交并可以在线付款。所有交易记录和协商谈判过程全都记录在网站上，方便买家对商品价格和卖家信用进行评估。注册成为 iOffer 的卖家，需使用国际信用卡，iOffer 根据成交金额收取交易费 |
| http：//www.indiamart.com | indiamart 是印度的在线交易平台，汇集了大部分的印度制造商，主要活跃群体为美国、英国，及东南亚买家 |
| http：//www.tpage.com | Tpage 成立于 1999 年，共有英语、法语、韩语、德语、西班牙语五种语言版本，至今在美国汇集 9 万商业用户，在欧洲拥有 8 万用户，在东南亚吸引了 40 万家会员用户，被评为 2003 年度美国最具影响力的电子商务平台之一 |

**表 4－11　适合开展进口贸易的电商平台——工业产品类**

| 网　站 | 说　明 |
| --- | --- |
| http：//www.azom.com | AZOM 网站被誉为材料专家网站，1999 年成立，是著名的在线材料信息网站、展示供应商和专家目录。用户地区分布在美国、印度、韩国、英国、澳大利亚等国家和地区 |
| http：//www.applegate.co.uk | 英国工业 B2B 网站，涵盖英国和爱尔兰地区，以工业、制造业和科技公司居多。优势行业为化学、电子、工程、橡胶、塑料等 |

续 表

| 网　站 | 说　　明 |
| --- | --- |
| http://www.directindustry.com | 工业 B2B 网站，有英语、德语、法语、西班牙语、意大利语 5 种语言版本。350 万访问者每月采购超过 4.4 万种工业产品。分类详细，有 25 类工业细分产品。浏览者分布在美国、印度、英国、印尼、德国、南非等地 |
| http://www.macraesbluebook.com | 北美专业采购平台，始建于 1893 年，拥有五十家北美工业公司和超过 200 万种产品。买家分布在美国、加拿大、印度、英国、墨西哥等地 |
| http://www.industrysearch.com.au | 澳大利亚领先的 B2B 网站，专注于制造业和工业，每月有超过 30 万的浏览量。卖家分布在澳大利亚、美国、印度、南非、英国、新西兰等地 |
| http://www.indianindustry.com | 隶属于 mycitypedia 出版社，拥有 30 万工业供应商资料，2 万个产品目录，为印度最大的工业供应商目录，卖家以印度和美国居多 |

## 第七节　多平台运行的优势和难点

小至一个家庭每位成员的喜好、选择都不相同，大至不同地区不同国家的市场文化有差异，这些都导致人们的语言、购买力、价值观等也有所不同。作为从事于跨境电商的卖家，应该把这些变数添加到对跨境电商平台选择的策略和战术的考虑中去。由于各个跨境电商平台所针对的目标客户群体有所差异，为了拥有更多的客户，部分卖家会选择多平台运行。而其他部分卖家会纠结于是否要进行多平台运行，针对这一疑虑，本节将从多平台运行的优势和难点来进行分析，为卖家在选择多平台运行之前提供初步的认识。

1. 多平台运行的优势

多平台运行的优势可以简单地概括为五大“多元化”，即市场多元化、渠道多元化、产品多元化、推广多元化以及服务多元化。

(1) 市场多元化

境外市场众多国家形成的广阔市场空间，经济水平决定的强大消费能力，开放的消费观念及成熟的消费市场，这些条件为跨境电商提供了有利的环境。电子商务在国外高速发展10余年，在国际或地区贸易中显示出了强大的生命力及迅猛的发展势头。比如在法国、德国等发达的欧洲国家中电子商务的销售金额已占商务总额的1/4。在电子商务最为先进的美国，销售金额更是超过了1/3。1995年前后，美国在线、雅虎等一些有名的电子商务公司已经开始盈利。IBM、亚马逊等在各自不同的发展领域更是获得了超乎常人想象的巨额利润。发达国家的电子商务环境比较成熟。在与商家的沟通中发现，境外市场的优势十分明显：市场广阔、需求量大；境外用户乐于分享的精神，有助于商家在社交网络上进行宣传。

发达国家的电子商务环境比较成熟，但是竞争也相对激烈。卖家也可以选择发展中的新兴市场，比如非洲，截至2012年，非洲互联网用户数达到1.91亿户，但是其中网购的比例非常低，以2014年6月为例，非洲的网购比例为46%，远远低于全球网购平均水平66%。可见其未来的发展潜力十分巨大。

卖家选择多平台运行可以打开更多更广阔的市场，对几个目标市场进行销售，再根据其消费情况进行取舍。

(2) 渠道多元化

消费者在购买商品的时候会选择不同的跨境电商平台，跨境电商平台也会根据不同的需求推出相关的促销或者线下等活动，进驻不同的电商平台相比于线下的超市、加盟店等渠道的成本低很多，可多渠道开拓市场。

(3) 产品多元化

很多的公司实行多元化经营战略，在产品的设计上，会进行拓展，有些公司会设立子品牌，为的就是获得更多的消费者。在同一个跨境平台上全部罗列自己的产品，可能会使消费者的认知有些混乱，无法记住其标识性的产品。此时，卖家可以在不同的跨境电商平台上进行销售，不同的平台销售不同的产品，可加强消费者对品牌的认知度。

(4) 推广多元化

媒体的多元化和受众信息需求的多元化共同促成了传播平台的多元化。加入跨境电商多平台实质上也是传播平台构建的多元化。

卖家将信息发在多个跨境电商平台上，它就存在被分享、收藏、购买的可能性，只要商品对于买家群体有吸引力，好朋友的好友还会继续分享、传播、购买，这部分

“社会化分享循环圈”所带来的流量潜力犹如隐藏在海面下的冰山部分。多元化推广能为商品带来更多的展示平台，带来更多的排名、外链等。

(5) 服务多元化

运行多平台能够享受到多平台带来的多元化服务。

2. 多平台运行的难点

(1) 选择跨境电商平台难

不同跨境电商平台的功能、服务、操作方式和管理水平相差较大，理想的跨境电商平台应该具有这样的基本特征：良好的国际品牌形象、简单快捷的注册手续、稳定的后台技术、快速周到的顾客服务、完善的支付体系、必要的配送服务，以及售后服务保证措施等。当然，还需要平台有尽可能高的访问量、有订单管理等基本功能，并且可以提供一些高级服务，如对销推广、访问流量分析、信贷等。此外，收费模式和费用水平也是重要的影响因素之一。不同的企业可能对网上销售有不同的特殊要求，选择适合本企业产品特点的跨境电子商务平台需要花费不少精力，完成对跨境电子商务平台的选择确认大概需要几小时甚至几天的时间，多平台耗费的时间会更多。

(2) 网上商店建设难或商品销售难

卖家在跨境电商平台上可以上传商品或者开设店铺，跨境电商平台为卖家提供了丰富的功能和简单的操作界面，通过模板式的操作即可完成平台上店铺的建设或者产品的上传，但是由于不同的平台所采用的系统有很大的差别，有些只需要直接上传产品图片和文字说明，有些则需要卖家对店面进行高级管理，对于运行多平台的卖家而言，需要对各个平台进行探索和了解，另外，语言的差异又为卖家制造了障碍。

(3) 业务推广难

当店铺建好或上传好产品之后，最重要的问题就是如何让更多的顾客浏览并购买。对于整个跨境电子商务平台来说，可能排列着数以千计的专卖店，一个网上专卖店只是其中很小的组成部分，通常被隐藏在二级甚至三级目录之后，消费者可以直接发现的可能性比较小，何况同一个网站上还有很多竞争者的专卖店在和你争夺有限的潜在顾客资源。跨境电商的客户主要来自于该跨境电商平台的用户，因此，对平台网站的依赖程度很高，这在一定程度上对卖家所建立网上商店或者上传的产品的效果形成了制约，如何在数量众多的网上商品中脱颖而出，并不是很容易的事情，这需要卖家采取一定的推广手段，针对每个平台采取不同的推广手段。

## 本章实训

### 跨境电子商务平台的选择

**实验时数：2**

**一、实验目的**

通过本次实验，学生能够理解本书所提出的评价标准，深刻理解本书所阐述的评价跨境电商平台的七大模块。

要求学生掌握跨境电商平台选择的基本思路和过程；了解跨境电子商务网站的目标客户的选择；从用户体验角度了解跨境电子商务网上服务平台设计的特点；了解跨境电商平台提供的服务的差异性等。

**二、实验内容**

1. 网上调查收集不同模式的跨境电子商务平台，对不同模式的成功跨境电子商务平台的目标客户、平台卖家、准入条件、支付方式、网上服务平台、物流以及其他服务等进行分析，了解其平台成功的秘诀。

2. 网上调查适合开展跨境 B2B、B2C、C2C 和进口贸易电商网站，每一类别分析 2～3 个，比较其七大方面的差异性和特点。

3. 作为卖家，在平台上进行操作，体会多平台运行的优势和难点。

4. 要求：完成调查报告，记录在实验报告上。

**三、预习要求**

理解跨境电子商务平台的评价标准，明确不同模式跨境电子商务平台的特征，了解跨境电商多平台运行的优势和难点。

**四、实验方法与步骤**

1. 访问阿里巴巴国际站和敦煌网的网站，了解阿里巴巴国际站的基本情况，了解公司对于国际站与国内站所做的差别性的努力；对比阿里巴巴国际站和敦煌站在目标客户、平台卖家、准入条件、支付方式、网上服务平台、物流以及其他服务七大方面的差异，了解卖家操作跨境 B2B 电商平台的共通性以及值得注意的方面。

2. 登录兰亭集势和大龙网，了解其丰富的产品种类、优惠的价格、通畅的物流、多种支付方式、优质的售后服务等特点，针对消费者，两大网站都具有其独特魅力，寻找其吸引消费者的魅力点；了解进驻这两大平台后，卖家所能享受到的优势服务。

3. 访问 eBay、亚马逊的网站，了解这两个网络品牌的创建历史，商城平台的建设过程；访问 eBay 外贸大学，学习如何在 eBay 销售商品或开店。

4. 登录阿里巴巴网站进行批发进口操作，选择一家国外跨境电商平台进口商品，比如 EC21、亚洲产品网等，对阿里巴巴和国外跨境电商平台进行对比，感受两者在目标客户、操作难易度、物流等各方面的差异。

5. 选择适合自己产品的 2～3 个跨境电商平台，进行多平台操作。

## 五、思考题

1. 作为卖家，你选择跨境电商平台的时候首先考虑的因素有哪些？

2. 如何用框架法来分析跨境电商平台？

3. 影响网上服务平台的用户体验效果的因素有哪些？

4. 目前哪些地区对于跨境电子商务平台的需求量较大？

5. 现在的跨境电子商务平台对于卖家而言，其不足之处有哪些？请举例说明。

## 六、设备与所需软件

多媒体实验机房，每人配备一台可以访问互联网的计算机。

## 七、实验报告要求与实验考核要求

**表 4－12　实验报告要求与实验考核要求**

| 实验报告要求 | 实验考核要求 |
|---|---|
| (1) 实验目的 | (1) 学生根据实验要求提交实验报告 |
| (2) 实验内容及要求 | (2) 教师根据实验报告评定单项实验成绩 |
| (3) 实验过程 | (3) 根据单项实验成绩和实验报告内容给出整体实验成绩 |
| (4) 实验心得 | (4) 总体实验成绩按适当比例计入课程总分 |
| (5) 同学之间关于实验的交流 | |

# 跨境网店开设与运营虚拟仿真实验教程

# 第五章　速卖通平台实战

全球速卖通(AliExpress)是阿里巴巴为帮助中小企业接触境外终端,拓展利润空间而全力打造的融合订单、支付、物流于一体的外贸在线交易平台。速卖通平台通过互联网的方式缩短优化外贸产业供应链,帮助中国商家获得更高的利润。通过五年多的发展,速卖通已经成长为全球最大的在线外贸交易平台。本章主要内容包括卖家会员注册认证、产品选择发布与管理、资金账户管理、店铺装修、国际快递、营销推广、订单管理、客户服务技巧等实战内容,手把手帮助读者实践操作速卖通,为保证顺利操作,建议使用谷歌浏览器。

## 第一节　注册认证及资金账户设置

速卖通平台的主要卖家分为两类,其一是个人卖家,其二是企业卖家,本教材以个人卖家为例进行实操。

1. 账号注册

(1) 打开网站(http://www.aliexpress.com)选择“卖家入口”—“免费开店”(见图5-1)。

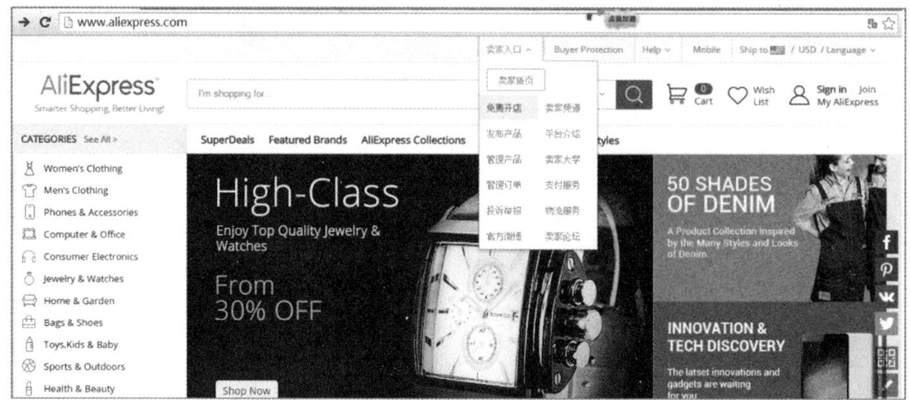


图 5-1　进入速卖通网站账号注册

为保证操作顺利，建议大家使用谷歌浏览器。

(2) 设置登录名(见图 5-2)，建议大家用雅虎邮箱或网易邮箱。

图 5-2　设置速卖通登录名

(3) 激活账号(见图 5-3)。

图 5-3　激活速卖通网站

(4) 设置账户信息(见图 5-4),联系地址中的相关信息需与身份证信息一致,可提高审核通过率。

图 5-4　设置账户信息

(5) 支付宝账户绑定手机号码(见图 5-5)。

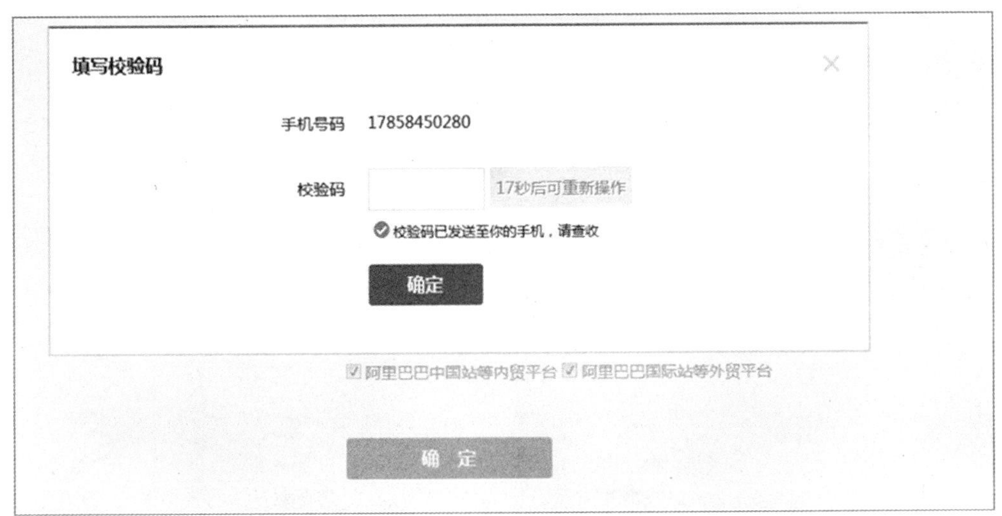


图 5-5　支付宝账户绑定手机号码

(6) 进行支付宝实名认证(见图 5-6),速卖通是通过支付宝进行实名认证的,请确保认证人的支付宝账号是通过实名认证的,否则实名认证不能成功。

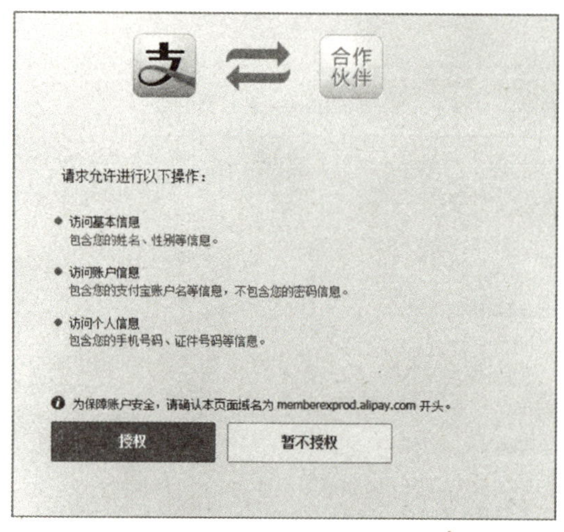


图 5-6 进行支付宝实名认证

(7) 个人真实身份认证(见图 5-7),请严格按照个人账号后台提示的相关要求提交相关信息,特别是手持身份证的图片,务必按照要求,否则不能审核通过。

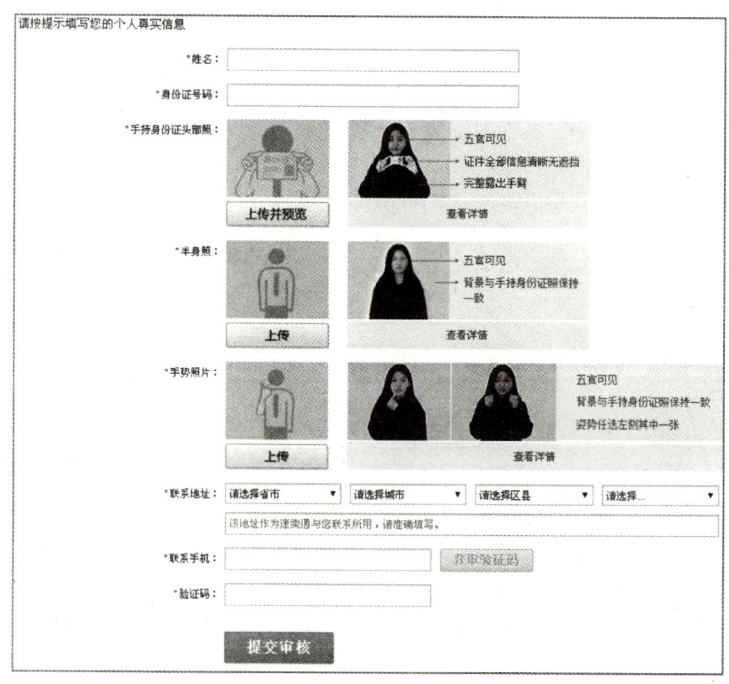


图 5-7 个人真实身份认证

(8) 在线考试。个人身份审核通过后,即可进入认证考试,认证考试总分 100 分,90 分及格,建议充分学习速卖通规则以确保考试通过率。

2. 资金账号设置

案例一:一巴西客户在某店铺购买一副耳机,但买家订单页面没有“支付按钮”,导致无法支付而成交失败。

案例二:一美国客户在某店购买一双凉鞋,但用美元支付时,无法支付,导致成交失败。

以上两则案例失败的主要原因是卖家的资金账号设置不完善。以下对国际支付宝(Escrow)做一简单介绍。

(1) 国际支付宝简介

阿里巴巴国际支付宝由阿里巴巴与支付宝联合开发,是为了保障国际在线交易中买卖双方的交易安全所设的一种第三方支付担保服务,全称为 Escrow Service。

如果您已经拥有国内支付宝账户,只需绑定国内支付宝账户即可,无须再申请国际支付宝账户。

国际支付宝的服务模式与国内支付宝类似,交易过程中先由买家将货款打到第三方担保平台的国际支付宝(Escrow)账户中,然后第三方担保平台通知卖家发货,买家收到商品后确认,货款放于卖家,至此完成一笔网络交易。

国际支付宝的交易流程如下:确认订单—买家付款—卖家发货—买家收货—卖家收款。

(2) 国际支付宝(Escrow)的优势

① 支持多种支付方式如信用卡、银行汇款等多种支付方式。目前国际支付宝支持的支付方式有信用卡,T/T 银行汇款,PayPal 等,后续将会有更多的支付方式接入。

② 安全保障:先收款,后发货,全面保障卖家的交易安全。国际支付宝是一种第三方支付担保服务,而不是一种支付工具。它的风控体系可以保护用户在交易中免受信用卡盗卡的欺骗,而且只有当且仅当国际支付宝收到了货款,才会通知发货,这样可以避免用户在交易中使用其他支付方式导致的交易欺诈。

③ 方便快捷：线上支付，直接到账，足不出户即可完成交易。使用国际支付宝收款无须预存任何款项，速卖通会员只需绑定国内支付宝账号和美金银行账户就可以分别进行人民币和美金的收款。国际支付宝提现无须申请，物流妥投且买家确认收货，国际支付宝将直接把钱汇到用户的国内支付宝账户或绑定的银行账户中。

④ 品牌优势：背靠阿里巴巴和支付宝两大品牌，境外潜力巨大。

（3）国际支付宝账号设置

在全球速卖通平台，用户需要设置两个收款账户：人民币收款账户和美元收款账户。平台根据买家不同的支付方式，由不同的收款账户接收交易款项。

买家通过信用卡（人民币通道）进行支付时，国际支付宝会按照买家支付当天的汇率将美金转换成人民币支付到用户的国内支付宝或银行账户中。

买家通过信用卡（美元通道）、西联、MoneyBookers、Bank Transfer（T/T 银行转账）等方式进行支付时，国际支付宝将支付美元到用户的美金收款账户。

也就是说，买家采用不同的支付方式，其货款将打入用户不同的收款账户，因此，用户需要设置人民币和美元两个收款账户。

① 打开“交易”模块，查看左侧列表“资金账户管理”，选择“支付宝国际账户”（见图 5－8）。

图 5－8　进入支付宝国际账户

② 设置国际支付宝密码(见图 5 - 9,图 5 - 10,图 5 - 11)。

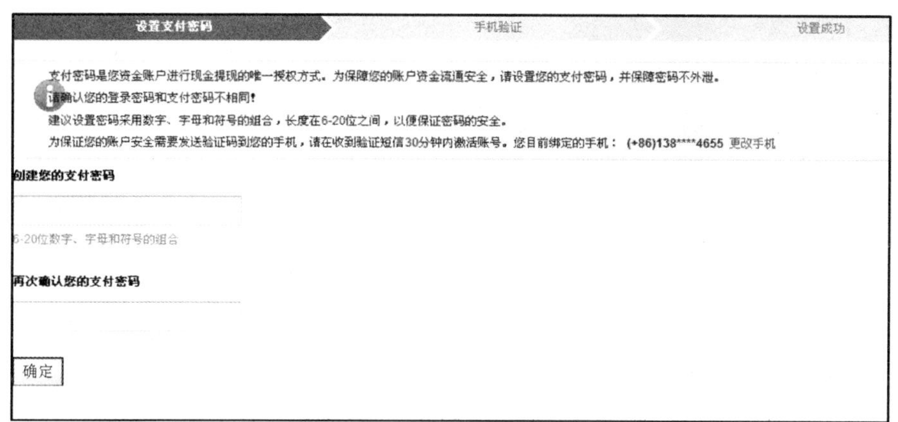


图 5 - 9　设置国际支付宝密码

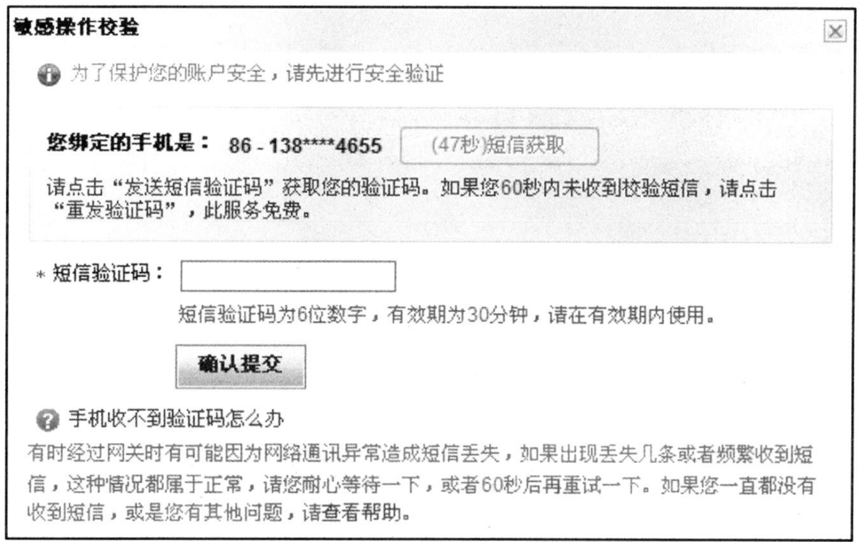


图 5 - 10　进行验证码验证

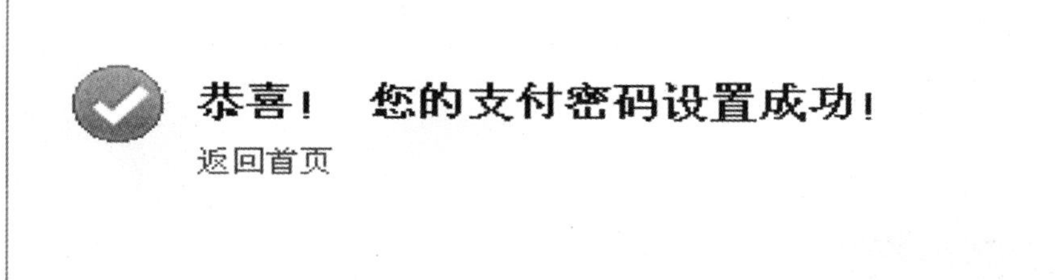


图 5 - 11　国际支付宝账户密码设置成功

③ 设置提现账号(见图 5-12)。

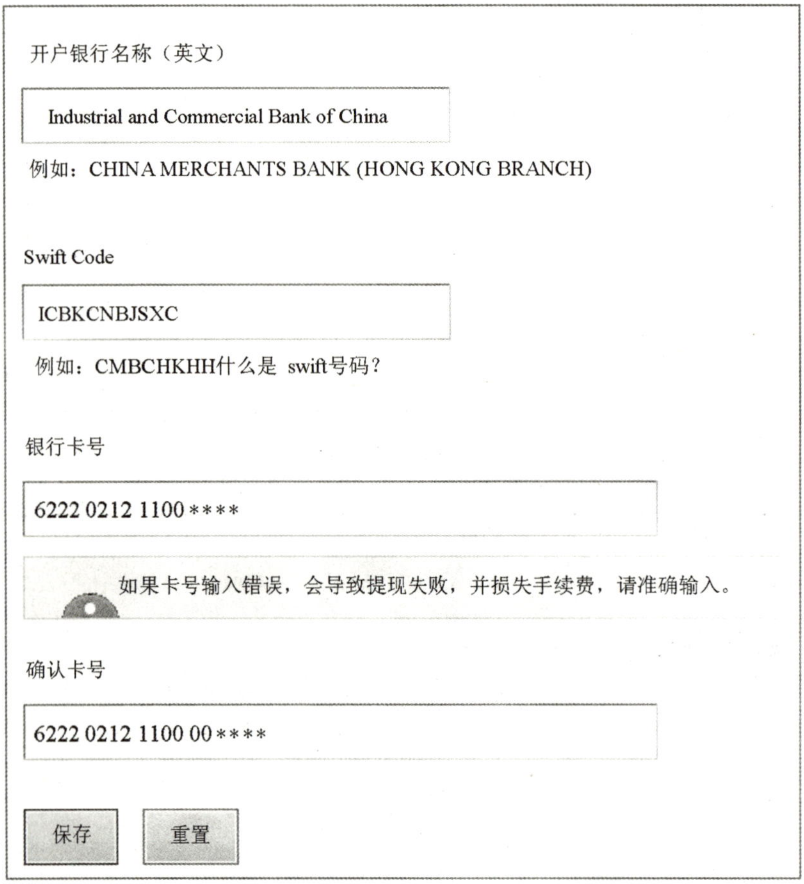

开户银行名称（英文）
Industrial and Commercial Bank of China
例如：CHINA MERCHANTS BANK (HONG KONG BRANCH)
Swift Code
ICBKCNBJSXC
例如：CMBCHKHH什么是 swift号码？
银行卡号
6222 0212 1100****
如果卡号输入错误，会导致提现失败，并损失手续费，请准确输入。
确认卡号
6222 0212 1100 00****
保存
重置

图 5-12　设置提现账号

④ 创建美元账号(见图 5-13),单击保存,美元收款账户设置成功(见图 5-14)。

收款账户管理
人民币收款账户
美元收款账户
温馨提示：
1. 您只可以创建一个公司或者个人的美元收款账户。
2. 您不创建美元账户也默认接受买家使用信用卡(美元通道)、西联(Western Union)、银行汇款、Moneybookers等支付方式进行支付。
3. 美元账户收款时，由于银行放款成本，因此会产生固定的提现手续费，每笔20美元。
4. 美元收款账户一旦创建，只能修改不能删除。
更多美元收款账户常见问题，请点击这里。
您还未创建美元收款账户，请点击以下按钮创建公司或个人的美元收款账户。
创建美元收款账户
感觉使用不方便？我要提意见或建议！

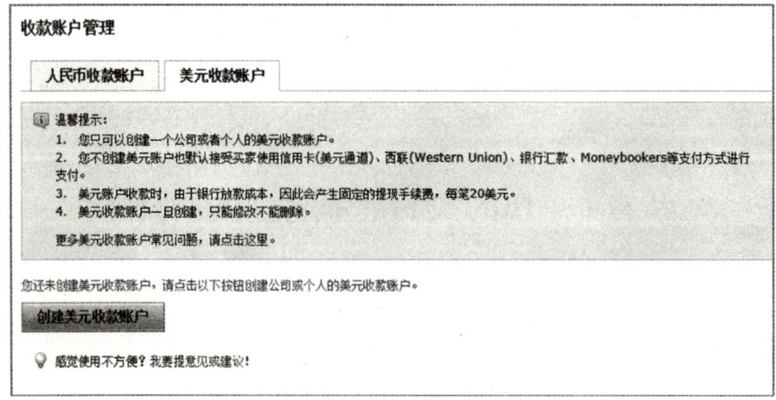

图 5-13　创建美元收款账号界面

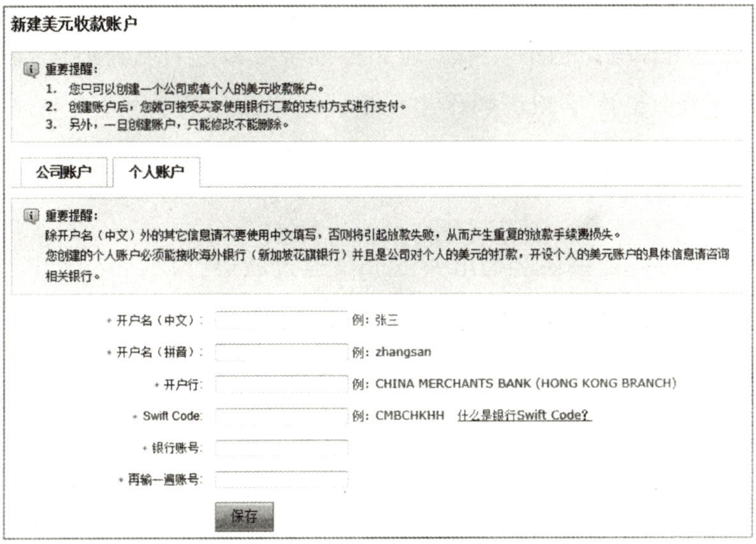

新建美元收款账户

重要提醒：
1. 您只可以创建一个公司或者个人的美元收款账户。
2. 创建账户后，您就可接受买家使用银行汇款的支付方式进行支付。
3. 另外，一旦创建账户，只能修改不能删除。

公司账户　个人账户

重要提醒：
除开户名（中文）外的其它信息请不要使用中文填写，否则将引起放款失败，从而产生重复的放款手续费损失。
您创建的个人账户必须能接收海外银行（新加坡花旗银行）并且是公司对个人的美元的打款，开设个人的美元账户的具体信息请咨询相关银行。

* 开户名（中文）：　例：张三
* 开户名（拼音）：　例：zhangsan
* 开户行：　例：CHINA MERCHANTS BANK (HONG KONG BRANCH)
* Swift Code：　例：CMBCHKHH　什么是银行Swift Code?
* 银行账号：
* 再输一遍账号：

保存

图 5－14　美元账户信息填写界面

3．SWIFT 组织介绍

（1）SWIFT 组织介绍

SWIFT Code（银行国际代码）一般用于发电汇、信用证电报，每个银行都有，用于快速处理银行间电报往来。像工商银行和建设银行这样的大银行，也会对自己内部的分支机构分配后缀不同的 SWIFT Code。

SWIFT 是一个国际银行间非营利性的国际合作组织，总部设在比利时的布鲁塞尔，同时在荷兰阿姆斯特丹和美国纽约分别设立交换中心（Swifting Center），并为各参加国开设集线中心（National Concentration），为国际金融业务提供快捷、准确、优良的服务。SWIFT 运营着世界级的金融电文网络，银行和其他金融机构通过它与同业交换电文（Message）来完成金融交易。除此之外，SWIFT 还向金融机构销售软件和服务，其中大部分的用户都在使用 SWIFT 网络。

SWIFT 组织成立于 1973 年 5 月，其全球计算机数据通信网在荷兰和美国设有运行中心，在各会员国设有地区处理站，来自美国、加拿大和欧洲的 15 个国家的 239 家银行宣布正式成立 SWIFT，其总部设在比利时的布鲁塞尔，它是为了解决各国金融通信不能适应国际支付清算的快速增长而设立的非营利性组织，负责设计、建立和管理 SWIFT 国际网络，以便在该组织成员间进行国际金融信息的传输和确定路由。

SWIFT 自投入运行以来，以其高效、可靠、低廉和完善的服务，在促进世界贸易的发展，加速全球范围内的货币流通和国际金融结算，促进国际金融业务的现代化和规范化方面发挥了积极的作用。我国的中国银行、中国农业银行、中国工商银行、中国建设银行、交通银行、中信实业银行等已成为环球银行金融通信协会的会员。

SWIFT Code 是由该协会提出并被 ISO 通过的银行识别代码，其原名是 BIC (Bank Identifier Code)，但是 BIC 这个名字意思太泛，担心有人理解成别的银行识别代码系统，故渐渐大家约定俗成地把 BIC 叫作 SWIFT Code 了。SWIFT (Society for Worldwide Interbank Financial Telecommunications)即环球银行间金融通信协会，是一个由金融机构共同拥有的私营股份公司，按比利时的法律登记注册，由会员银行和其他金融机构协同管理。

(2) SWIFT Code 代码

每家申请加入 SWIFT 组织的银行都必须事先按照 SWIFT 组织的统一原则，制定出本行的 SWIFT 地址代码，经 SWIFT 组织批准后正式生效。银行识别代码(BIC)是由电脑可以自动判读的 8 位或是 11 位英文字母或阿拉伯数字组成，用于在 SWIFT 电文中明确区分金融交易中相关的不同金融机构。凡该协会的成员银行都有自己特定的 SWIFT 代码，即 SWIFT Code。在电汇时，汇出行按照收款行的 SWIFT Code 发送付款电文，就可将款项汇至收款行。该号相当于各个银行的身份证号。

11 位数字或字母的 BIC 可以拆分为银行代码、国家代码、地区代码和分行代码四部分。以中国银行北京分行为例，其银行识别代码为 BKCHCNBJ110。其含义为：BKCH(银行代码)、CN(国家代码)、BJ(地区代码)、110(分行代码)。

① 银行代码(Bank Code)。由四位英文字母组成，每家银行只有一个银行代码，并由其自定，通常是该行的行名字头缩写，适用于其所有的分支机构。

② 国家代码(Country Code)。由两位英文字母组成，用以区分用户所在的国家和地理区域。

③ 地区代码(Location Code)。由 0、1 以外的两位数字或两位字母组成，用以区分所在国家的地理位置，如时区、省、州、城市等。

④ 分行代码(Branch Code)。由三位字母或数字组成，用来区分一个国家里

某一分行、组织或部门。如果银行的 BIC 只有 8 位而无分行代码时，其初始值定为“XXX”。

同时，SWIFT 还为没有加入 SWIFT 组织的银行，按照此规则编制一种在电文中代替输入其银行全称的代码。所有此类代码均在最后三位加上“BIC”三个字母，用来区别于正式 SWIFT 会员银行的 SWIFT 地址代码。

（3）查询方法

要查询某家银行的 SWIFT Code，推荐的方式是：

① 直接询问银行工作人员。

② 打银行服务电话咨询。

③ 通过 SWIFT 的官方网站查：http：//www.swift.com/bsl/。

（4）举例说明通过官方网站查询浙江工商银行绍兴分行的 SWIFT Code 代码的方法（见图 5－15、图 5－16）

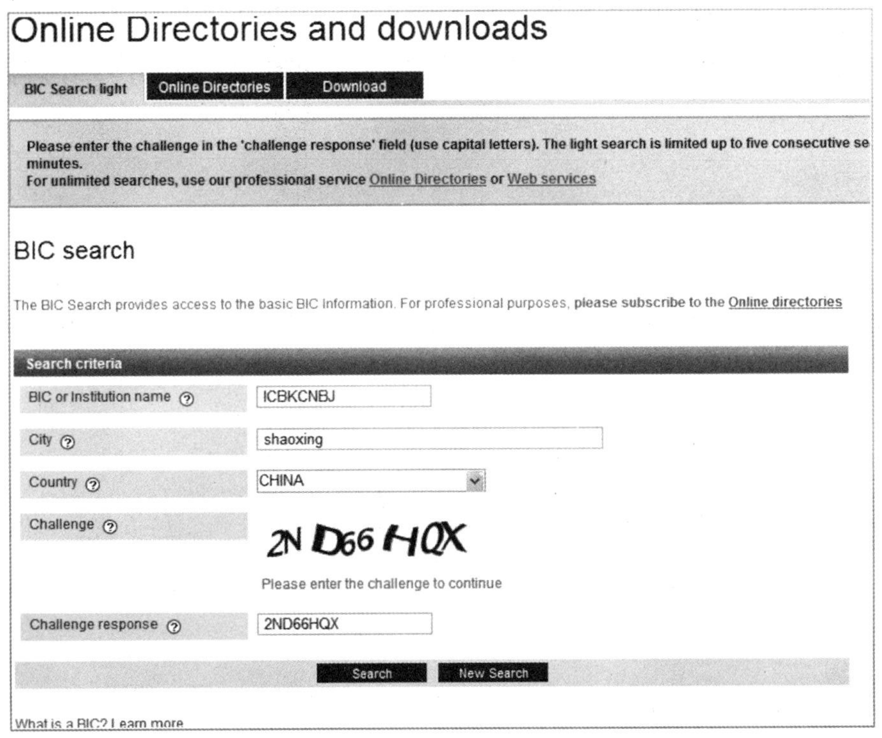


图 5－15 进入 BIC 查询网站输入信息

About SWIFT | Products & services | Ordering | Support | Training

Home

Online Directories and downloads

BIC Search light | Online Directories | Download

BIC search

The BIC Search provides access to the basic BIC information. For professional purposes, please subscribe to the Online directories

Search criteria

BIC or Institution name: ICBKCNBJ

City: shaoxing

Country: CHINA

Search | New Search

Search results (1 BICs found). Last update: 11 May 2012

| BIC | Institution name | City | Country |
| --- | --- | --- | --- |
| ICBKCNBJSXC | INDUSTRIAL AND COMMERCIAL BANK OF CHINA | SHAOXING | CHINA |

图 5－16　显示查询结果

（5）国内各银行代码

中国银行：BKCHCNBJ

工商银行：ICBKCNBJ

建设银行：PCBCCNBJ

农业银行：ABOCCNBJ

招商银行：CMBCCNBS

交通银行：COMMCN

中信银行：CIBKCNBJ

兴业银行：FJIBCNBA

民生银行：MSBCCNBJ

华夏银行：HXBKCN

浦发银行：SPDBCNSH

汇丰银行：HSBCCNSH

渣打银行：SCBLCNSX

花旗银行：CITICNSX

德意志银行：DEUTCNSH

瑞士银行：UBSWCNBJ

荷兰银行：ABNACNSH

香港汇丰：BLICHKHK

香港花旗：CITIHK

香港东亚银行：BEASCNSH

恒生银行：HASECNSHBEJ

厦门银行：CBXMCNBA

4. 资金提现

国际支付宝中的账户分为人民币账号和美元账户，人民币账户提现直接提现到国内支付宝，且即时到账，不需要手续费。美元账户提现直接提现到绑定的银行账号，提现币种为美元，须到相应银行兑换成人民币，且每次提现需收取15美元的手续费。

(1) 人民币账户提现操作方法(见图5－17、图5－18、图5－19)

图5－17 国际支付宝人民币账户提现操作界面

图 5－18　输入人民币金额

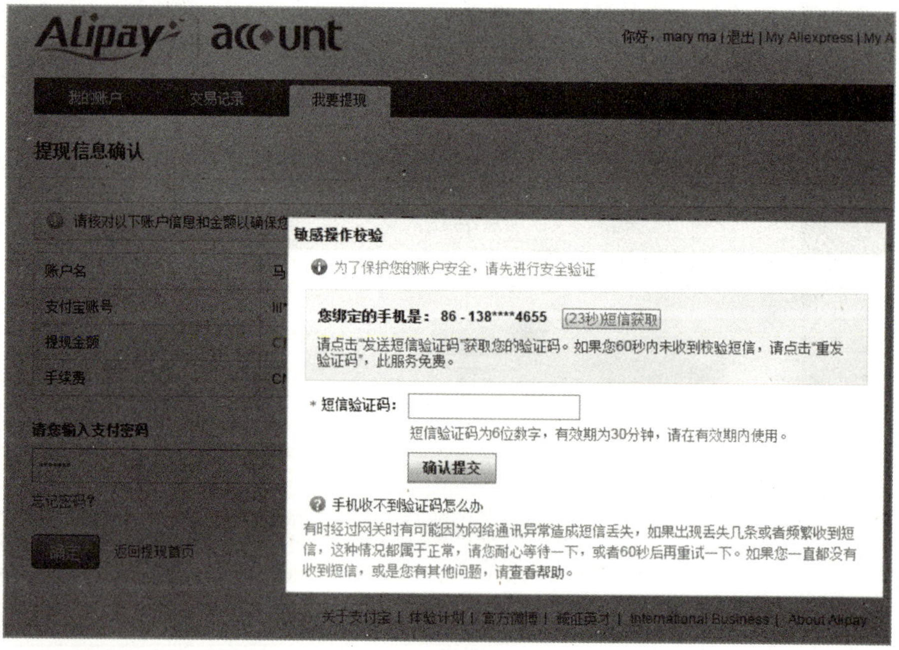

图 5－19　输入短信验证码确认

（2）美元账户提现操作方法（见图 5－20、图 5－21、图 5－22）

我的账户
交易记录
我要提现
首页
支付密码管理
提现账户管理
美元账户 可用
可用余额: USD 917.41
冻结金额: USD 0.00
账户总金额: USD 917.41
我要提现
您已绑定1个美元银行账户 管理
查询明细
人民币账户 可用
可用余额: CNY 0.00
冻结金额: CNY 0.00
账户总金额: CNY 0.00
我要提现
您已绑定支付宝账户 管理
查询明细

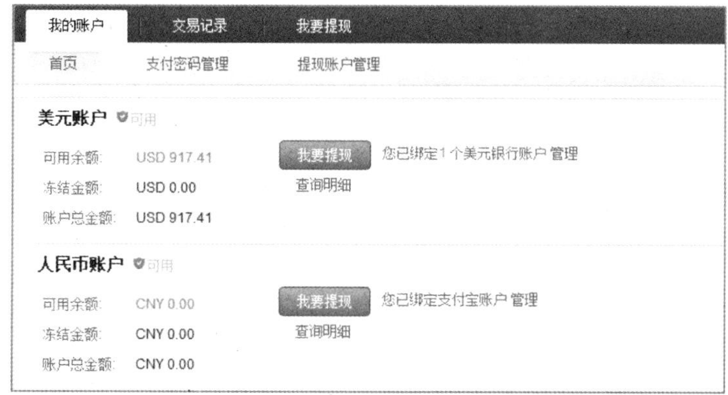

图 5－20　国际支付宝美元账户提现操作界面

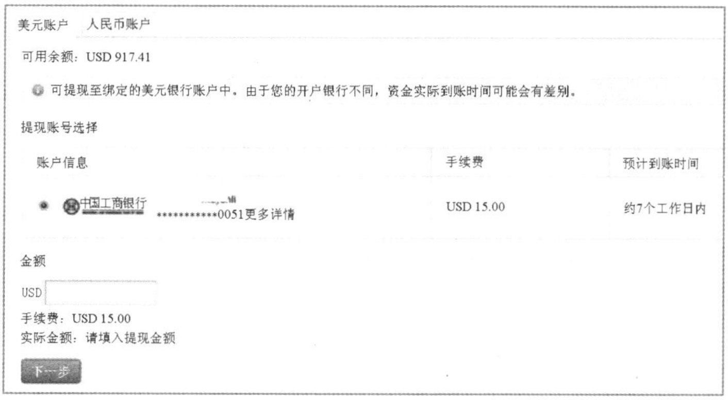
美元账户
人民币账户
可用余额：USD 917.41
可提现至绑定的美元银行账户中。由于您的开户银行不同，资金实际到账时间可能会有差别。
提现账号选择
账户信息
手续费
预计到账时间
中国工商银行
***********0051更多详情
USD 15.00
约7个工作日内
金额
USD
手续费：USD 15.00
实际金额：请填入提现金额
下一步

图 5－21　输入美元金额

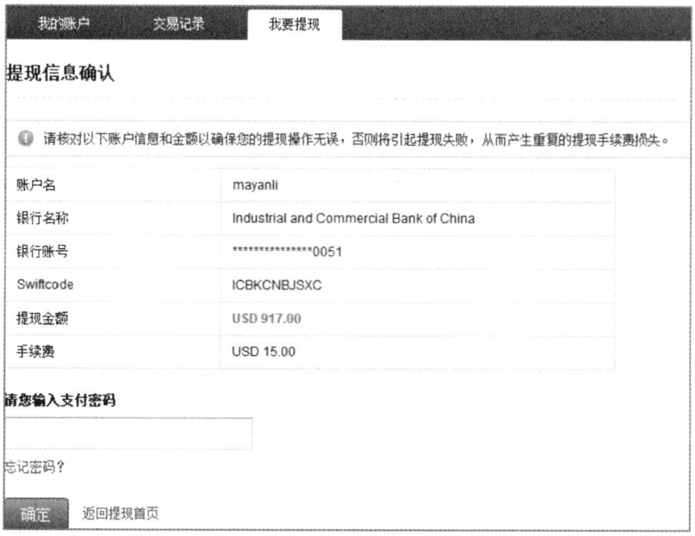
我的账户
交易记录
我要提现
提现信息确认
请核对以下账户信息和金额以确保您的提现操作无误，否则将引起提现失败，从而产生重复的提现手续费损失。
账户名
mayanli
银行名称
Industrial and Commercial Bank of China
银行账号
***************0051
Swiftcode
ICBKCNBJSXC
提现金额
USD 917.00
手续费
USD 15.00
请您输入支付密码
忘记密码？
确定
返回提现首页

图 5－22　输入美元账户支付密码

## 第二节　物流渠道选择

1. 邮政物流介绍

邮政物流包括了各国及中国香港邮政局的邮政航空大包、小包，以及中国邮政速递物流分公司的EMS、ePacket等，下面，我们依次对这几种常见的邮政物流方式进行介绍。

(1) EMS

即Express Mail Service，特快专递邮件业务，是中国邮政速递物流和各国（地区）邮政合作开办的中国大陆与其他国家、中国台港澳间寄递特快专递（EMS）邮件的一项服务。由于是跟其他国家（地区）的邮政合办的，所以EMS在各国（地区）邮政、海关、航空等部门均享受优先处理权。这是EMS区别于很多商业快递的最根本的地方。

① 概括起来，EMS主要有以下的优点：

a. 邮政的投递网络强大，覆盖面广，价格比较合理，以实重计费。

b. 不用提供商业发票就可以清关，而且具有优先通关的权利，即使通关不过的货物也可以免费运回国内，其他快递一般都要收费。

c. 适用于小件货物，以及对时效要求不高的货物。

d. 寄往南美国家及俄罗斯等国家有绝对优势。

② 缺点

a. 相对于商业快递而言，速度会偏慢一些。

b. 查询网站信息滞后，一旦出现问题，只能做书面查询，查询的时间较长。

c. EMS不能一票多件，大货价格偏高。

EMS的资费标准、参考时效、跟踪查询、体积和重量限制等请参考其网站http：//www.ems.com.cn/。

(2) ePacket介绍

ePacket俗称e邮宝，又称EUB，是中国邮政速递物流旗下的国际电子商务业务。ePacket目前可以发往美国、澳大利亚、英国、加拿大、法国和俄罗斯等国。

要注意的是，ePacket 业务不受理查单业务，不提供邮件丢失、延误赔偿，因此，ePacket 并不适合寄递一些价值比较高的产品。

(3) 中国邮政大小包

① 中国邮政大包

中国邮政航空大包，俗称航空大包或中邮大包，中国邮政大包除了航空大包外，还包括水陆运输的大包，本书所提及的中邮大包仅指航空大包。中邮大包可寄达全球200多个国家，价格低廉，清关能力强。对时效性要求不高而稍重的货物，可选择使用此方式发货。

中邮大包拥有中国邮政的大部分优点，主要包括：成本低，尤其是该方式以首重1千克的计费方式结算，价格比 EMS 低，且和 EMS 一样不计算体积重量，没有偏远附加费，较商业快递有绝对的价格优势；通达国多，中邮大包可通达全球大部分国家和地区，且通关能力非常强；运单操作简单，中邮大包的运单简单，操作方便。

缺点主要有：部分国家限重10千克，最重也仅限于30千克；妥投速度慢；查询信息更新慢。

② 中国邮政小包

中国邮政国际小包，俗称中邮小包、空邮小包、航空小包以及其他以收寄地市局命名的小包，是指重量在2千克以内(阿富汗为1千克以内)，外包装长宽高之和小于90厘米，且最长边小于60厘米，通过邮政空邮服务寄往国外的小邮包。国际小包空邮分为平邮小包和挂号小包两种。

中邮小包的优点：首先运费比较便宜，这是最大的优点。部分国家运达时间并不长，这属于性价比较高的物流方式。其次，邮政的包裹在海关操作方面比快递简单很多，享用“绿色通道”，小包的清关能力很强，而且中国邮政是“万国邮联”的成员，因此，其派送网络世界各地都有，覆盖面非常广。再次，中邮小包本质上属于“民用包裹”，并不属于商业快递，因此，该方式能邮寄的物品比较多。

但是中邮小包也存在着一些固有的缺点，包括：

第一，限制重量2千克，阿富汗限重1千克，这就导致部分卖家如果包裹超出2千克，就要分成多个包裹寄递，甚至只能选择其他物流方式。

第二，运送的时间总体比较长，例如俄罗斯、巴西这些国家超过40天才显示买家签收都是正常现象。

第三，还有很多国家是不支持全程跟踪的，而且邮政官方的183网站也只能跟踪国内部分，国外部分不能实现全程跟踪，卖家需要借助社会公司的网站或登录到寄达国的查询网站进行跟踪，查询上显得很不方便。

总体来说，中邮小包属于性价比较高的物流方式，适合寄递物品重量较轻、量大、价格实惠而且对于时限和查询便捷度要求不高的产品。

(4) 其他国家或地区的邮政小包介绍

邮政小包是使用较多的一种国际物流方式，依托万国邮政联盟网点覆盖全球，其对于重量、体积、禁限寄物品要求等方面均存在很多的共同点，然而不同国家和地区的邮政所提供的邮政小包服务却或多或少存在着一些区别，主要体现在不同区域会有不同的价格和时效标准，对于承运物品的限制也不同。

为了让各卖家能灵活地综合使用各种小包渠道，下面对常用的航空小包的特点做一个简单的介绍：

① 香港小包。时效中等，价格适中，处理速度快，上网速度快。

② 新加坡小包。价格适中，服务质量高于邮政小包一般水平，并且是目前常见的手机、平板电脑等含锂电池商品的运输渠道。

③ 瑞士邮政小包。欧洲线路的时效较快，但价格较高。欧洲通关能力强，欧洲申根国家免报关。

④ 瑞士小包。欧洲线路的时效较快，俄罗斯通关及投递速度较快，且价格较低。它是俄罗斯首选的物流方式，而且在某些时段安检对带电池的产品管制还没那么严格，可用于寄递带电池产品。

2. 商业快递介绍

速卖通平台常用的商业快递方式包括TNT、UPS、FedEx、DHL、TOLL、SF Express等，不同的国际快递公司具有不同的渠道，在价格上、服务上、时效上都有所区别，下面我们会重点介绍几种常用的国际快递方式。

TNT。TNT集团总部设于荷兰，是全球领先的快递服务供应商，为企业和客户提供全方位的快递服务。TNT快递在欧洲、中国、南美、亚太和中东地区拥有航空和公路运输网络。一般货物在发货次日即可实现网上追踪，全程时效在3～5天，TNT经济型时效在5～7天。TNT的优势主要有：速度快、通关能力强，提供报关代理服务；可免费、及时、准确地追踪查询货物，无偏远派送附加费；在欧洲和西亚，中东及政局不稳定的地区有绝对优势；网络比较全，查询网站信息更新快，遇到问题响应及时。

（1）UPS

UPS 全称是 United Parcel Service，即联合包裹服务公司，于 1907 年作为一家信使公司成立于美国华盛顿州西雅图市，全球总部位于美国佐治亚州亚特兰大市，是一家全球性的物流公司。作为世界上最大的快递承运商与包裹递送公司，它也是运输、物流、资本与电子商务服务的提供商。

UPS 优点主要有：速度快，服务好；强项体现在美洲等线路，在美国、加拿大、南美、英国、日本等国较有优势，发件快；货物可送达全球 200 多个国家和地区，可以在线发货，在全国 109 个城市有上门服务。

UPS 的缺点有：运费较贵，要计算产品包装后的体积重；对托运物品的限制比较严格；中国香港 UPS 代理停发澳大利亚件，但中国内地 UPS 可以发。

（2）DHL

DHL 国际快递是全球快递行业的市场领导者，可寄达 220 个国家和地区，可涵盖 120000 个目的地的网络，向企业和私人买家提供专递及快递服务。

DHL 的优点有：去西欧、北美有优势，适宜走小件，可送达国家网点比较多；一般 2～4 个工作日可送达，去欧洲一般 3 个工作日，到东南亚一般两个工作日送达；查询网站货物更新也比较及时，遇到问题解决速度快。

DHL 主要有以下缺点：走小件价格比较贵不划算；对托运物品的限制比较严格，拒收许多特殊商品。

（3）TOLL

TOLL 环球快递是 Toll Global Express 公司旗下的一个快递业务，TOLL 到澳大利亚、泰国、越南等亚洲地区的价格比较有优势。

（4）SF Express

顺丰速递，即 SF Express，于 1993 年诞生于广东顺德。顺丰专注于服务质量的提升，在中国大陆及中国香港、澳门、台湾地区建立了庞大的信息采集、市场开发、物流配送、快件收派的业务机构及服务网络。近年来，顺丰积极拓展国际服务，除中国大陆和港澳台地区外，顺丰目前已开通美国、日本、韩国、新加坡、马来西亚、泰国、越南、澳大利亚等国家的快递服务。顺丰国际快递的优点主要体现在国内服务网点分布广，收派队伍人员服务意识强，服务队伍庞大，价格有一定的竞争力。而缺点主要表现在开通的国家线路少，卖家可选的国家少，而且顺丰的服务种类繁多，导致顺丰的揽收人员对国际快递的专业知识略显逊色。

3. 专线物流介绍

速卖通平台与国际邮政，以及当地商业快递合作搭建了面向不同国家的专线，这些专线与传统物流渠道不同，是通过速卖通线上平台来使用的。下面对几种常见的专线做一个简单的介绍。

(1) Speclal Line－YW

即航空专线—燕文，俗称燕文专线，是北京燕文物流公司旗下的一项国际物流业务，线上燕文物流专线目前已开通南美专线和俄罗斯专线。燕文南美专线小包通过调整航班资源直飞欧洲，再根据欧洲到南美航班货量少的特点，快速中转，避免旺季爆仓，大大缩减妥投时间。燕文俄罗斯小包与俄罗斯合作伙伴实现系统内部互联，一单到底，全程无缝可视化跟踪。国内快递预分拣，快速通关，快速分拨派送，正常情况下俄罗斯全境派送时间不超过25天，人口50万以上城市派送时间低于17天。

(2) Russian Air 即中俄航空专线

它是通过国内快速集货、航空干线直飞、在俄罗斯通过俄罗斯邮政或当地落地配进行快速配送的物流专线的合称。截至2014年9月，中俄航空专线下面有Ruston专线，后续会上线更多中俄航空专线。Ruston的优点在于：经济实惠，Ruston以克为单位精确计费，无起重费，为卖家将运费降到最低；可邮寄范围广泛，Ruston是联合俄罗斯邮局推出的服务产品，境外递送环节全权由俄罗斯邮局承接，因此，递送范围覆盖俄罗斯全境；运送时效快，Ruston开通了哈尔滨—叶卡捷琳堡中俄航空专线货运包机，大大提高了配送效率，使中俄跨境电子物流平均用时从过去的近两个月缩短到13天，80%以上包裹25天内到达；全程可追踪，48小时内上网，货物全程可视化追踪。

(3) Aramex 快递

即中外运安迈世，在国内也称为“中东专线”，是发往中东地区的国际快递的重要渠道。Aramex创建于1982年，其强大的联盟网络覆盖全球，总部位于中东，是中东地区的国际快递巨头。它具有在中东地区清关速度快、时效高、覆盖面广、经济实惠的特点。但是Aramex快递的主要优势在于中东，在别的国家和地区则不存在这些优势了，所以它的区域性很强，对货物的限制也较严格。Aramex的优势在于运费价格低、时效有保障、无偏远费用、可进行跟踪查询等。

4. 其他物流方式介绍

使用其他物流方式的多为两种情况。第一种情况是卖家使用物流方式不能在运费模板内进行选择并设置，因而卖家需要手动地增加该物流方式；第二种情况是部分物流公司是使用转单号的，该单号在卖家发货后即在物流公司网站自动生成，或由物流公司相关人员提供，卖家可以在物流公司的网站跟踪到包裹信息。

这里要注意的是，从保护买家的购物体验方面考虑，平台建议卖家选择正规的、风险可控的物流渠道，对于卖家自行选择的专线物流，需要确保该物流有资质及能力提供相应物流服务并在提供服务过程中保障买家的体验，否则就得承担相对应的风险。若提供虚假物流渠道物流跟踪信息，速卖通有权不予认可并保留追究卖家相应责任的权利。

5. 境外仓储集货的物流方式

境外仓储集货指为卖家在销售目的地进行货物仓储、分拣、包装和派送的一站式控制与管理服务。确切地说，境外仓应该包括头程运输、仓储管理和本地配送三个部分。

① 头程运输。中国卖家通过海运、空运、陆运或者联运将商品送至境外仓库。

② 仓储管理。中国卖家通过物流信息系统，远程操作境外仓储货物，实时管理库存。

③ 本地配送。境外仓储中心根据订单信息，通过当地邮政或快递将商品配送给客户。使用境外仓储集货可使运输时效大大提高，特别是在销售旺季，能有效避免爆仓风险。

6. 物流模板设置

(1) 新增运费模板

① 点击“产品管理”—“管理运费模板”—“新增运费模板”，进行模板设置，如图5-23所示。

图 5-23　进入运费模板管理界面

② 为该运费模板设置一个名字(不能输入中文),然后在以下页面选择物流方式、填写货物运达的时间和折扣,如图 5-24 所示。

图 5-24　新增运费模板界面

(2) 自定义运费设置

如需要对某种物流方式进行个性化设置,比如对部分国家设置标准运费,对部分国家设置免运费等情况。

① 可以在运费模板设置时,选择"自定义运费"—"添加一个运费组合",如图 5-25所示。

图 5-25　选择填加一个运费组合

② 选择该运费组合包含的国家，可将某些热门国家选为一个组合（如欲吸引美国买家，可选择美国，并将美国地区的运费设置为容易吸引买家下单的水平，如卖家承担运费），或按照区域选择国家，如图 5－26 所示。

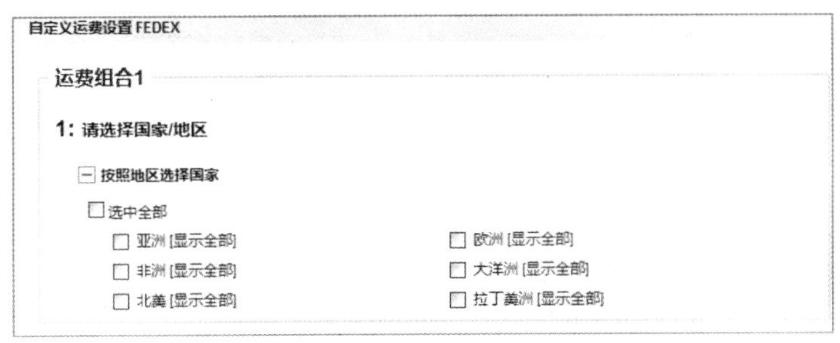


图 5－26　设置运费组合

③ 打勾选择完毕，系统显示：当前已选择××国家/地区，如图 5－27 所示。

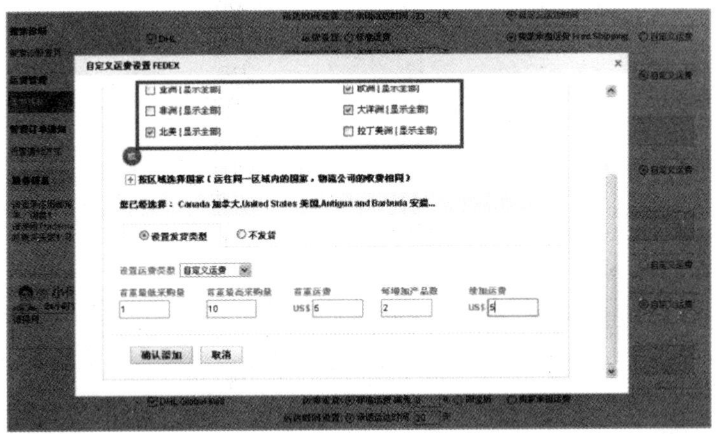


图 5－27　确认添加的国家/地区

④ 可对该组合内的国家，设置发货类型，如标准运费减免折扣、卖家承担运费或者自定义运费等，如图 5－28 所示。

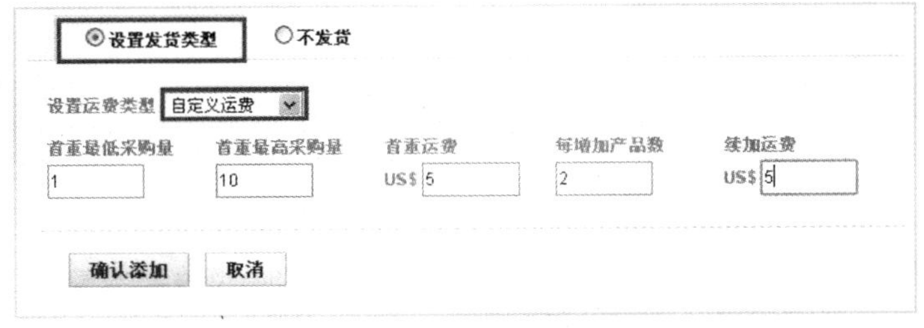


图 5－28　设置发货类型

⑤“确认添加”后生成一个新的运费组合，可以继续添加运费组合，也可以对已经设置的运费组合进行编辑、删除等操作，如图 5 - 29 所示。

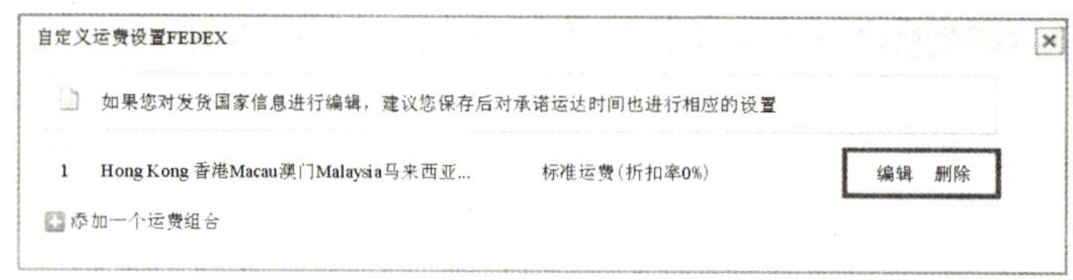


图 5 - 29　继续添加运费组合界面

⑥ 对于难以查询妥投信息、大小包运输时效差的国家，可以选择“不发货”—“确认添加”即可屏蔽该国家/地区，如图 5 - 30 所示。

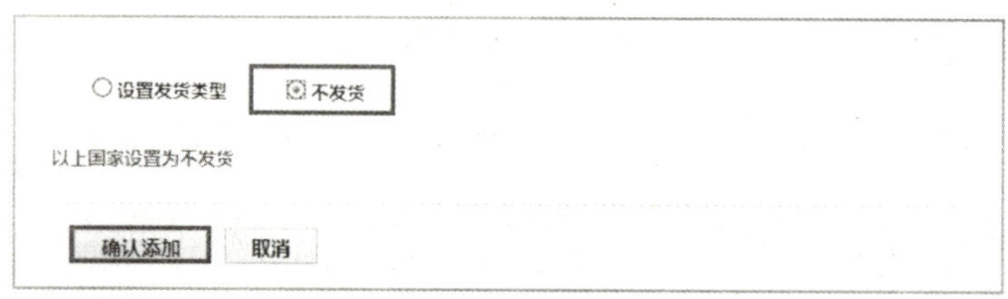


图 5 - 30　设置“不发货”国家或地区

(3) 自定义运达时间设置

① 如需要对货物运达时间进行个性化设置，可以点击“自定义运达时间”进行操作，如图 5 - 31 所示。

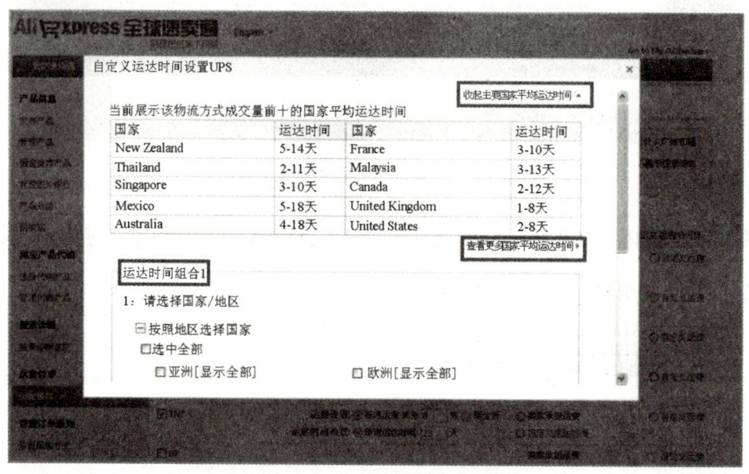


图 5 - 31　自定义运达时间设置界面

② 设置完成后，点击页面下方“确认添加”按钮即可完成自定义运达时间设置，如图 5 - 32 所示。

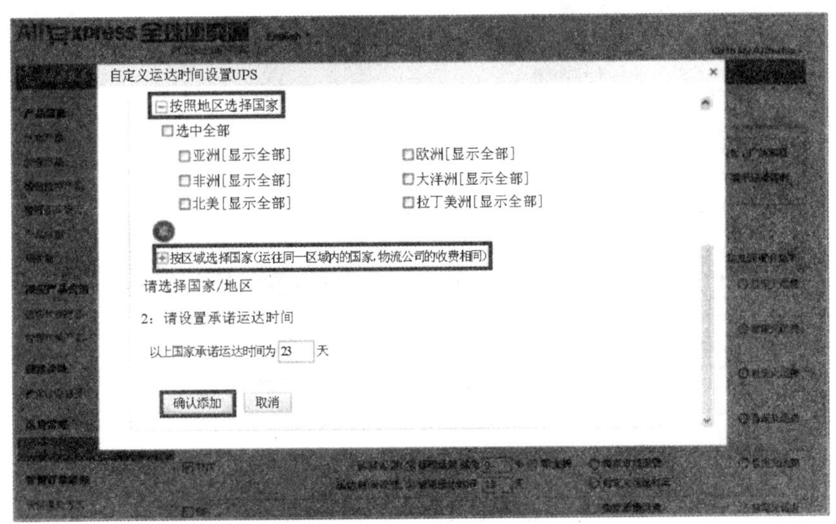


图 5-32 “确认添加”按钮

③ 当发布产品时，在产品运费模板这里选择“自定义运费模板”，点击下拉框选择之前设置的物流模板即可，如图 5-33 所示。

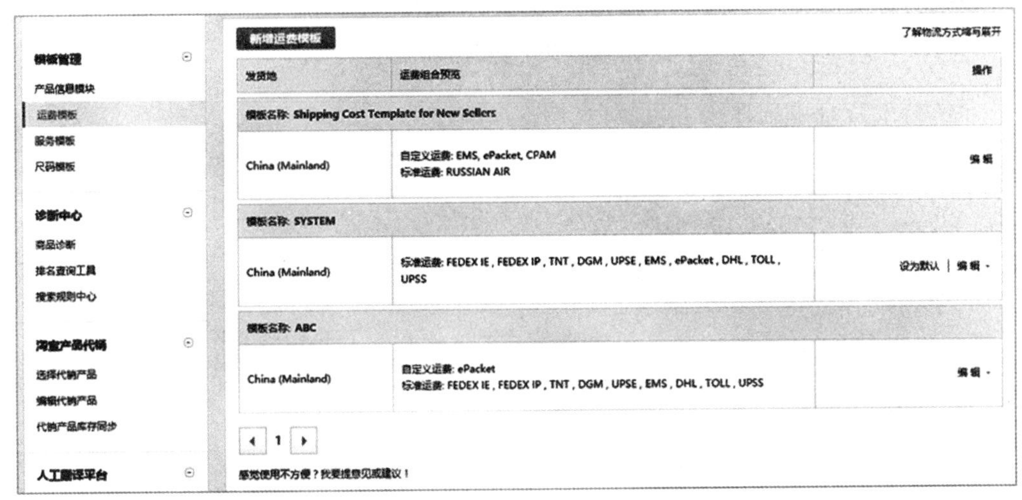


图 5-33 选择物流模板

(4) 管理运费模板

如果已有的运费模板不符合现在的需要，那么可以编辑相关的运费模板，点击“产品管理”—“运费模板”—“system(具体模板名)”—“编辑”，如图 5-34 所示。

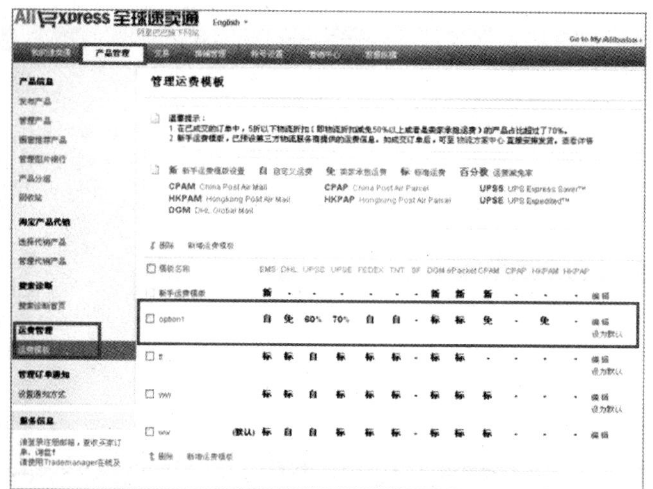


图 5-34　进入管理运费模板界面

7. 国际邮政小包线上发货实操

(1) 线上发货操作流程(见图 5-35)。

图 5-35　线上发货操作流程

① 待发货订单选择线上发货(见图 5-36)。

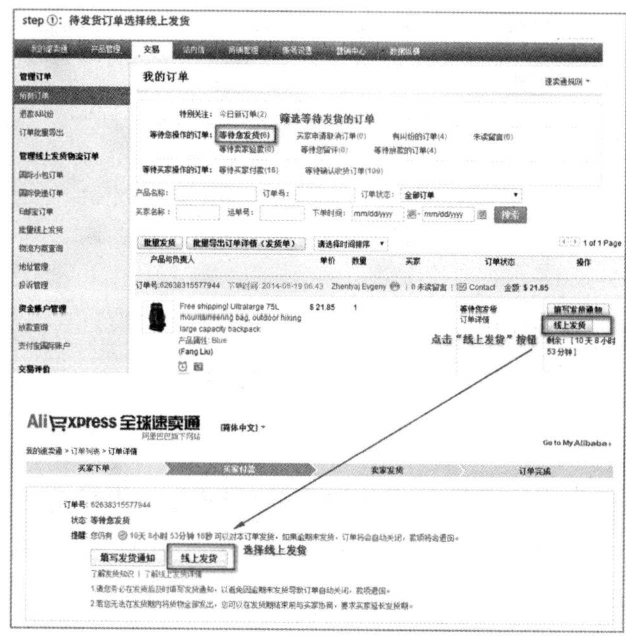


图 5-36　待发货订单选择线上发货界面

② 选择物流方案(见图 5－37)。

step ②：选择物流方案

我的速卖通 产品管理 交易 站内信 商铺管理 账号设置 营销中心 数据纵横

管理订单
所有订单
退款&纠纷
订单批量导出
管理线上发货物流订单
国际小包订单
国际快递订单
E邮宝订单
批量线上发货
物流方案查询
地址管理
投诉管理
资金账户管理
放款查询
支付宝国际账户
交易评价
管理交易评价

选择物流方案　　选择物流方案 › 创建物流订单 › 创建成功

小提示
1. 发往巴西、俄罗斯的优势线路航空专线-燕文上线啦！线上发货安全快速有保障，了解详情>>
2. 提醒：FedEx发往欧盟、中东等国家需要提供商业发票。查看具体国家下载发票范本

交易订单号 62638315577944 隐藏订单包裹信息▲
发货地址 请点击修改后选择　收货国家 Russian Federation
包裹重量 0.8 KG 修改

系统根据您的订单信息列出可选的线上发货物流方案及预估运费

| 服务名称 | 运输时效 | 交货地点 | 试算运费 |
|---|---|---|---|
| 中俄航空 Ruston | 15-50天 | 上海仓库 | CN¥ 76.00(含挂号费) |
| 航空专线-燕文 | 15-50天 | 上海仓库 | CN¥ 76.00(含挂号费) |
| 速邮宝(中邮小包) | 15-50天 | 上海仓库 | CN¥ 90.00(含挂号费) |
| 新加坡小包(递四方) | 15-60天 | 4PX广州 | CN¥ 96.80(含挂号费) |
| 新加坡小包(递四方) | 15-60天 | 4PX上海 | CN¥ 96.80(含挂号费) |
| 新加坡小包(递四方) | 15-60天 | 4PX深圳 | CN¥ 96.80(含挂号费) |
| 新加坡小包(递四方) | 15-60天 | 4PX厦门 | CN¥ 96.80(含挂号费) |

速卖通官方微博 +关注

图 5－37　选择物流方案界面

③ 创建物流订单(见图 5－38、图 5－39)。

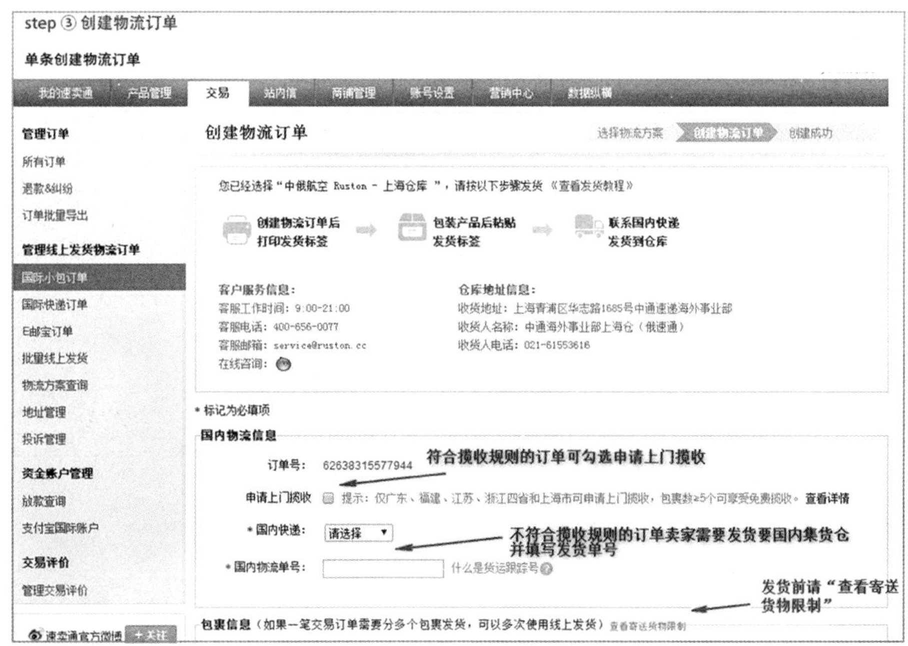


图 5－38　单条创建物流订单界面

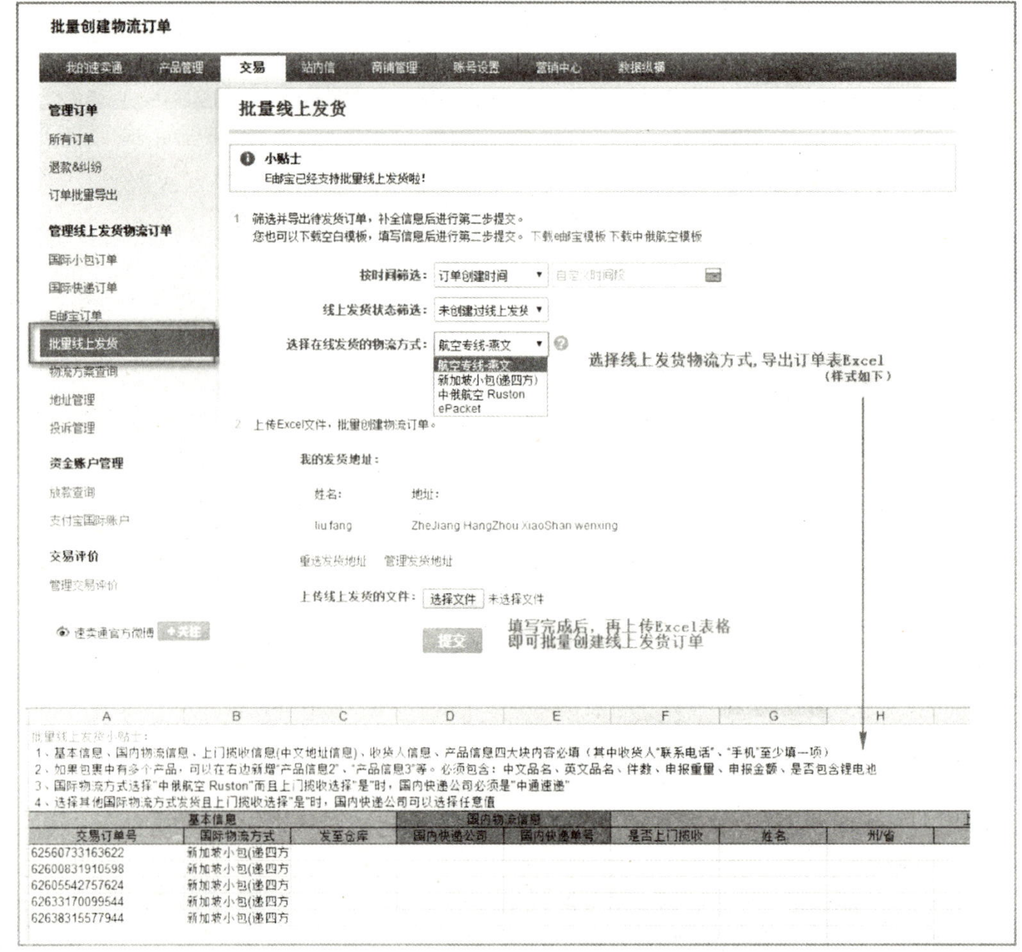


图 5-39 批量创建物流订单界面

④ 货物打包(见图 5-40)。

⑤ 交货给物流商。符合物流商接受规则的包裹物流商会上门揽收,不符合揽收规则的包裹需要卖家自行发货到仓库。

⑥ 填写发货通知(见图 5-41)。

⑦ 支付运费。

step ④ 货物打包
卖家需要打印发货标签，把标签粘贴在包裹外包装上再交货给物流商
我的速卖通
产品管理
交易
站内信
网站设计
账号设置
营销中心
数据纵横
管理订单
所有订单
退款&纠纷
订单批量导出
管理线上发货物流订单
国际小包订单
国际快递订单
E邮宝订单
批量线上发货
物流方案查询
地址管理
投诉管理
资金账户管理
放款查询
支付宝国际账户
交易评价
管理交易评价
国际小包订单
联系仓库
等待仓库收货
全部仓库
创建时间：
搜索
状态：
全部订单
等待仓库收货（5285）
待支付（6165）
等待仓库发货（36）
待填写发货通知（5304）
批量打印发货标签
同时打印订单详情
支持批量打印
支持打印订单详情
国际物流单号
交易订单号
国内物流信息
发往仓库
物流订单状态
操作
物流订单号：20700001
物流订单创建时间 2014.06.19 00:02
RF241447116SG
30038210415804
递四方速递：
4PX
新加坡小包(递四方)
发往 4PX广州
在线咨询：
等待仓库收货
打印发货标签
填写发货通知
查看
物流订单号：20305500
物流订单创建时间 2014.06.18 23:25
30024749075804
燕文：
YW
航空专线-燕文
发往 北京仓库
在线咨询：
等待仓库收货
打印发货标签
填写发货通知
查看
一张A4纸可打印9张（无配货单）
一张A4纸可打印6张（有配货单）
打印
需要将标签贴在包裹外包装上

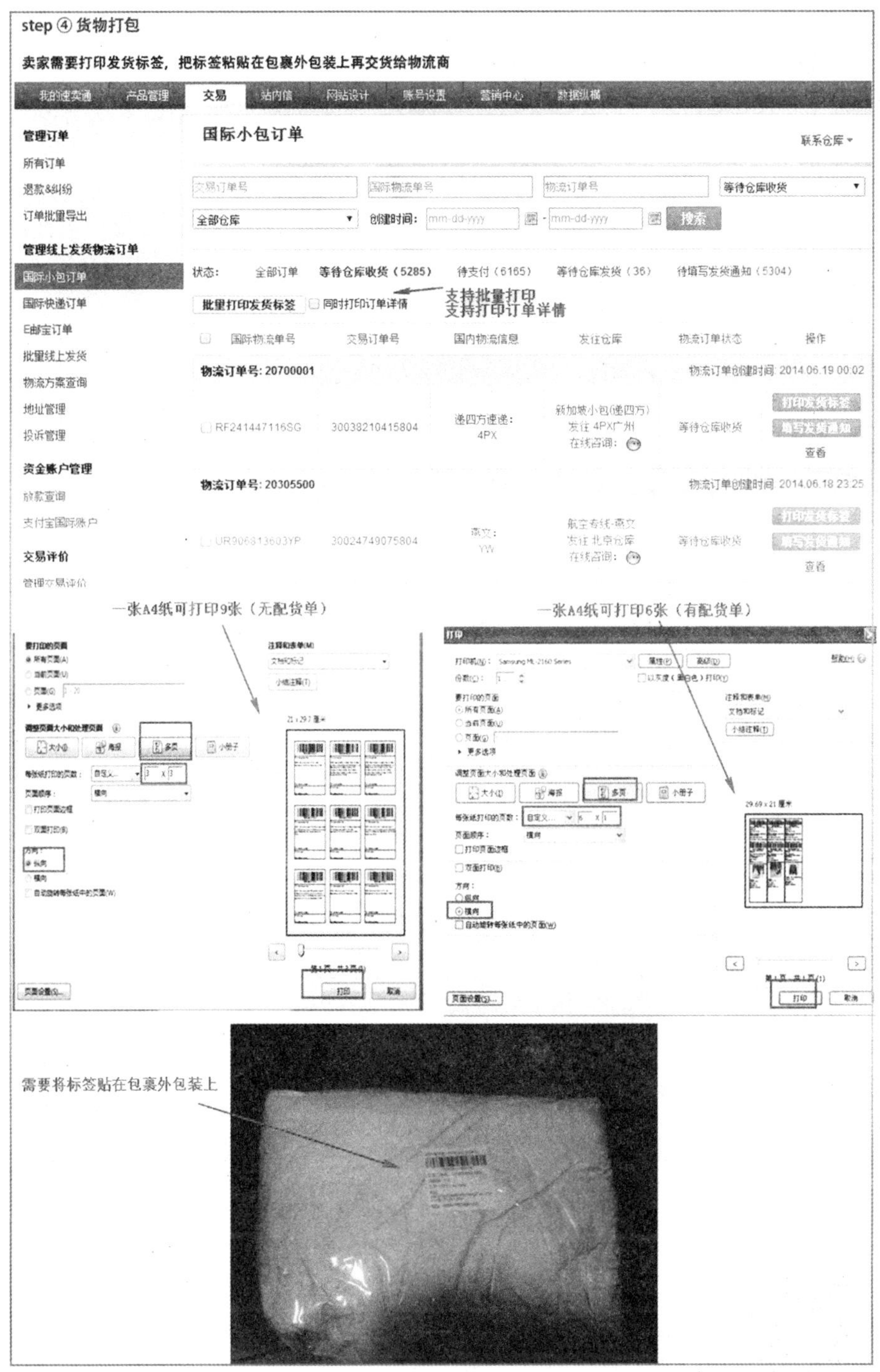

图 5－40　打印发货标签

step ⑥ 填写发货通知

物流订单创建成功后，系统会生成运单号给卖家填写发货通知

我的速卖通 产品管理 交易 站内信 网站设计 账号设置 营销中心 数据纵横

管理订单
所有订单
退款&纠纷
订单批量导出
管理线上发货物流订单
国际小包订单
国际快递订单
E邮宝订单
批量线上发货
物流方案查询
地址管理
投诉管理
资金账户管理
放款查询
支付宝国际账户
交易评价

国际小包订单 联系仓库

交易订单号 国际物流单号 物流订单号 待填写发货通知
全部仓库 创建时间：mm-dd-yyyy - mm-dd-yyyy 搜索

状态： 全部订单 等待仓库收货（5286） 待支付（6165） 等待仓库发货（36） 待填写发货通知（5305）

批量填写发货通知 支持批量填写

| 国际物流单号 | 交易订单号 | 国内物流信息 | 发往仓库 | 物流订单状态 | 操作 |
| --- | --- | --- | --- | --- | --- |
| 物流订单号：20307644 | | | | | 物流订单创建时间：2014.06.19 23:38 |
| RF241070032SG | 1005664014 | 递四方速递：4PX | 新加坡小包(递四方) 发往 4PX深圳 在线咨询： | 等待仓库收货 | 打印发货标签 填写发货通知 查看 |
| 物流订单号：20700001 | | | | | 物流订单创建时间：2014.06.19 00:02 |
| RF241447116SG | 30038210415804 | 递四方速递：4PX | 新加坡小包(递四方) 发往 4PX广州 在线咨询： | 等待仓库收货 | 打印发货标签 填写发货通知 查看 |

点击按钮填写发货通知

我的速卖通 产品管理 交易 站内信 网站设计 账号设置 营销中心 数据纵横

管理订单
所有订单
退款&纠纷
订单批量导出
管理线上发货物流订单
国际小包订单
国际快递订单
E邮宝订单
批量线上发货
物流方案查询
地址管理
投诉管理
资金账户管理
放款查询
支付宝国际账户
交易评价
管理交易评价

填写发货通知 使用第三方工具发货管理

关联的交易订单：
1005664014
* 物流服务名称：
Singapore Post
* 货运跟踪号：
RF241070032SG
提示：使用航空大小包时务必挂号。虚假运单号属平台严重违规行为。在第一次填写完发货通知后的5天内有2次修改机会。
备注：

* 发货状态：
全部发货 部分发货
需要分批发货请选择"部分发货"，最后一批发送时选择"全部发货"。提示：请在备货期内全部发货，否则订单会被关闭并全额退款。

提交 取消

注意：
1.线上发货物流单号由系统分配，请不要随意更改物流方式，否则可能导致订单追踪信息不能在后台展示
2.若您的订单最终没有使用线上发货，可以更改运单号

我的速卖通 产品管理 交易 站内信 网站设计 账号设置 营销中心 数据纵横

速卖通官方微博 +关注

速卖通卖家手机客户端
手机也能回调盘、接订单啦！
点击下载

批量发货 使用第三方工具发货管理

您可以手动填写发货信息，也可以使用表格批量上传发货信息。

使用表格上传发货信息：第一、请下载模板；第二、上传填写好发货信息的表格。 支持批量填写运单号
选择文件 未选择文件 上传表格

| 订单号 | * 发货状态 | * 物流服务名称 | * 货运跟踪号 | 备注 |
| --- | --- | --- | --- | --- |
| 1005664014 | 全部发货 | Singapore Post | RF241070032SG | |
| 30038210415804 | 全部发货 | Singapore Post | RF241447116SG | |

图 5－41　填写发货通知单

(2) 线上发货运费支付规则(见图 5-42)。

包裹入库后,第二天 23 点前,卖家可以主动支付运费。可选择通过国内支付宝账户支付人民币,也可以选择国际支付宝账户支付美元。

包裹入库后,如果在第二天 23 点前,卖家未主动支付,系统将从卖家国际支付宝账户中自动划扣美金(按照每天汇率折算)。

图 5-42 支付运费界面

支付完成后可以统计运费并下载运费报表(见图 5-43)。

图 5-43 下载运费报表

## 第三节 店铺装修

如今,速卖通上的店铺数量成倍增加,在茫茫店铺中,有的店铺让人相见恨晚,难以忘却,有的店铺即使卖家看过,也毫无印象;有的店铺买家会重复购买,死心塌地，而有的店铺买家买了一次之后，就一去不返。因此，网店的装修往往是买家看到店铺的“第一印象”，专业、美观的店铺页面，能为你的商品加分，还能增加网购信任，甚至能让买家一进店里就有购物的冲动。本章将介绍网店装修的入门知识，带你进入店铺装修的殿堂。

1. 首页设计

在速卖通店铺里，只要有10个产品上架，卖家便可以进行店铺名称设置，开设店铺，在拥有了店铺之后，就可以开始店铺装修。

一个装修漂亮的店铺会提高顾客的驻留时间和购买欲，但对于新手来说，店铺装修还是有一定的难度的，那该如何快速装修店铺呢？

① 进入速卖通后台，点击店铺，选择左边“店铺装修及管理”，进入店铺装修界面(见图5-44)。

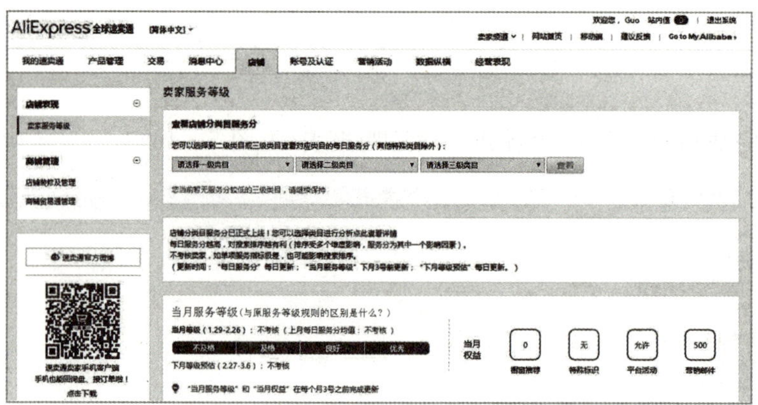


图5-44　选择“店铺装修及管理”按钮

② 点击“进入装修”按钮(见图5-45)。

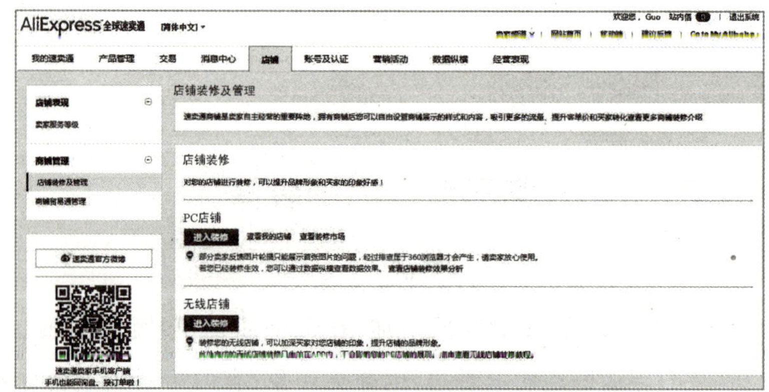


图5-45　点“进入装修”按钮

③ 进入后可以开始进行装修(见图 5-46)。

图 5-46 进入店铺装修界面

④ 进入装修页面后,可以单击"布局管理",增加或者删除自己需要的页面,在可编辑区域可以选择是否需要店招或图片轮播等板块,完成后保存即可(见图 5-47)。

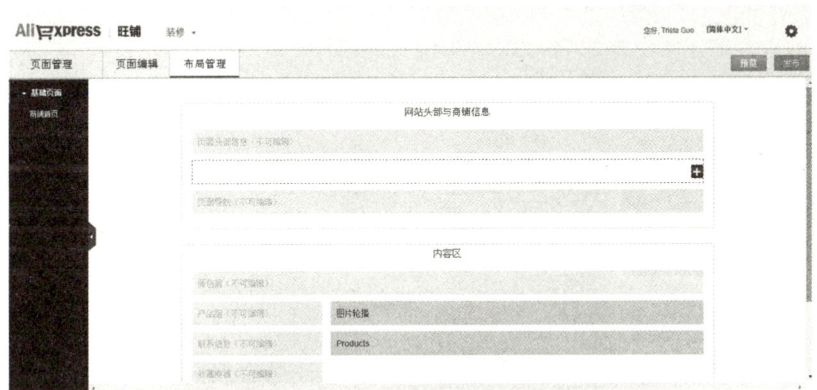

图 5-47 进入"布局管理"界面

⑤ 回到"页面编辑"版块,卖家可以点击下图所示的"添加模块",在首页添加需要的图片轮播、自定义内容区、宝贝推荐等栏目(见图 5-48)。

图 5-48 进入"页面编辑"之"添加模块"

⑥ 选择添加图片轮播后，点击“编辑”可以对图片轮播进行设置（见图 5－49、图 5－50、图 5－51）。

图 5－49　进入“图片轮播”界面

图 5－50　设置图片参数

图 5－51　编辑轮插页面

特别提醒：选框内的上下箭头可以通过点击来调整轮播图片的显示顺序，如果对设置的图片不满意可以进行删除，通过点击下面“添加新图片”来增加轮播图片设置区域，一个店铺图片轮播最多只能添加5张。完成后点击保存即可。

设置完成后，效果如图5－52，发布后就可以轮播。

图5－52　设置成功的图片轮播

⑦ 在“自定义区域”可以通过添加代码设置自己需要的效果，也可以通过直接插入文字、图片等方式设置（见图5－53）。

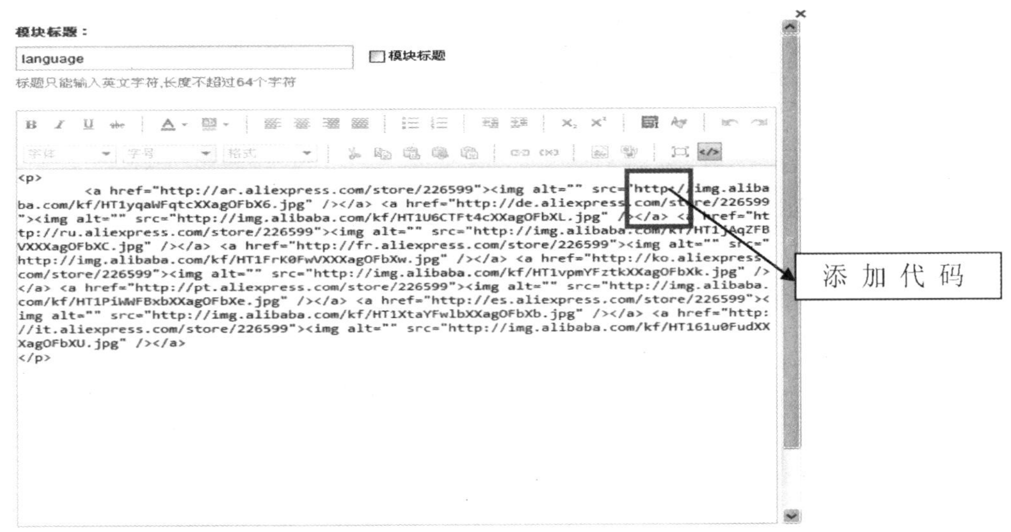


图5－53　以代码方式设置效果

如果不想用代码，那么可以通过直接可视化编辑页面进行图片插入设置即可，但是如果要设置链接等效果，那么需要在Dreamweaver中设置好将代码复制过来，会写代码的卖家可以直接在源代码区域编辑（见图5－54）。

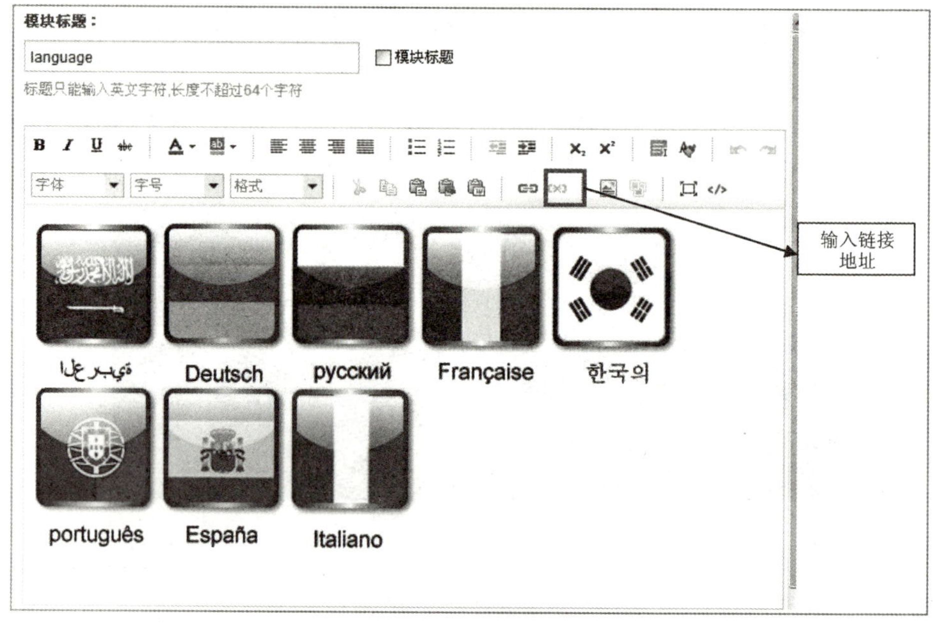


图 5－54　设置超链接

设置完成后，效果如图 5－55。

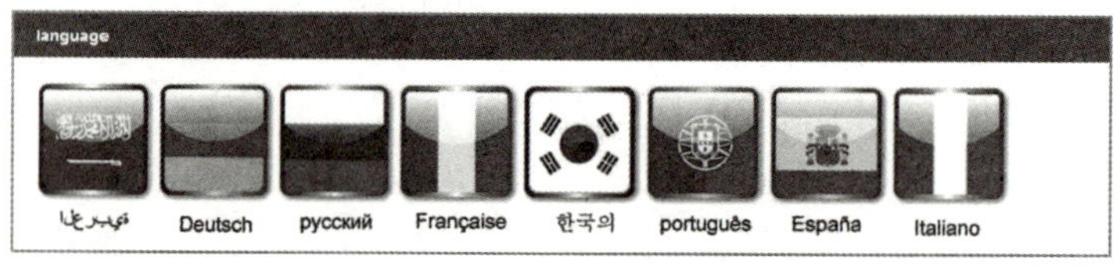


图 5－55　设置完成的图片效果

⑧ 设置商品推荐，点击“添加”。

买家卖家在点击“添加模块”后，可以看到图片轮播、自定义内容区、商品推荐等模块，如图 5－56、图 5－57、图 5－58 所示。

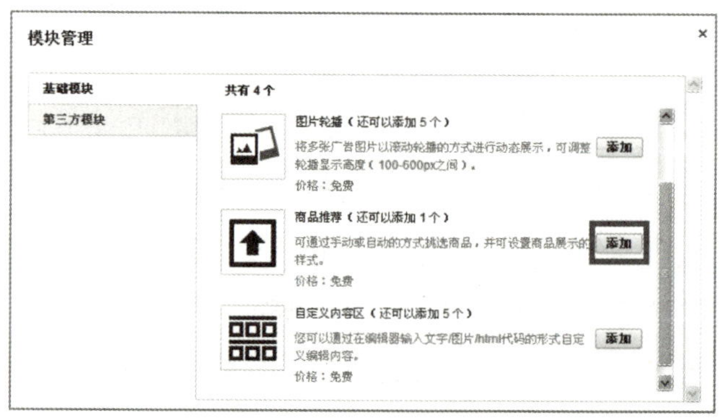


图 5－56　进入模块管理界面

产品推荐
编辑
删除
添加模块

图 5－57　进入商品推荐编辑界面设置模块标题

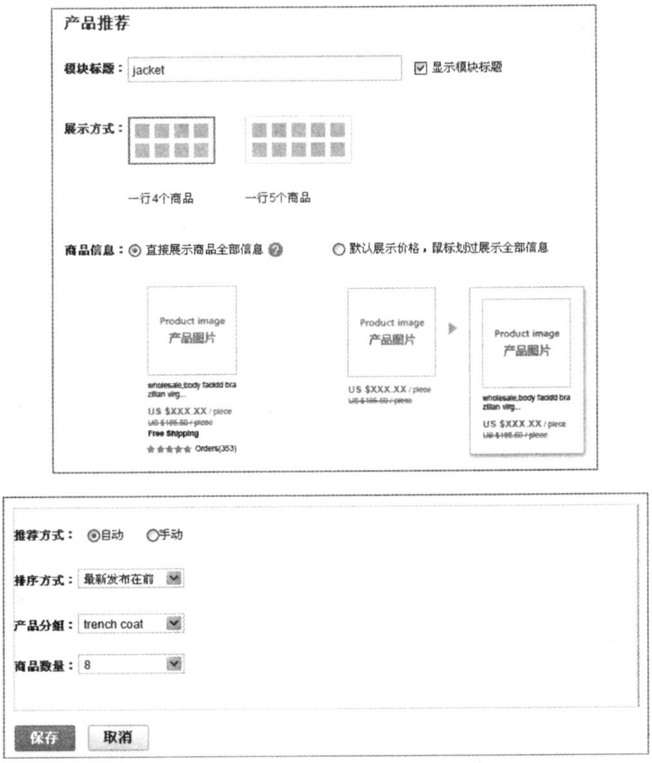

产品推荐
模块标题：
jacket
显示模块标题
展示方式：
一行4个商品
一行5个商品
商品信息：
直接展示商品全部信息
默认展示价格，鼠标划过展示全部信息
Product image
产品图片
US $XXX.XX / piece
Free Shipping
推荐方式：
自动
手动
排序方式：
最新发布在前
产品分组：
trench coat
商品数量：
8
保存
取消

图 5－58　产品推荐编辑页面

标题可以根据店铺的分类设置，也可以按照上架时间、类目等设置，卖家可以根据自己的喜好自行设置，注意最好使用英语标题。标题设置完后可以设置展示方式、每行展示的数量、推荐方式、排序方式、产品分组、商品展示数量等，设置完成后保存（见图 5－59）。

jacket
jacket
2014 new autumn and winter large
US $44.98 / piece
2015 new man autumn and winter fashion
US $43.38 / piece

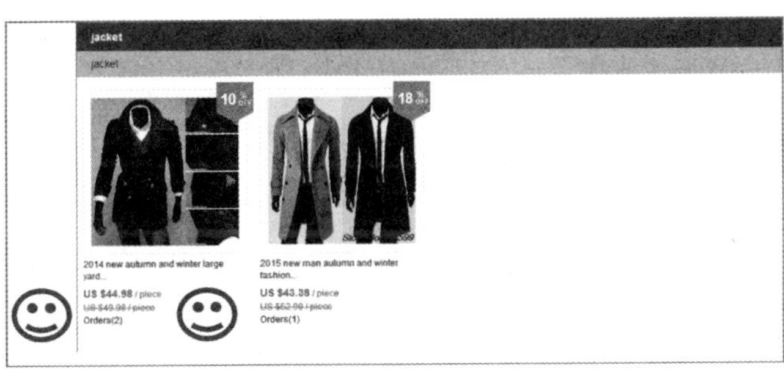

图 5－59　设置成功的推荐商品

⑨ 完成后点击发布，装修完成，或者可以预览先看效果(见图 5-60)。

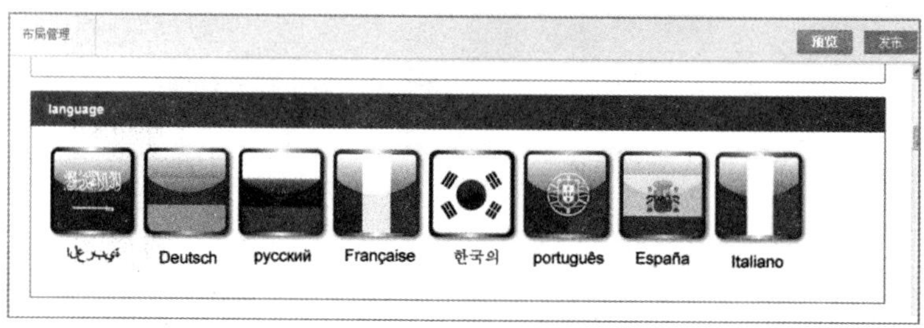


图 5-60 点击"预览"按钮浏览发布效果

2. 特殊效果设计

速卖通的客户来自全球各地，作为非英语国家客户就算会英语，也还是喜欢看本土语言，就好比我们虽然会英语但如果有中文选择还是会选择中文页面。

如果一个店铺有多语言页面，那会让不少客户爱上该店铺，如图 5-61 所示。

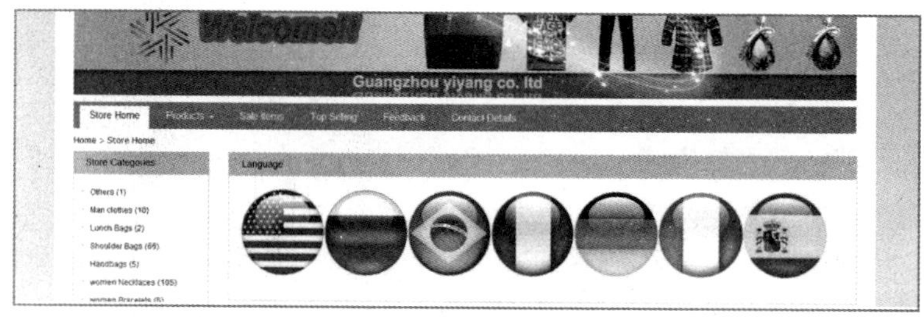


图 5-61 多语言店铺

(1) 首先我们要准备素材"国旗"，准备好素材后我们进入自己的店铺装修。

① 进入店铺后选择添加模块，选择"自定义内容区"，如图 5-62 所示。

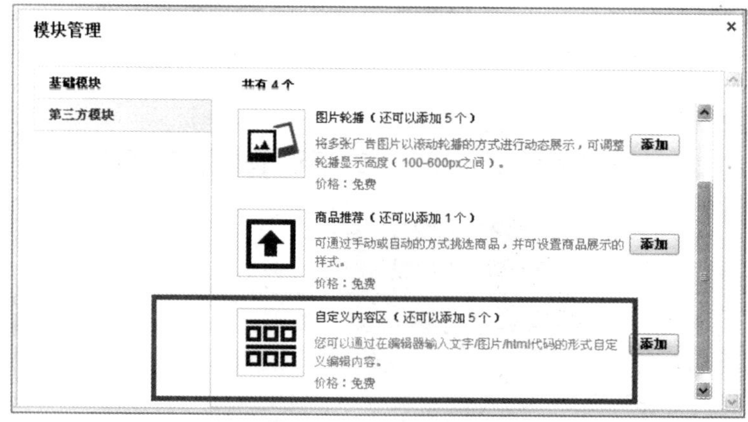


图 5-62 选择自定义模块

② 添加模块后，点击编辑进入如下页面，如图 5－63 所示。

图 5－63 进入自定义区域编辑模块

③ 进入页面后，我们上传国旗图标，如图 5－64 所示。

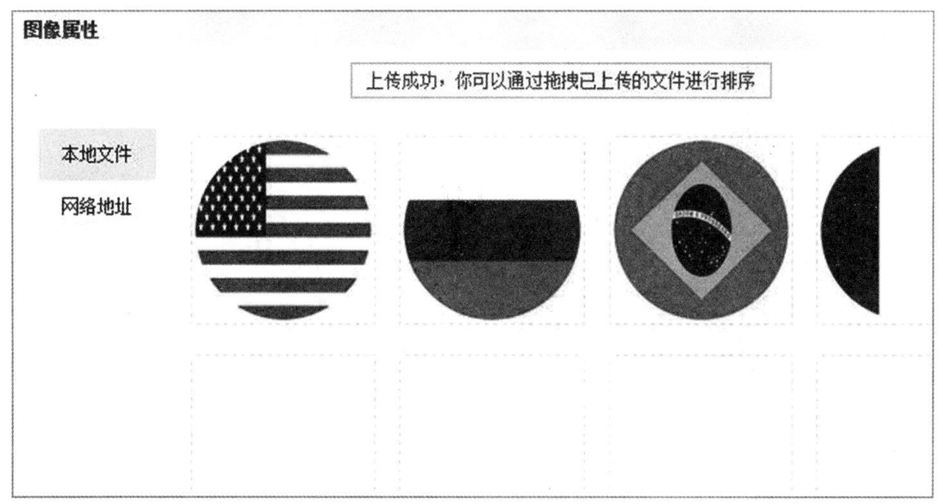


图 5－64 上传图像图标

④ 点击确定上传，上传后会出现如下页面，修改标题，如图 5－65 所示。

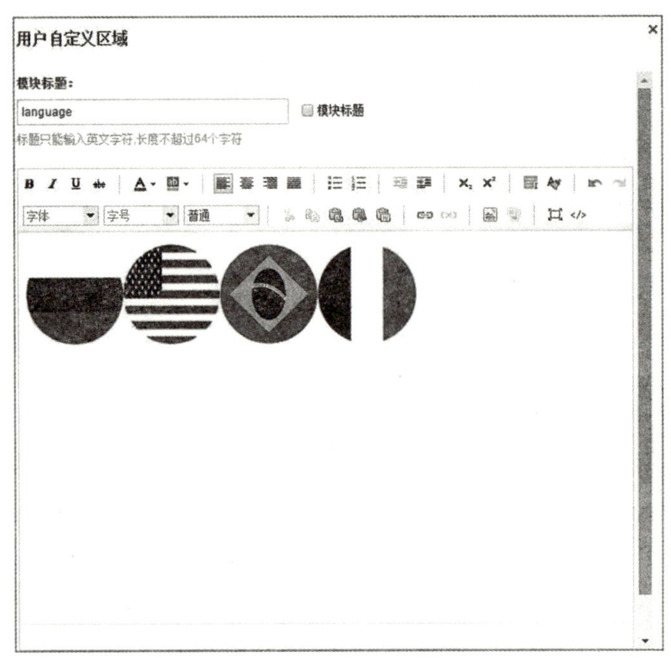


图 5－65　修改显示模块标题

⑤ 接下来是重点：添加语言链接。选中对应语言的国旗图片，点击添加链接，如图 5－66 所示。

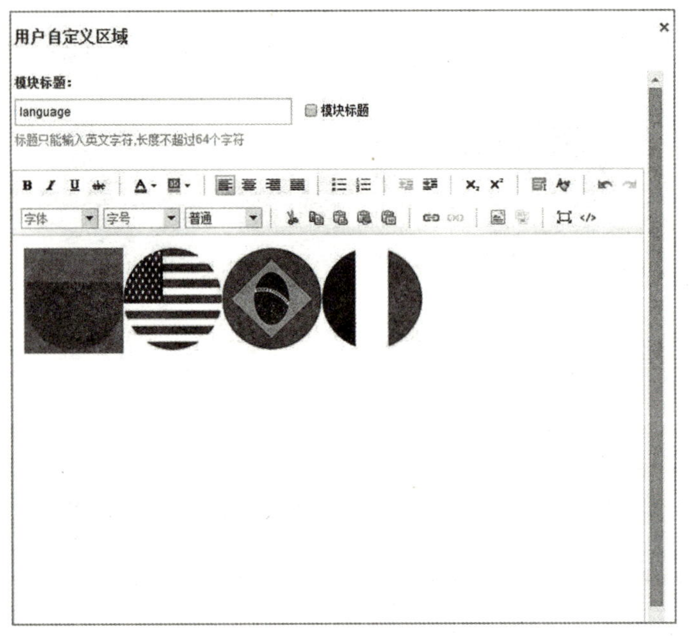


图 5－66　添加国旗图片

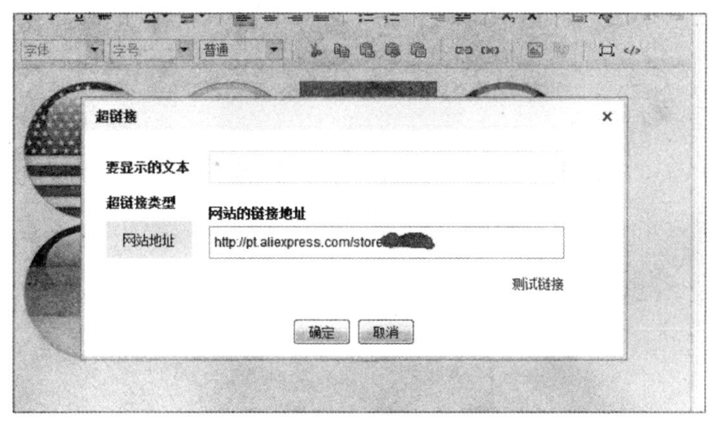


图 5-67 加入国旗图片对应的语言链接网址

⑥ 点击“确定”完成添加。

下面是多语言的网址链接，只要把最后面的数字编码改成自己的店铺数字就可以了。

俄语：http：//ru. aliexpress. com/store/12234556(自己店铺序号)。

德语：http：//de. aliexpress. com/store/12234556(自己店铺序号)。

意大利语：http：// it. aliexpress. com/store/12234556(自己店铺序号)。

英文：http：//aliexpress. com/store/12234556(自己店铺序号)。

西班牙语：http：//es. aliexpress. com/store/12234556(自己店铺序号)。

葡萄牙语：http：//pt. aliexpress. com/store/12234556(自己店铺序号)。

法语：http：//fr. aliexpress. com/store/12234556(自己店铺序号)。

## 第四节 营销推广

网店的日常运营是日复一日的同样的工作，单调乏味却必不可少，从发布商品到接待顾客，从日常管理到账户安全，用每一个完美的环节来实现成功的销售和安全的交易。

交易平台的每一次系统升级都有可能带来操作流程的改变，因此，这些简单的重复劳动，不仅要细致入微，还要精益求精，否则，可能因为一点点的粗心，新品刚刚发布就变成了违规商品，甚至受到限制发布权限的处罚，也可能因为没有与时代同步，对很多新的功能都不了解，更谈不上熟练运用，很快就会感到力不从心，也就难免会落后于别人。

本章的学习可以让大家对店铺的日常店内营销、站内营销和站外营销有一定的了解并会进行正确的设置。一旦运用到将来的实际操作中，很快就能适应工作安排，成为一个合格的网店运营人员。

1. 店内营销

(1) 限时促销

买家购物车、收藏夹里的商品一旦打折，立刻会收到系统提示。速卖通买家搜索页面“Sale Items(折扣产品)”“限时限量折扣”工具打折的商品即有机会展示在搜索结果的第一页，如图 5－68 所示。

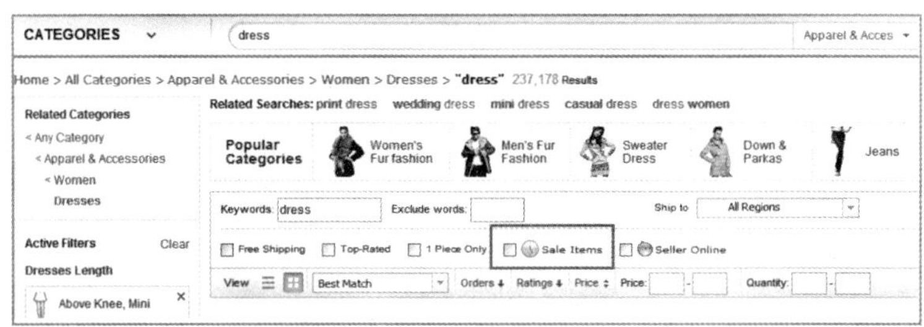

图 5－68 搜索促销产品

大促期间，网站会引入千万新流量，各位卖家一定要抓住这个流量暴涨的好机会，冲高交易。以下为具体操作步骤：

① 登录用户后台，进入“营销活动”，点击“店铺活动”后，便可以开始创建活动如图 5－69 所示。

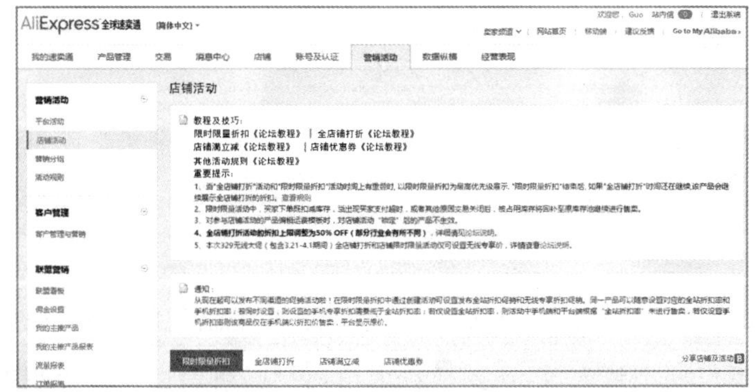

图 5－69 进入店铺活动界面

② 点击“创建活动”按钮进入到创建店铺活动页面。活动开始时间以美国时间为准。打折商品会在 12 小时后展示给买家，需提前 12 小时创建好活动，如图 5－70所示。

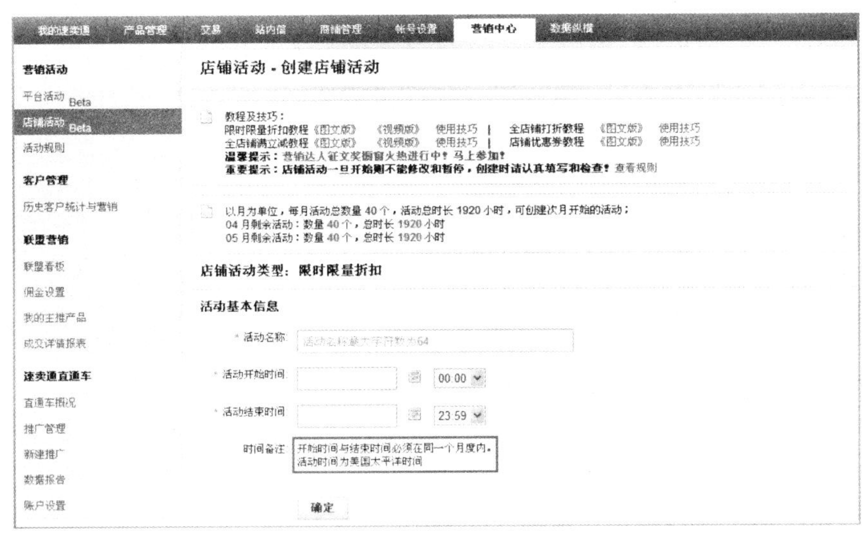


图 5－70　进入创建店铺活动界面

③ 创建好店铺活动后，选择参与活动的商品，每个活动最多只能选择 40 个商品，如图 5－71 所示。

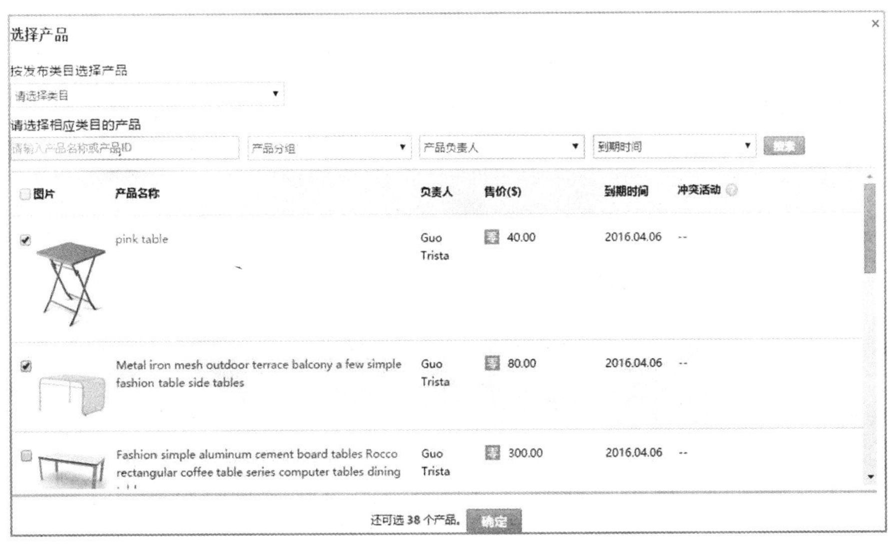


图 5－71　选择参与活动的商品

④ 设置商品折扣率和促销数量。可批量设置折扣库存，也可单独设置，如图 5－72所示。

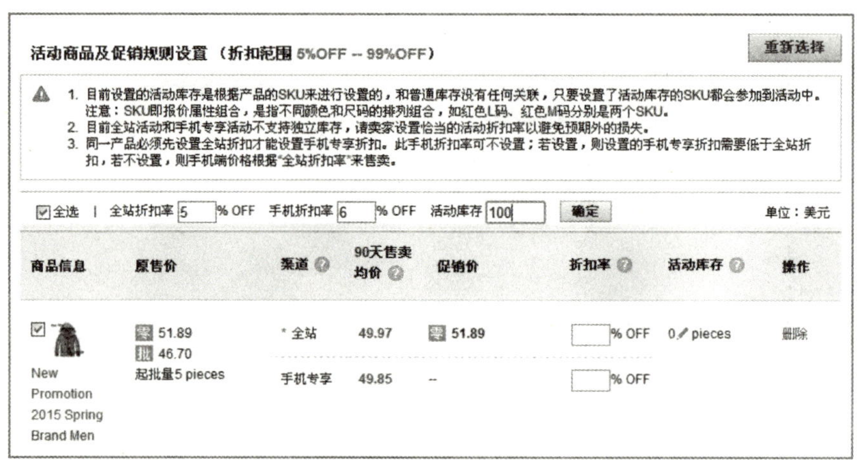

图 5－72　设置商品折扣率和促销数量

特别提醒：要注意折扣的设置，如打 9 折应该输入的是 10％OFF，设置时注意看设置的价格。另外手机客户端的折扣必须低于 PC 端折扣，比如 PC 端设置 5％OFF，那么手机端的活动折扣需要至少设置 6％OFF。

⑤ 点击确定后即完成设置，活动将处于“未开始”状态，此时可以进行修改活动时间、增加和减少活动商品等操作。活动开始前 6 小时将进入审核状态，活动状态将变成“等待展示”，活动开始后将处于“展示中”状态。“等待展示”和“展示中”状态不可编辑，也不可停止，卖家谨慎设置。

特别提醒：限时限量折扣活动一旦创建，商品即被锁定，无法编辑，只能下架。也可以选择退出该活动，退出活动后可编辑。卖家需在创建活动前编辑好活动商品信息。请勿提价打折。系统会定期扫描提价打折的卖家，一旦过于频繁地先提价再打折，可能会被剥夺工具的使用权；打折后的商品无法进入平台搜索排序，且提升了原价格的商品，反而会使价格搜索排序靠后。

(2) 全店铺打折

在全店铺打折时，我们可以通过进行营销分组设置全店铺打折活动，而不再以产品分组设置折扣，无须所有商品都打折，只需设置营销分组，再分别设置折扣即可(不想打折的分组不填即可)。

抛弃原先的根据产品分组设置折扣，改为营销分组，主要有三个原因：首先，可以更加自由地设置折扣。卖家设置全店铺打折活动的时候，不再受限于必须把相同折扣的商品放到同一个产品分组中，产品分组继续承担将产品分类以帮助买家更方便地找到商品的使命，营销分组则让卖家根据折扣率的需要将商品进行分组，如可以把商品分为诸如“9 折区”“8 折区”等。其次，方便在买家页面强化展示。在商铺前台专门为营销分组开辟有一块区域，有别于产品分组的是，营销分组的视觉效果将更加显眼，第一时间抓住买家的眼球，让营销商品的成交率大大提升。最后，有利于产品分组升级。卖家可以自由设置分组和子分组，这样同一个商品也不会限制而只能放到一个分组中。

全店铺打折的具体步骤为：

① 找到“营销分组”设置的入口，如图 5 - 73 所示。

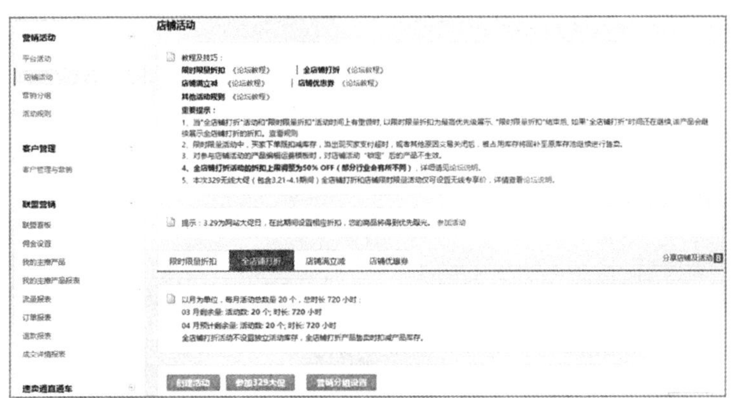


图 5 - 73 “营销分组”设置入口

在“营销活动”的左侧菜单你可以找到营销分组的设置入口，同时，在店铺活动的“全店铺打折”中你也可以通过点击“调整分组”来进入营销分组的设置页面。

② 创建营销分组，如图 5 - 74 所示。

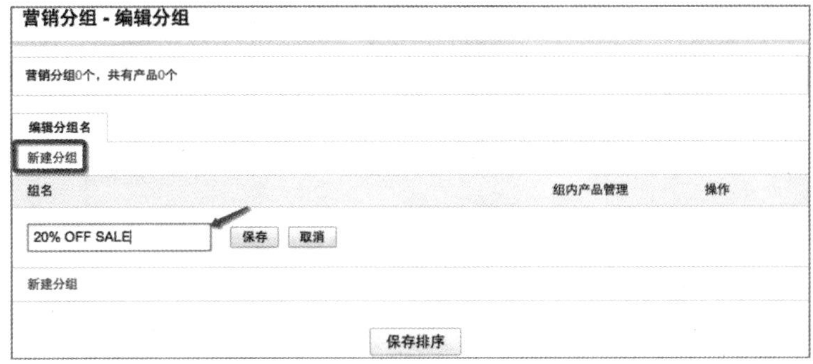


图 5 - 74 创建营销分组

点击“新建分组”，输入分组名称(仅限英文)，点击“保存”即可成功创建一个营销分组。

③ 营销分组的管理，如图 5－75 所示。

| 组名 | 组内产品管理 | 操作 |
| --- | --- | --- |
| 20% OFF SALE | 组内产品管理 | |
| 10% OFF SALE | 组内产品管理 | |
| 30% OFF SALE | 组内产品管理 | |

图 5－75　营销分组管理

在每个营销分组后面有三个按钮，分别用来修改营销分组的名称，调整营销分组的排序(点击后进行拖动)和删除营销分组，同时你可以点击“组内产品管理”来向营销分组中添加或删除产品。

④ 组内产品管理，如图 5－76 所示。

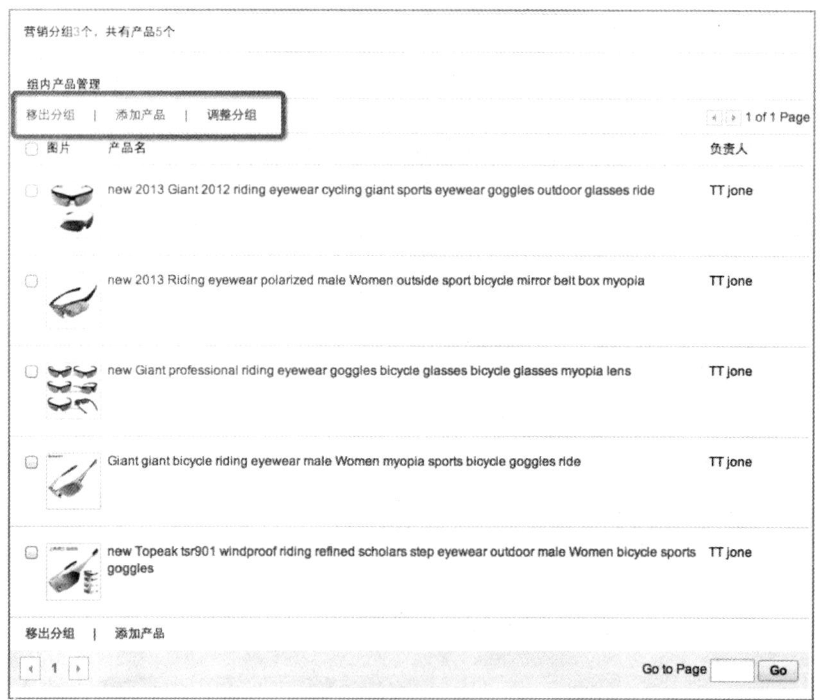


图 5－76　组内产品管理界面

组内产品管理的页面可以通过点击顶部的按钮来向营销分组内添加或者移除产品，同时可以批量勾选一部分产品后，将这些产品的营销分组进行调整。

⑤ 创建全店铺打折活动，如图 5－77 所示。

活动商品及促销规则（活动进行期间，所有活动中商品均不能退出活动且不能被编辑，但可以下架）

活动店铺：全店铺商品（优惠店铺：TT jone's store）

折扣设置：

| 组名 | 促销折扣 |
| --- | --- |
| 10% OFF SALE | % OFF |
| 20% OFF SALE | % OFF |
| 30% OFF SALE | 30 % OFF 即 7 折 |
| Other | % OFF |

阅读并同意 活动规则

提交

感觉使用不方便？我要提意见或建议！

图 5－77　全店铺打折活动折扣设置

特别提醒：全店铺打折的分组使用营销分组来进行打折，所有没有放到营销分组中的商品会出现在营销分组的“other”组中；除了大促期间，全店铺打折活动不再要求所有营销分组必须打折，您只需要最少设置一个分组的折扣即可成功提交。

如果不需要通过营销分组来设置，也可以直接进行全店铺打折，如图 5－78 所示。

活动详情　打折不成功商品

活动名称：s

活动开始时间：2015/05/21 23:59:00

活动结束时间：2015/05/22 01:00:00

活动时长：共 2 小时

活动商品及促销规则（活动进行期间，所有活动中商品均不能退出活动且不能被编辑，但可以下架）

活动店铺：全店铺商品（优惠店铺：shirely's shop）

折扣设置：

| 组名 | 促销折扣 |
| --- | --- |
| Other | 10% OFF 即 9 折 |

返回

图 5－78　对“other”组中产品进行打折操作

多款新品上市，换季时节，全店铺打折既可以提升新品销量又可以对过季商品进行清仓。

（3）店铺满立减

店铺满立减工具是速卖通全新推出的店铺自主营销工具。针对店铺的商品，在买家的一个订单中，若订单金额超过了设置的优惠条件（满 X 元），在其支付时系统会自动减去优惠金额（减 Y 元）。既让买家感觉到实惠，又能刺激买家为了达到优惠条件而多买，买卖双方互利双赢。优惠规则(满 X 元减 Y 元)由卖家根据自身交易情况设置，正确使用满立减工具可以刺激买家多买，从而提升销售额，拉高平均订单金额和客单价。

店铺满立减工具具体操作步骤为：

① 登录“我的速卖通”—点击“营销活动”—在“店铺活动”中选择“店铺满立减”—点击“新建活动”，如图 5－79 所示。

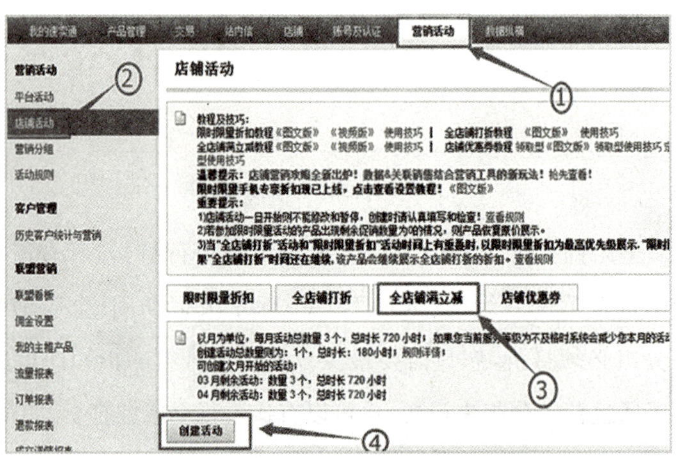


图 5－79　进入全店铺满立减活动界面

② 填写活动基本信息。特别注意的是，时间填写不能跨月，并且需要提前 48 小时创建活动。

③ 填写促销规则。特别注意的是折扣和满立减的优惠是可以叠加的，设置时一定要考虑折上折时的利润问题，如图 5－80 所示。

图 5－80　填写促销规则

填写范例如图 5－81 所示。

图 5－81　全店铺满立减活动填写范例

特别提醒：当活动处于“等待展示”和“展示中”状态时，活动不能被修改。活动开始前的 24 小时将处于“等待展示”阶段。与折扣商品不同，满立减活动中的商品仍然可以编辑修改。

全店铺满立减活动可以作为店铺常规活动长期存在，刺激买家多买，提升客单价，但必须配合使用“关联商品”工具，方便买家快速找到关联商品。

（4）店铺优惠券

在做“限时限量折扣”或“全店铺打折”活动时，利用折扣吸引买家流量，并通过折上折刺激买家多买。

店铺优惠券可以分为两种，一种为领取型优惠券，另一种为定向发放型优惠券。领取型优惠券为卖家设置后，买家可以在店铺页面上领取使用；定向发放优惠券主要针对三类人群：即成功购物过的客户、加入购物车的用户，以及是加入心愿单（wish list）的用户。店铺优惠券的优惠整体现在：

促进当次消费。让买家先领券再下单，这是非常直接的一种刺激消费的方式。

巩固老买家黏度。众所周知，老买家的维护是非常重要的，将店铺优惠券信息发给老买家，作为奖励和回馈，提高回头购买率。

为店铺引流。拿到优惠券的买家，为了使用这一“财产”，一定会在卖的店铺中寻找合适的商品，大大增加了店铺中商品的曝光率和浏览率，提升出单概率。

在买家眼中，拿到手的优惠券就是一种财产，不用就会觉得亏了。在这样的心理作用下，买家下单的概率比平时更高。

① 领取型优惠券具体操作步骤。

a. 登录“我的速卖通”—点击“营销活动”—在“店铺活动”中选择“店铺优惠券”—点击“添加优惠券”。每月总共有 5 个活动，活动开始和结束时间必须在同一个月内，但是可以提前创建下一个月的活动，如图 5－82 所示。

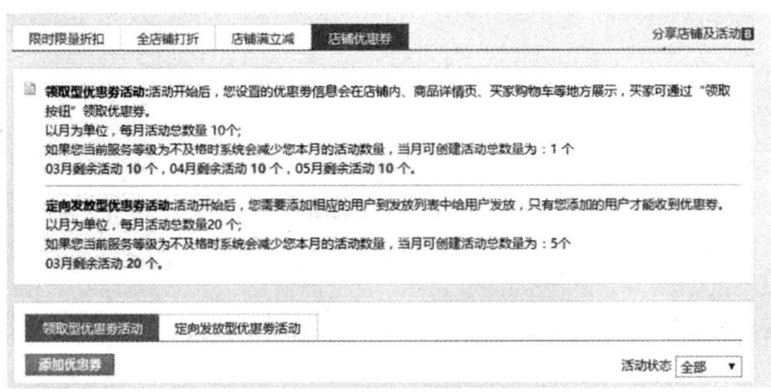


图 5－82　进入店铺优惠券界面

特别提醒：请提前 48 小时创建活动，活动开始前可关闭活动，活动开始后则无法修改和关闭。

b. 填写活动基本信息。活动开始和结束时间表示买家可领取优惠券的时间，买家可使用该优惠券的时间在“优惠券使用规则设置”中的“有效期”设置。例如，活动时间为 11 月 13 日～11 月 30 日，有效期为 7 天，买家在 11 月 20 日领取的优惠券，领用后可立即使用，最晚使用日期为 11 月 27 日，如图 5－83 所示。

图 5－83　设置领取型优惠券时间

c. 填写优惠券领取和使用规则，如图 5－84 所示。

优惠券领取规则设置

领取条件： 买家可通过领取按钮领取Coupon

* 面额： US$ 2

每人限领： 1

* 发放总数量： 100

图 5－84 优惠券领取规则设置

设置一：买家无使用条件限制的优惠券，即只要订单金额大于优惠券面值，买家就可以使用该优惠券。例如优惠券面值为＄5，则当订单金额大于或等于＄5.01 时即可使用，如图 5－85 所示。

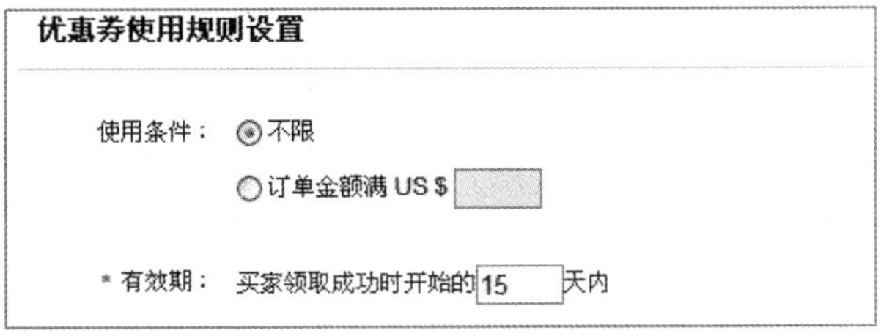

优惠券使用规则设置

使用条件： 不限

订单金额满 US $

* 有效期： 买家领取成功时开始的 15 天内

图 5－85 无使用条件限制的优惠券设置

优势：使用门槛低，可提高用户黏性和回头率。买家领券后使用率高，特别是吸引新买家下单，使订单转化率得到显著提升。

特别提醒：根据店内商品价格和利润空间设置，例如店内部分小商品价格为＄5.5，如果发放＄5 的优惠券就不太合适了，因为买家极有可能只需花＄0.5 就购得商品，并不会多买。

设置二：买家订单金额达到一定要求才可使用的优惠券。例如卖家发放的优惠券面值＄5，使用条件是订单金额满＄30 才可使用，这样可以避免低价商品让利过多的现象发生，也可以提升卖家的客单价，刺激买家多买。

优惠券使用规则设置

使用条件： 不限

订单金额满 US $ 30

* 有效期： 买家领取成功时开始的 15 天内

图 5－86 订单金额达到一定要求才可使用的优惠券

优势：避免低价商品让利过多，还可刺激买家多买。

特别提醒：使用条件需要根据客单价设置，在客单价基础上提升一定金额，例如客单价为＄20，可设置使用条件为满＄30或满＄40才可使用的优惠券较合理。如果此时设置满＄100才能使用的优惠券，买家就很少会买账了，优惠券活动就没有意义了。

备注：客单价＝销售额÷买家数。例如近30天销售额为＄400，买家数20个，则客单价为＄400÷20＝＄20。

d. 创建技巧。平台数据显示，无使用条件和有使用条件的优惠券结合发放，效果更佳。一个店铺最多可同时支持5个店铺优惠券活动。

无使用条件的优惠券，可根据自身承受范围设置，金额越大越易刺激买家下单。

有使用条件的优惠券，优惠金额至少要在5美金以上才对买家有吸引力。

优惠券有效期不宜过长或者过短，一般7～30天比较合适。有效期过长的优惠券，很难刺激买家尽快使用，极有可能被买家遗忘；有效期过短(1天)，除非是故意刺激买家当天消费，否则买家极有可能还没选中你店里的商品，优惠券就已过期，优惠券活动就失去提升订单量的效果了。

店铺优惠券活动生效后，买家可领取的地址为卖家商铺的“Sale Items”菜单。

活动一旦生效，可立刻将链接地址发给老买家，让老买家最先抢到优惠券，如图5－87所示。

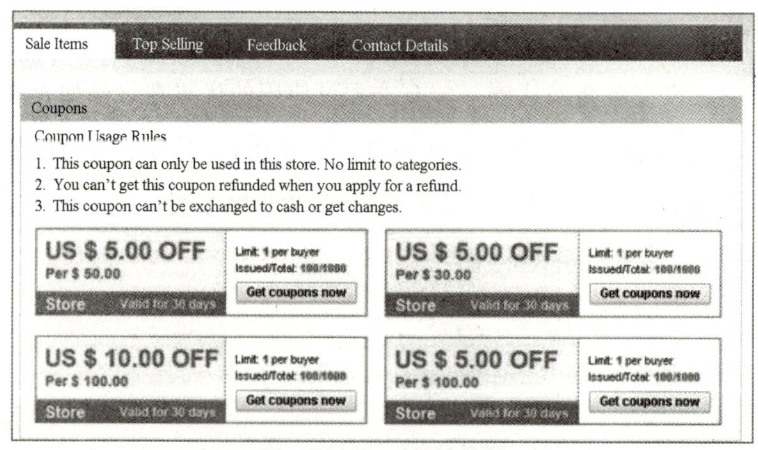


图5－87　店铺优惠券生效页面

② 定向发放型优惠券。

定向发放型店铺优惠券是速卖通在领取型店铺优惠券基础上增添的新功能。凡是与其店铺有过交易、加过商品到购物车或者 Wish List 的买家都可作为定向发放对象。卖家只需通过创建优惠券活动、选择发放对象、点击发放三步操作，便可利用优惠券实现新老买家的主动激活维护。定向发放型优惠券具体操作步骤：

a. 添加优惠券。登录“我的速卖通”—点击“营销活动”—在“店铺活动”中选择“店铺优惠券”—点击“定向发放型优惠券活动”—点击“添加优惠券”，如图 5－88 所示。

特别提醒：每月总共可创建 20 个活动，活动一旦创建，即时生效，活动开始后活动信息将无法修改，活动也无法关闭。

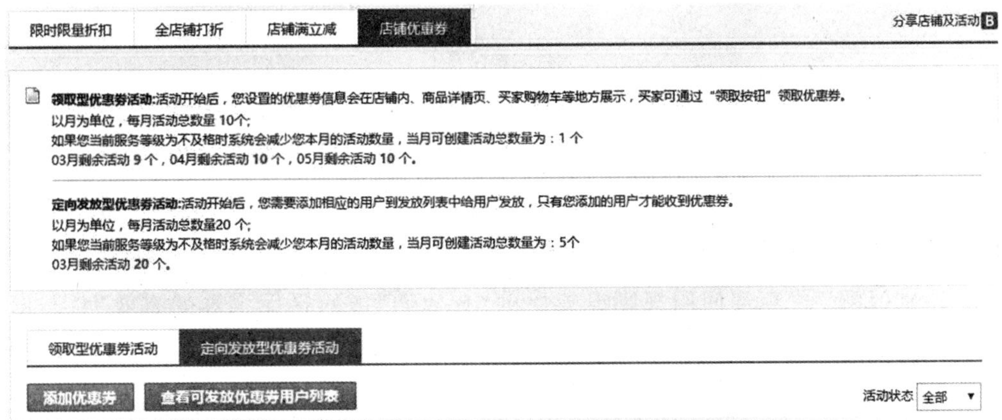


图 5－88 进入定向发放型优惠券活动界面

b. 填写优惠券活动相关信息，创建活动。

ⅰ. 填写活动基本信息，如图 5－89 所示。

图 5－89 填写优惠券活动相关信息

在相应的红框内填写相应的活动名称以及活动结束时间。

特别提醒:"活动基本信息"中的活动开始和结束时间表示发放优惠券的活动时间,即卖家可向买家发放该类优惠券的时间范围。

ⅱ. 优惠券发放规则和使用规则,如图 5－90 所示。

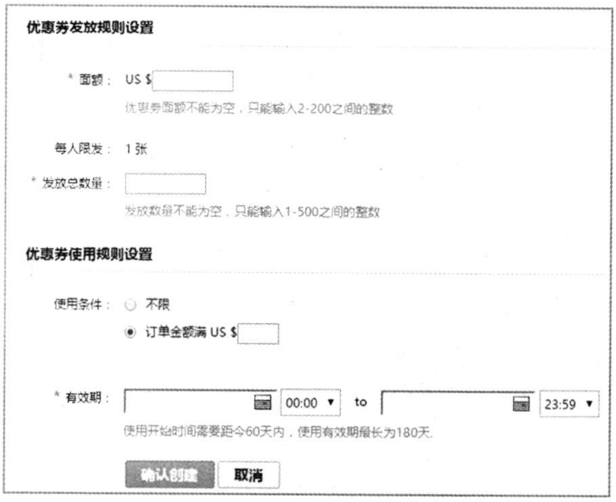

图 5－90　优惠券发放规则设置

填写相应的优惠券的面额,发放总数量以及使用条件。

特别提醒:优惠券使用规则设置中的"有效期"指的是优惠券的有效期,与活动结束时间不一致。

优惠券分为两类,即不限制使用条件的优惠券和订单需满足一定条件后才能使用的优惠券两类优惠券,使用时应注意:

第一,不限制使用条件的优惠券可以大大提升买家的购买率,但需要考虑自身可承受范围,面值和数量上可以做一些控制。

第二,限制使用条件的优惠券可用于拉升客单价。使用条件建议结合自身客单价来设置,通常比客单价稍高即可。例如客单价为＄20,可设置订单金额满＄25 或＄30 作为使用条件。

第三,定向发放型优惠券每个买家限发一张。

第四,每个定向发放型优惠券活动最多可以发放 500 张,每次添加用户发放的操作只能发放 50 张。

第五,优惠券的使用有效期的结束时间必须大于开始时间,且其有效期结束时间必须大于活动的结束时间。使用开始时间需要距今 60 天内,使用有效期最长为 180 天。

③ 选择买家并发放优惠券。

活动创建并确认开始后,可以挑选买家发放优惠券。可添加的用户有三类:交易过的用户、将您的产品加入购物车的用户以及加入 wish list 的用户(见图 5 - 91)。每次操作最多可添加 50 个用户进行发放,每个活动可以分多次发放,一旦确认发放则用户就会收到相应的优惠券(见图 5 - 92)。

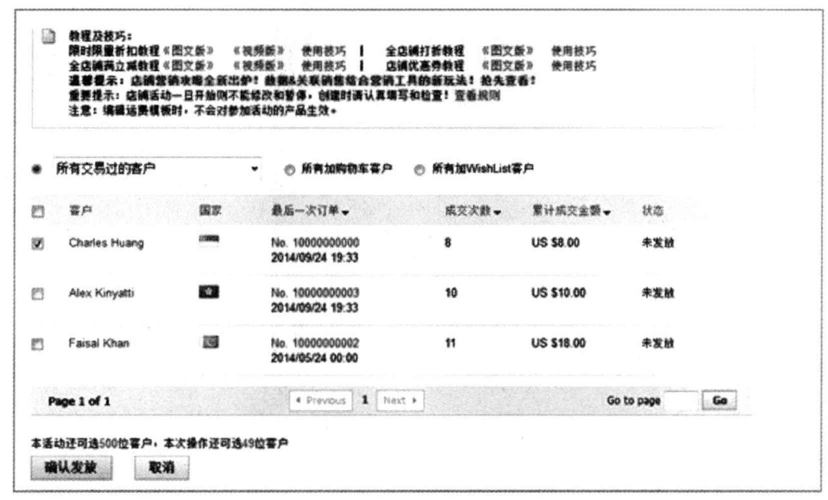


图 5 - 91　选择买家

图 5 - 92　发放优惠券成功界面

定向发放型店铺优惠券发放后,买家即可在自己的用户后台看到相应的优惠券(见图 5 - 93)。卖家可及时告知自己的买家其享受到了发放的优惠券,并且鼓励买家在有效期内下单使用。

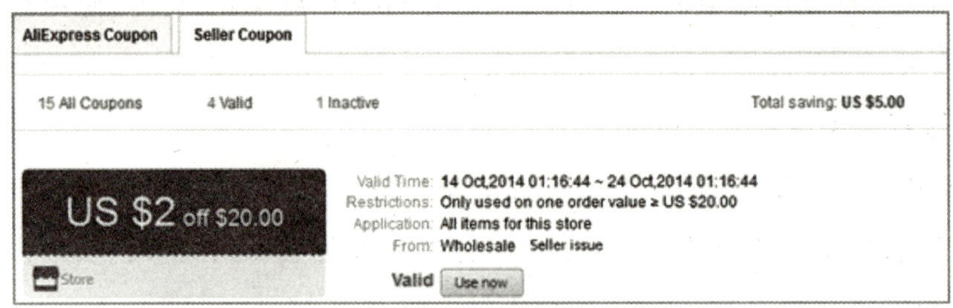


图 5－93　买家后台看到的优惠券展示界面

（5）关联营销

一个好的店铺不仅要有好的产品，更要把进来店铺的客户留住，因此，在店铺内设置关联营销是非常有必要的。

产品信息模块是一种新的管理产品信息的方式，卖家可以为产品信息中的公共信息（例如售后物流政策等）单独创建一个模块，并在产品中引用。如果您需要修改这些信息，只需要修改相应的模块即可。模块除了可以放置公共信息外，还可以放置关联产品（已上线）、限时打折等（开发中）。

关联营销具体操作步骤：

① 在“卖家后台”—“产品管理”—“模板管理”中，可以找到“产品信息模块”的入口。在这里可以对产品信息模块进行管理操作（见图 5－94）。

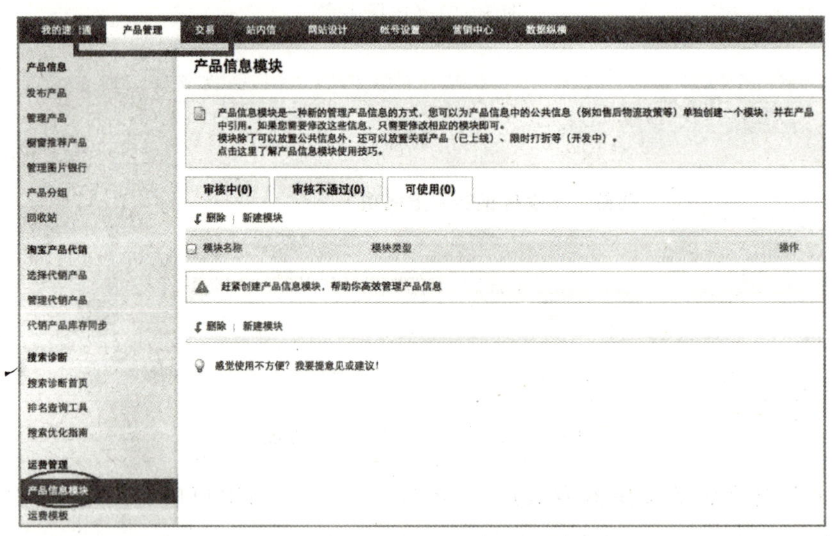


图 5－94　进入产品信息模板操作界面

② 进行模板创建(见图 5－95)。目前可以创建两种模块：关联产品模块，可以选择最多 8 个关联产品；自定义模块，通常可以填写一些公共信息，如公告、活动信息、物流售后政策等。

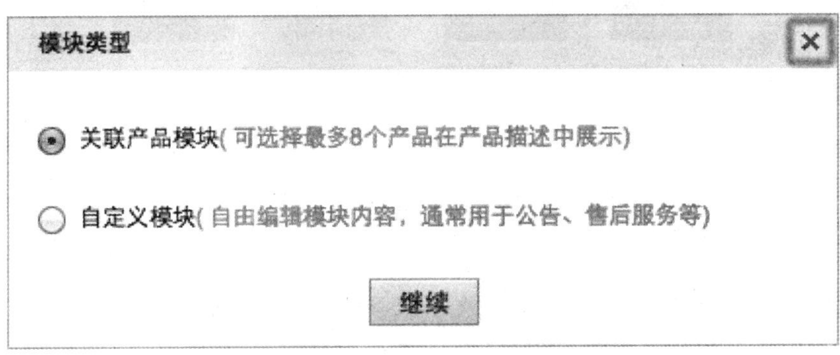


图 5－95 选择模块类型

③ 关联产品模块卖家需要填写模块标题(只能输入英文，用于区分模块)，选择至少一个产品(见图 5－96)。

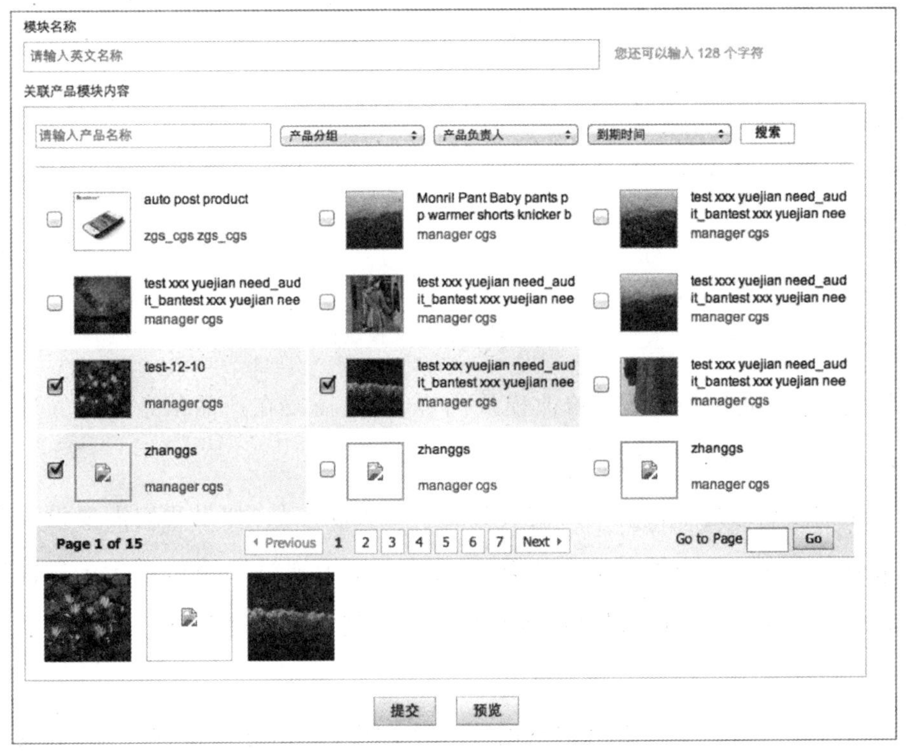


图 5－96 填写关联产品模块信息

④ 您可以点击“预览”来查看模块在买家前台实际展示的效果(见图 5－97)。

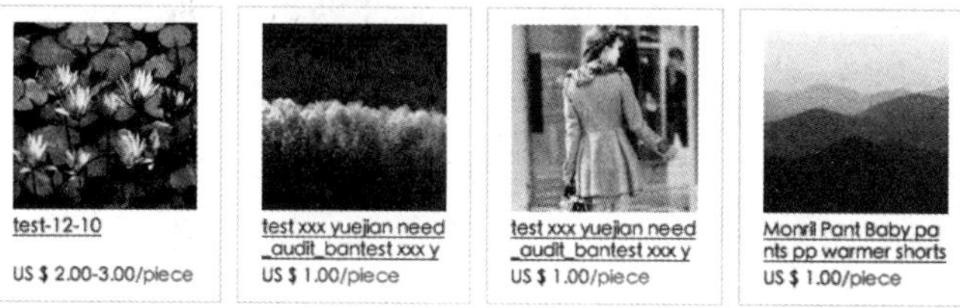


图 5－97　点击“预览”查看展示效果

⑤ 自定义模块卖家同样需要填写标题,跟关联产品不同的是,自定义模块中卖家可以随意填写自己需要的内容。需要注意的是,自定义模块的内容是需要通过审核的,只有审核通过的自定义模块才能够被使用(见图 5－98)。

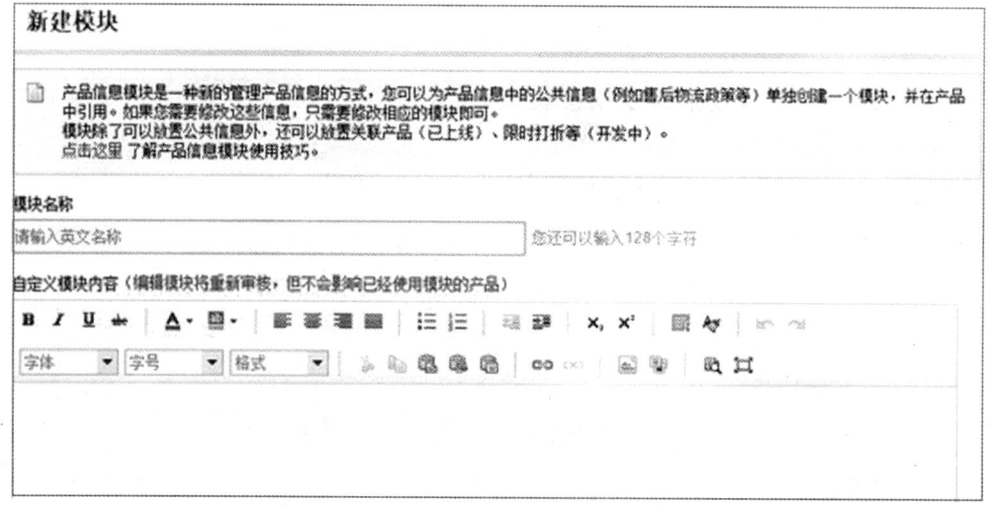


图 5－98　填写自定义模块信息

特别提醒：卖家如果需要修改模块内容,则只需要在产品信息模块管理页面中修改一次即可,所有的产品都会同步更新。

上述方法是通过平台自带的模块功能添加关联产品,如果我们需要设置不同的效果或者在详情页内加入更多的产品,那么就需要通过 Dreamweaver 软件设置好关联营销模块,设置好产品链接等将代码加入到宝贝描述页中。

(6) 橱窗推广

橱窗推荐位可以提升宝贝信息的曝光率,合理利用好橱窗推荐位,是吸引买家的关键。

目前获得橱窗有两种方式：

方式一：根据卖家的不同等级，系统会自动分配不同数量的橱窗推荐位作为奖励。

方式二：通过参加一定的活动，获取额外橱窗推荐位的奖励

**表 5－1 橱窗推荐位与卖家等级的关系**

| 橱窗 \ 等级 | 1 级 | 2 级 | 3 级 | 4 级 | 5 级 | 6 级 |
|---|---|---|---|---|---|---|
| 橱窗数量 | 1 个 | 5 个 | 10 个 | 20 个 | 25 个 | 30 个 |

表 5－1 是系统根据卖家等级自动分配的橱窗推荐位的数量，而发布到 120 个在线商品获得的 10 个橱窗位就只能通过活动形式额外获得的奖励。卖家可以按照自己的营销需要设定、替换自己的橱窗产品，从而保证最热销的产品拥有足够的曝光量。

橱窗推广的具体步骤为：

① 进入“我的速卖通”后台，进入“管理产品”页面(见图 5－99)。卖家只要通过勾选需要推荐的橱窗产品，通过批量橱窗推荐功能就可以将这些产品进行推荐(排序加权)，如图 5－100 所示。

图 5－99 选择橱窗推荐功能

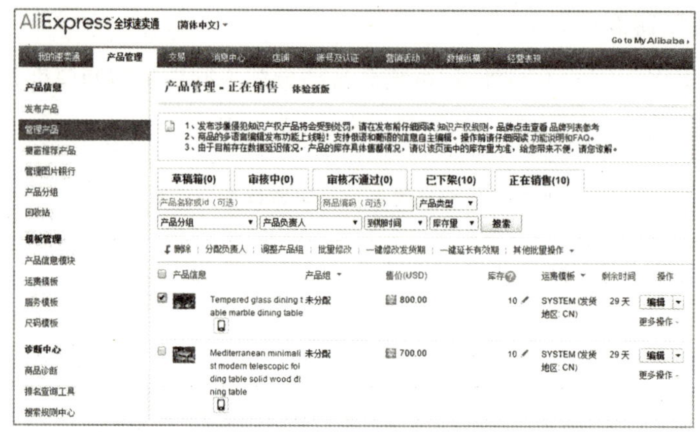

图 5 - 100　勾选推荐商品

②如果推荐的橱窗产品超过了可以使用的橱窗产品数，平台将会提醒卖家减少橱窗产品推荐数量，如图 5 - 101 所示。一旦产品设置了橱窗位，则不能取消。

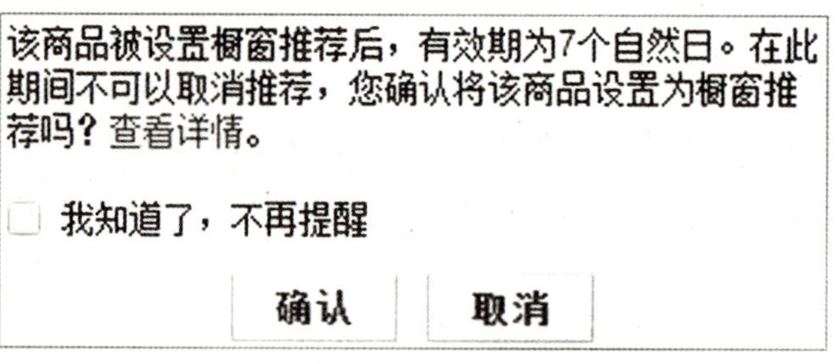

图 5 - 101　平台提醒超过橱窗推荐量

③为了让橱窗在升级后达到更大的效果，平台在北京时间 2015 年 5 月 4 日开始控制发放的橱窗数量。调整如图 5 - 102 所示。

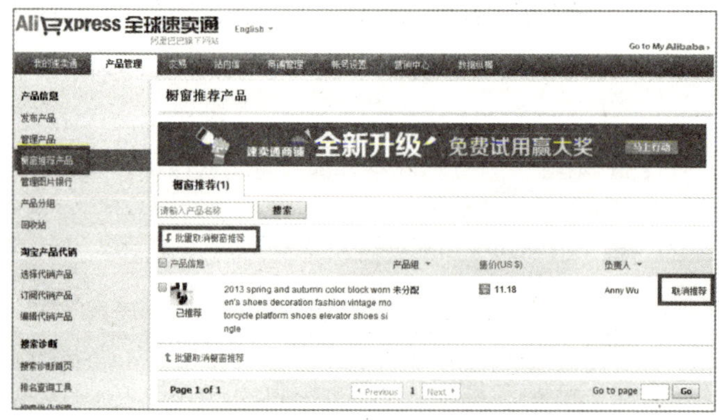

图 5 - 102　批量取消橱窗推荐产品

2. 站内营销

店铺除了店内的营销工具设置外，还可以通过站内营销参加速卖通平台活动等方式引流、出单、提高客单价等。

(1) 平台活动

通过点击营销活动，进入平台活动界面，可以查看是否有适合自己报名的活动，如图 5－103 所示。

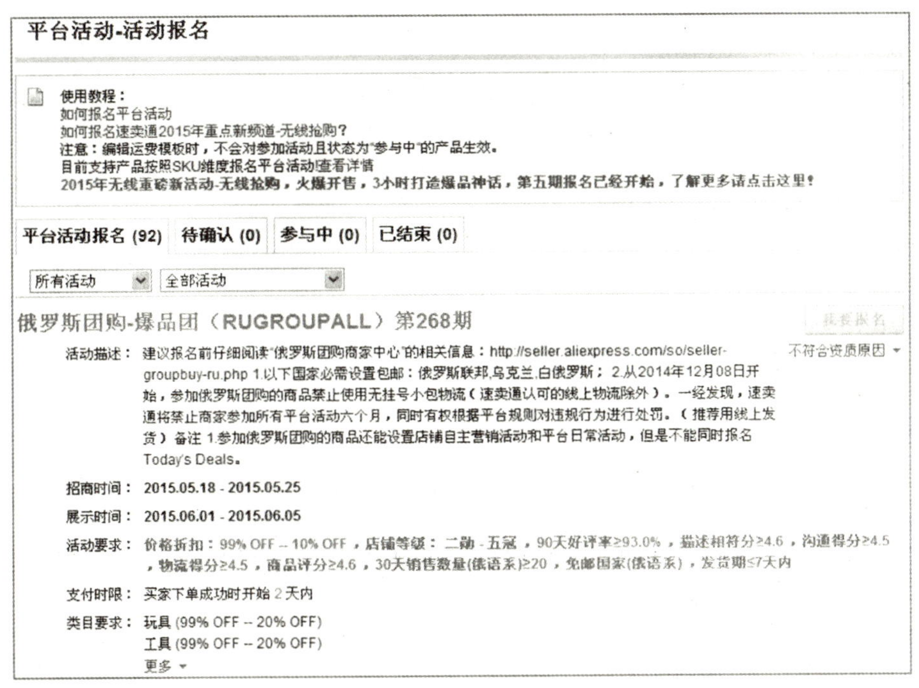


图 5－103　平台活动报名界面

如果不符合报名条件，会显示不符合的原因。一般情况下，参加平台活动需要有一定的销量和评价的产品，同时设置的折扣需要符合平台活动的相关要求，所选的产品和类目也要符合活动的要求。

如果符合平台活动报名条件，具体步骤如下：

① 登录"我的速卖通"，点击"营销活动"的"平台活动"。仔细阅读活动描述和活动其他信息后，选择感兴趣的活动，点击"我要报名"来报名参加，如图 5－104 所示。

② 阅读好活动信息后，点击"选择产品"来选择你要参加该活动的产品，如图 5－105所示。

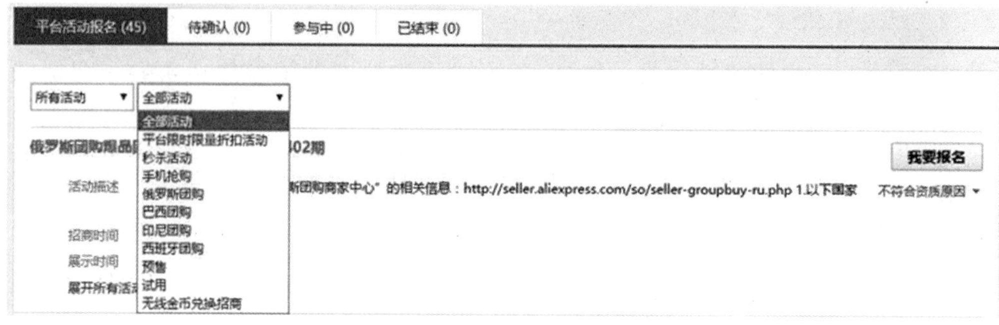


图 5－104　选择“我要报名”按钮

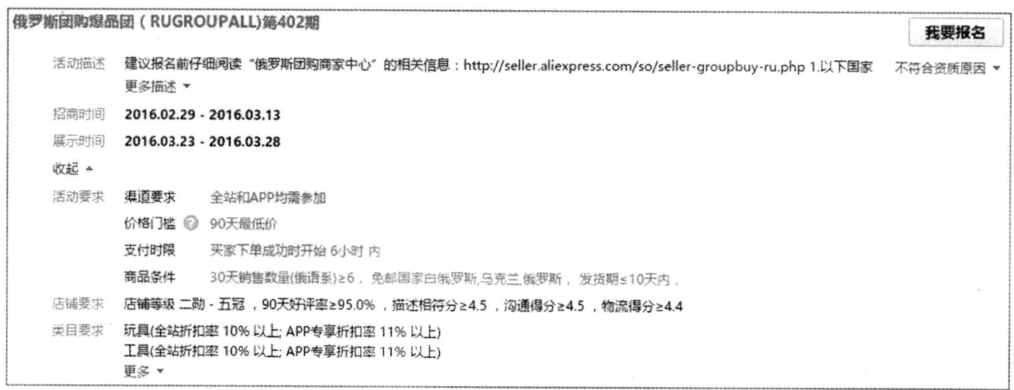


图 5－105　选择产品界面

③ 通过对产品列表右侧的小方框打钩，来实现对产品的选择。选择好产品后，点击“确定”按钮，如图 5－106 所示。

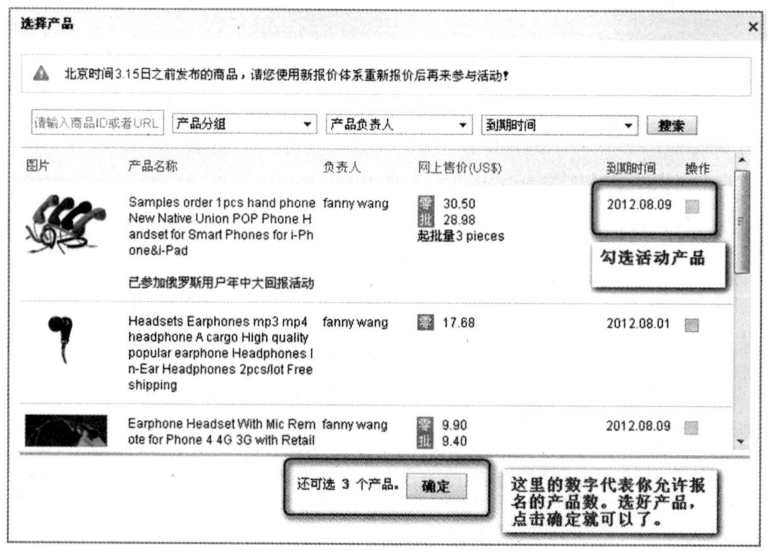


图 5－106　勾选活动产品

④ 填写折扣和库存信息,完成报名,如图 5-107 所示。

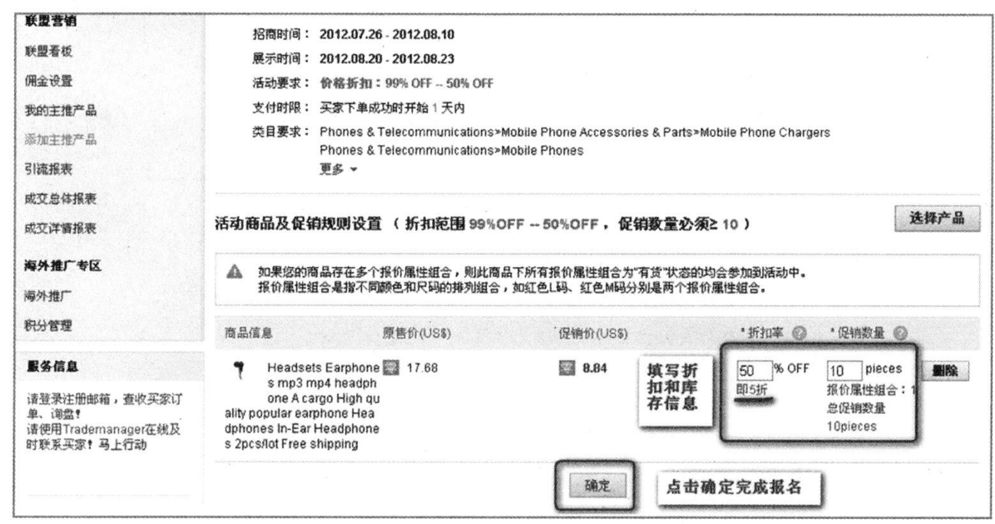


图 5-107 完成报名

⑤ 查看报名状态,再次点击“平台活动”,点击各个状态栏来查看活动报名的状态。“待确认”状态的活动说明此产品报名成功,正在等待审核;“待展示”状态的活动说明产品已经审核通过,正在等待展示 ;“参与中”状态的活动说明产品正在页面展示中,如图 5-108 所示。

图 5-108 查看报名状态

⑥ 活动展示查询需登录邮箱查询“活动报名结果通知”邮件，邮件中一般会有活动页面的链接,可直接点击查看,如图 5-109 所示。

**活动报名结果通知**

尊敬的 cn200126557：

感谢您参加全球速卖通的活动！

您的产品报名结果如下：

Green/Blue/Red Colors Wireless Wrap Around Headphones Digital Sport MP3 Player with TF card slot Free Shipping

您的以上产品已通过本次活动的审核，将于美国太平洋时间 2012-06-08 00-33-38－2012-06-08 00-33-38（活动开始时间-活动结束时间）期间在主站活动页面进行展示，请您及时关注，谢谢！

活动页面地址：

活动期间，所有报名成功的商品将均被冻结（无法编辑、下架、删除）。

图 5－109　活动展示查询

（2）速卖通大促

速卖通每年会推出大促活动，比如年中大促、“双 11”大促、新年大促等，在大促期间，每次都会有提前报名和预告，各位卖家也可以关注官方通知和速卖通后台，有符合条件的可以尽快报名。

3. 站外营销

（1）直通车推广

直通车推广是阿里巴巴全球速卖通平台会员通过自主设置多维度关键词，免费展示产品信息，通过大量曝光产品来吸引潜在买家，并按照点击付费的全新网络推广方式。简单来说，速卖通直通车就是一种快速提升店铺流量的营销工具。搜索结果的右侧有 5 个推广位，底部 4 个推广位。

直通车推广的具体步骤为：

① 首先进入直通车推广页面，如图 5－110 所示。

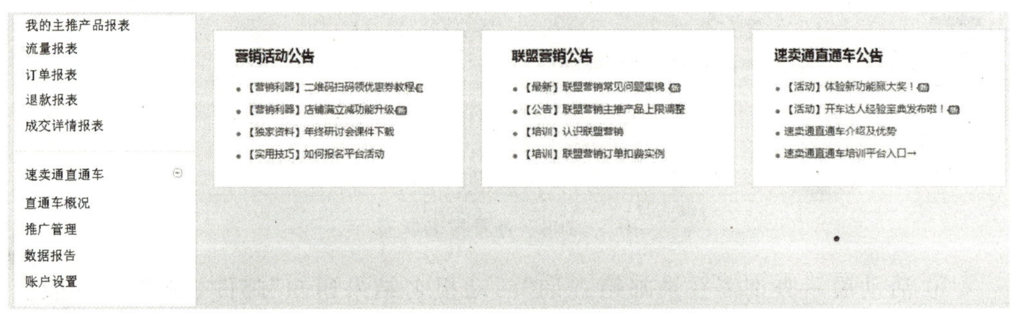


图 5－110　进入直通车推广页面

点击“直通车概况”，首次进入直通车页面时，点击“立即体验”激活“直通车服务”，如图 5－111 所示。完成激活后，可点击“学习速卖通直通车”了解直通车操作要点。

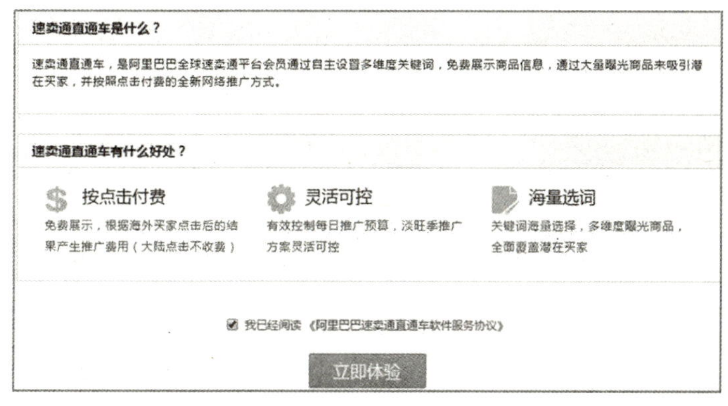


图 5－111　账户充值

图 5－112　速卖通直通车首页左侧界面

② 进入速卖通直通车首页，如图 5－112 所示。在“账户余额”右侧点击“充值”，可选择充值 500、1000 或 5000 元。完成充值后，返回首页，点击“推广管理”。

③ 点击“新建计划”选择一个计划类型，或选择填写推广计划名称。这里以选择一个重点推广计划为例，如图 5－113 所示。

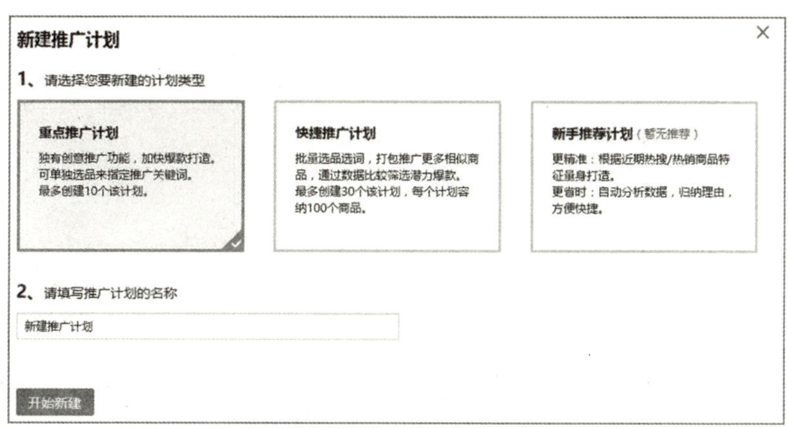


图 5－113　新建推广计划

④ 选择后，进入产品选择页面，挑选要做直通车推广的产品，如图 5－114 所示。

图 5－114　挑选直通车推广产品

⑤ 以选择第一个商品为例，进入后进行出价选词，如图 5－115 所示。

图 5－115　选择关键词

⑥ 在这里会显示所有该产品相关的关键词，可以根据推荐推广评分选择添加关键词，也可以选择全部添加。添加完成后如图 5－116 选框所示。

图 5－116　添加完成后的关键词界面

⑦ 在该页，选框蓝色部分是选择关键词出价的方式，可以是按市场平均价，也可以是底价+0.01 的方式出价。这里默认按照市场平均价出价，然后点击下一步，可修改关键词出价，也可新建推广单元，如图 5－117、图 5－118 所示。

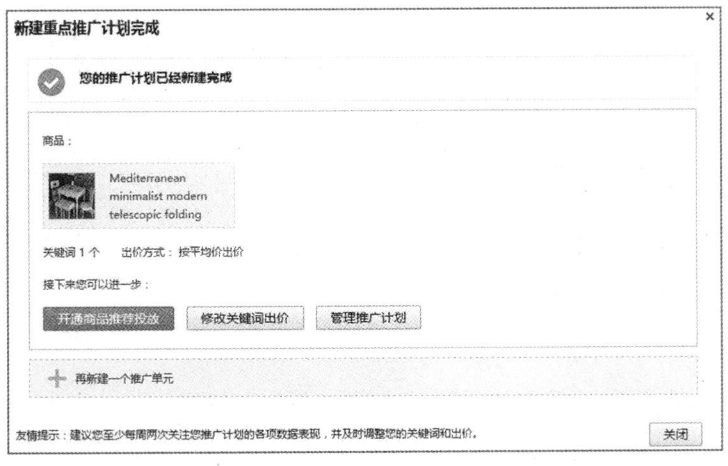


图 5－117　修改或新建关键词出价界面

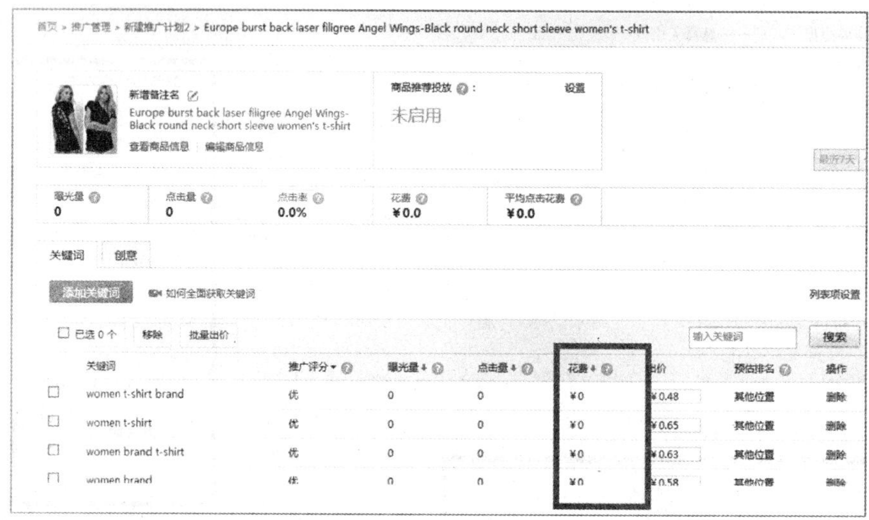


图 5－118　修改关键词出价操作

⑧ 设置完成后，可以继续新建推广计划，如图 5－119 所示。

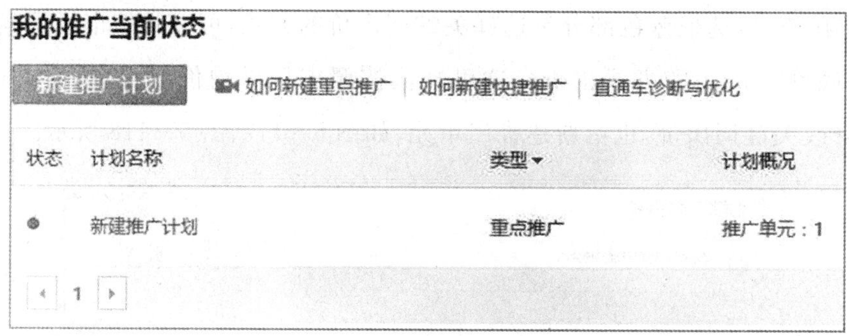


图 5－119　继续新建推广计划

⑨ 点击图 5－115 中“调整”，设置每次账户消耗上限，如图 5－120 所示。

（2）展示条件

① 首先是搜索第一页右侧的 5 个位置，这 5 个位置必须符合以下展现条件：推广评分为优和具有竞争力的出价。

② 其次是底部 4 个推广位和第二页以后的右侧推广位，展示条件为推广评分为良或以上和有竞争力的出价。

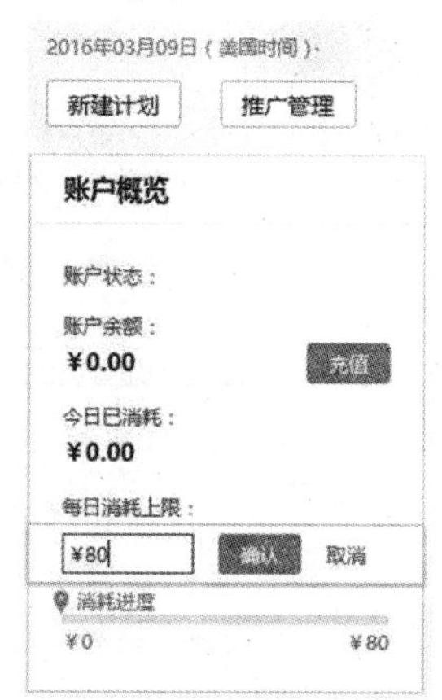


图 5－120　设置账户消耗上限

(3) 排序规则

排序位置的影响因素是推广评分和出价。推广评分下,又有几个影响因素即,商品信息质量、商品和关键词的相关性、买家认可度和账户质量。

这是直通车后台的关键词界面,排名位置主要有推广评分和出价决定。眼尖的掌柜应该已经发现,两个优词加上有竞争力的出价都排名在第一页右侧,良词的排名在其他位置 这里要提醒卖家,排名位置是实时都有可能变化的,因为系统会根据推广评分和出价进行调整(见图 5-121)。

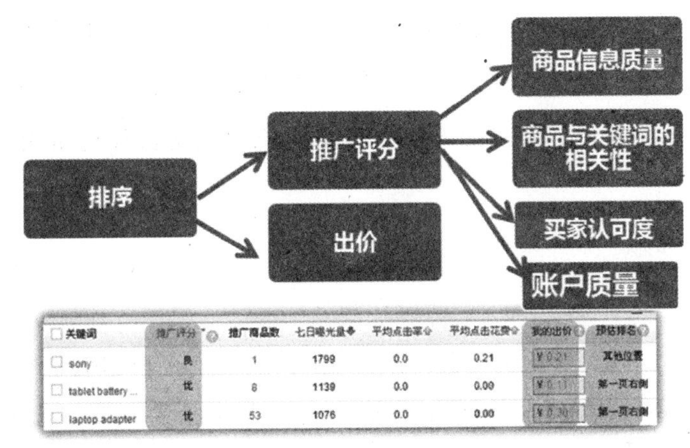


| 关键词 | 推广评分 | 推广商品数 | 七日曝光量 | 平均点击率 | 平均点击花费 | 我的出价 | 预估排名 |
|---|---|---|---|---|---|---|---|
| sony | 良 | 1 | 1799 | 0.0 | 0.21 | ¥0.21 | 其他位置 |
| tablet battery ... | 优 | 8 | 1139 | 0.0 | 0.00 | ¥0.11 | 第一页右侧 |
| laptop adapter | 优 | 53 | 1076 | 0.0 | 0.00 | ¥0.30 | 第一页右侧 |

系统会实时根据推广评分和出价进行调整

图 5-121 直通车后台关键词界面

(4) 扣费规则

首先,直通车是根据点击扣费的,光展现不会产生扣费;第二,我们只针对国外的有效点击扣费,中国大陆地区及尼日利亚等地点击不收费,无效重复点击不收费 ;第三,具体扣费额度与卖家的推广评分和出价相关;第四,扣费小于等于出价。

通过以上规则的介绍,大家了解到直通车是一种通过关键词精准投放大量曝光产品的工具,它的作用在于提升整个店铺的流量。

(5) 选词技巧

① 从热搜词词表、飙升词词表中,按转化率或者点击率降序,筛选出与产品相关性高的关键词;可以从客户页面搜索框中摘取联想词,也可以从搜索结果页中摘取热搜词。

② 从客户页面搜索框中摘取联想词。

（6）联盟营销

① 定义

速卖通联盟营销是一种“按效果付费”的推广模式。参与到联盟营销的卖家，只需为联盟网站带来的成交订单支付联盟佣金。联盟营销为卖家带来站外的流量，只有成交才需付费。

② 作用

加入速卖通联盟之后，商品除了现有的渠道进行曝光外，站内会在速卖通的联盟专属频道能得到额外曝光，站外会得到更多额外的流量，带来的用户只有下单后卖家才需要支付佣金。加入联盟营销无须预先支付任何费用，推广过程完全免费。

③ 具体步骤

a. 加入速卖通联盟。

在“我的速卖通”—“营销中心”—“联盟营销”中，点击确认服务协议，就成功加入了速卖通联盟营销。一旦加入联盟，那么整店所有商品都变成联盟商品，同时，系统会自动根据卖家设置的默认联盟佣金比例为卖家所有的商品设置联盟佣金。如果希望推广的效果更好，建议卖家根据产品的利润空间调整联盟佣金比例。

特别提醒：所有速卖通的注册卖家都有参加联盟营销的权利。不过，如果曾经选择退出联盟营销，那么只能在退出的那天起 15 天之后才能再次加入；加入联盟推广的 15 天后，卖家可以退出。卖家退出速卖通联盟推广之后仍然有 30 天的代码有效期。在 30 天内创建的订单交易，交易成功之后您还是有可能会支付佣金，30 天之后再创建的交易则不会进行扣款了。退出后，在“我的速卖通”—“营销中心”—“联盟营销”中，看到加入联盟的界面，那么就说明你已经退出了；如果看到的界面是联盟看板的界面，说明退出联盟未成功，需要重新操作。

b. 卖家一旦加入联盟，那么整店所有商品都变成联盟商品，联盟商品的佣金比率主要分如下几档，如表 5－2 所示。

表 5-2　联盟营销佣金比率

| 联盟产品 | 定　　义 |
| --- | --- |
| 所有加入联盟的商品 | 卖家一旦加入联盟，那么整店所有商品，都变成联盟商品都会有一个默认佣金比率 |
| 店铺下的类目商品 | 卖家可以对店铺下所有产品对应的类目设置类目佣金比率，类目佣金比率可以参考类目佣金列表 |
| 主推商品 | 可以对店铺里的部分商品设置为主推商品，在能接受的范围内，主推商品的佣金比率一定不能太低 |

c. 推广路径。

有一个专门针对联盟产品的专属频道，这个频道主要用于展示联盟的产品，加入联盟的产品除了原来的渠道进行曝光外，在这个频道也能得到曝光；同时还会有一些专门针对联盟产品的活动推广页面，联盟产品在这些活动页面也能得到曝光。

每个加入联盟营销的产品都有曝光的机会，平台会以各种方式向联盟网站提供这些产品。买家可以通过联盟网站进行推广的搜索引擎、付费广告、社区论坛、邮件营销渠道看到商品广告。

d. 联盟和直通车区别。

付费模式上，联盟是按成交进行付费，直通车是按点击进行付费。展示位置上，联盟除了现有的站内渠道展示外，在联盟产品专属频道会得到额外曝光；在站外也能得到更多的曝光。直通车在现有的站内渠道得到曝光。

e. 联盟订单判定规则。

买家从联盟网站，通过特定格式的推广链接，访问到速卖通时，平台会识别这些买家。在 30 天内，如果买家对卖家店铺中的产品下单，并且这笔单最终交易完成，才算一个有效订单。

买家在购买前点击过联盟推广链接进入，卖家自己再发店铺或者商品的链接，成交了还是会计算联盟佣金的。目前推广链接不会被其他的非推广链接覆盖，并且在 30 天内都有效，即买家点击后当天没有购买，30 天内购买店铺任何商品都是会计算联盟佣金的。

f. 扣费规则。

如果商品是联盟商品,但是未做过任何佣金设置,那么会按照默认佣金比率进行计算;如果某个商品已设置为主推产品,则按照主推产品的联盟佣金比率进行计算;如果该商品对应的类目进行了佣金设置,则按照该商品所属的类目联盟佣金比率进行计算;一个订单中的多个商品,将单独计算联盟佣金。订单中的运费不算在联盟佣金之内。联盟佣金的扣除在联盟订单交易完成时进行结算。如果用户即设置了默认佣金,还设置了类目佣金和主推产品佣金,那么优先生效主推产品佣金。

g. 联盟流量数据查看。

店铺流量报表如图 5－122 所示。

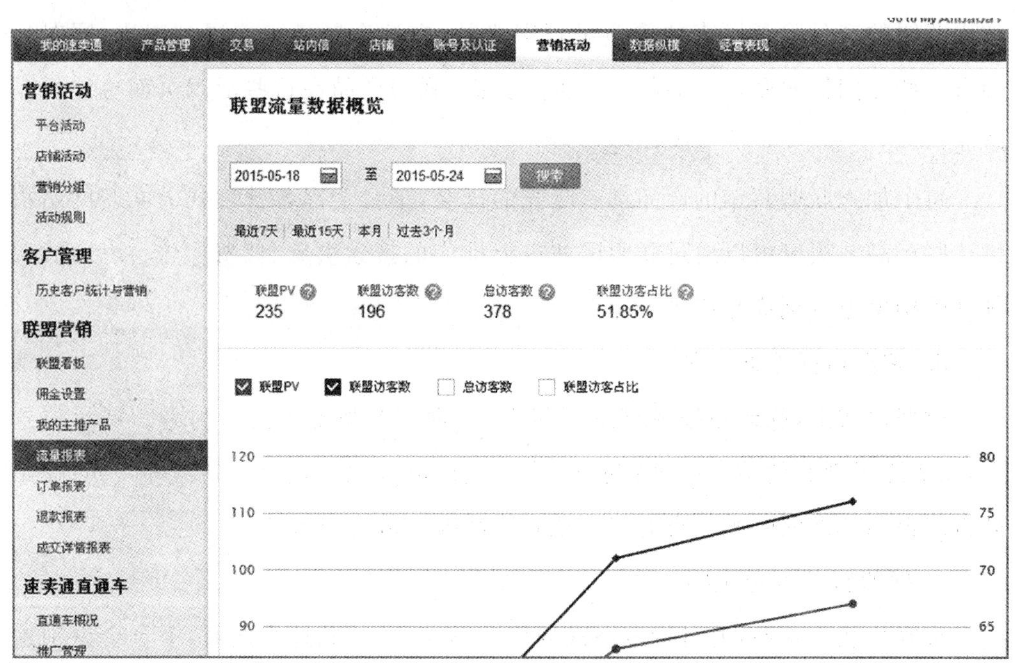


图 5－122　店铺流量报表

订单报表如图 5－123 所示。

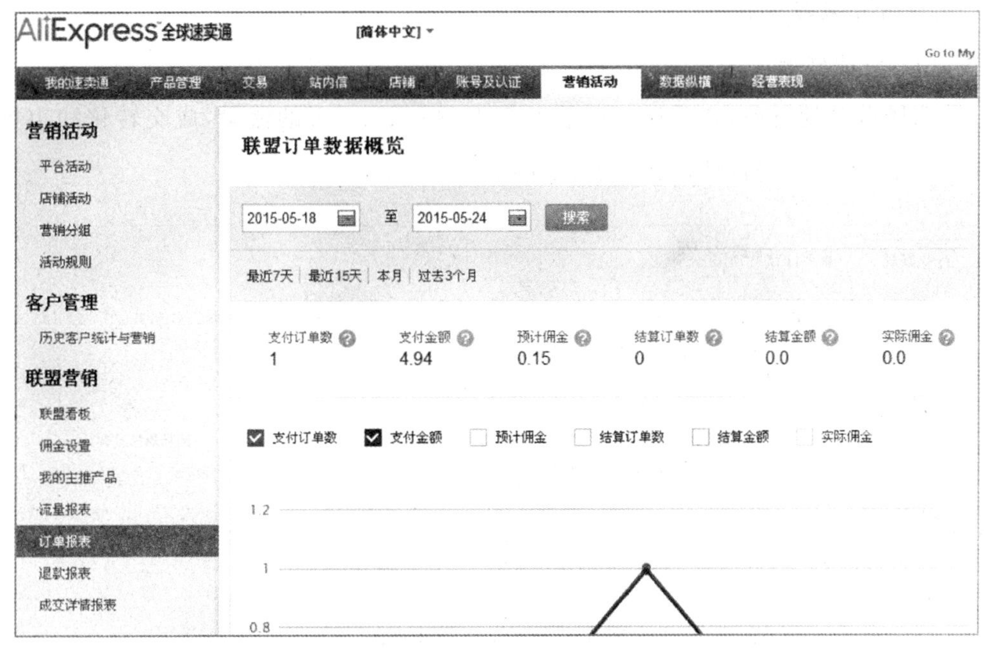


图 5－123　店铺订单报表

## 第五节　数据分析

不论对数据是否敏感，卖家一定会关注自己每天的订单数和商品的销售量。想要做好速卖通，让订单数和销量上升，有很多数据是卖家不得不关注的。

1. 数据分析的重要性

从目前中国整个电子商务行业来看，真正关注数据分析的企业并不是非常多，主要原因可能包括这几个方面：缺乏对数据重要性的认识；企业预算投入不足；数据分析人才缺乏；企业还没有此类需求；数据量不多，不足以分析等。国外的电子商务企业一般都有一两个人专门做数据分析的工作，这属于战略上的投资。

对店铺做数据分析，主要是店铺运营数据数字、用户数据、各种转化率数据、广告投放数据做出具体的分析，以调整店铺的产品结构、营销策略，更好地销售产品。

2. 行业数据分析

(1) 行业概况

选择自己的行业，查看该行业最近 7 天/30 天/90 天的流量，成交转化和市场规模数据，了解市场行情变化情况，如图 5-124 所示。

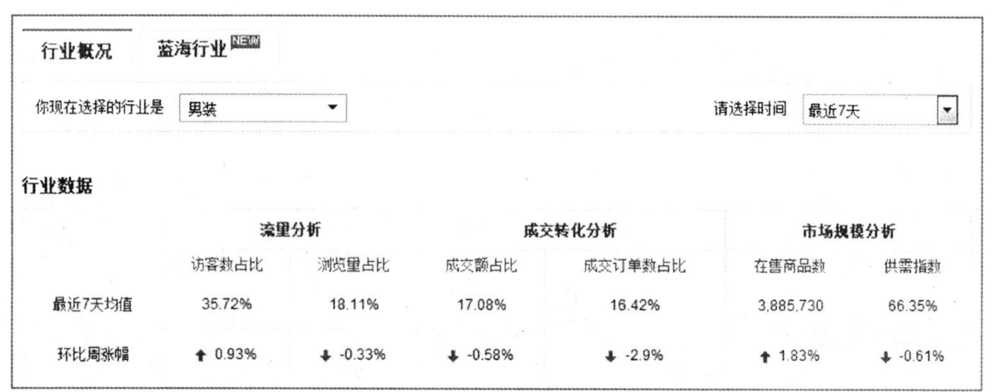

行业概况　蓝海行业 NEW

你现在选择的行业是　男装　　请选择时间　最近7天

行业数据

| | 流量分析 | | 成交转化分析 | | 市场规模分析 | |
|---|---|---|---|---|---|---|
| | 访客数占比 | 浏览量占比 | 成交额占比 | 成交订单数占比 | 在售商品数 | 供需指数 |
| 最近7天均值 | 35.72% | 18.11% | 17.08% | 16.42% | 3,885,730 | 66.35% |
| 环比周涨幅 | ↑ 0.93% | ↓ -0.33% | ↓ -0.58% | ↓ -2.9% | ↑ 1.83% | ↓ -0.61% |

图 5-124　了解行业概况

(2) 趋势数据明细

查看选择行业在选定时间段内的明细数据情况，可以点击右上方下载该行业的数据，进行更进一步的数据分析，如图 5-125 所示。

行业趋势

趋势图　趋势数据明细　　下载表格

| | 流量分析 | | 成交和转化分析 | | 市场规模分析 | |
|---|---|---|---|---|---|---|
| | 访客数占比 | 浏览量占比 | 成交额占比 | 成交订单占比 | 在售商品数 | 供需指数 |
| 2013-09-14 | 36.43% | 18.44% | 17.01% | 16.63% | 3,797,822 | 66.37% |
| 2013-09-15 | 36.31% | 19.06% | 18.1% | 17.38% | 3,813,795 | 66.53% |
| 2013-09-16 | 35.69% | 18.33% | 17.56% | 16.45% | 3,896,579 | 67.08% |
| 2013-09-17 | 35.33% | 17.78% | 16.41% | 16.03% | 3,981,385 | 66.36% |
| 2013-09-18 | 35.31% | 17.58% | 15.91% | 15.29% | 3,955,826 | 66.6% |
| 2013-09-19 | 35.46% | 17.55% | 17.56% | 16.83% | 3,954,868 | 65.71% |
| 2013-09-20 | 36.03% | 17.59% | 16.81% | 15.58% | 4,155,053 | 66.46% |

1　　Go to Page　Go

图 5-125　行业趋势数据明细

(3) 趋势图

选择跟相关行业进行数据趋势对比,可以分别从访客数占比、成交额占比、在线商品数占比、浏览量占比、成交订单数占比和供需指数进行对比分析,如图 5－126 所示。

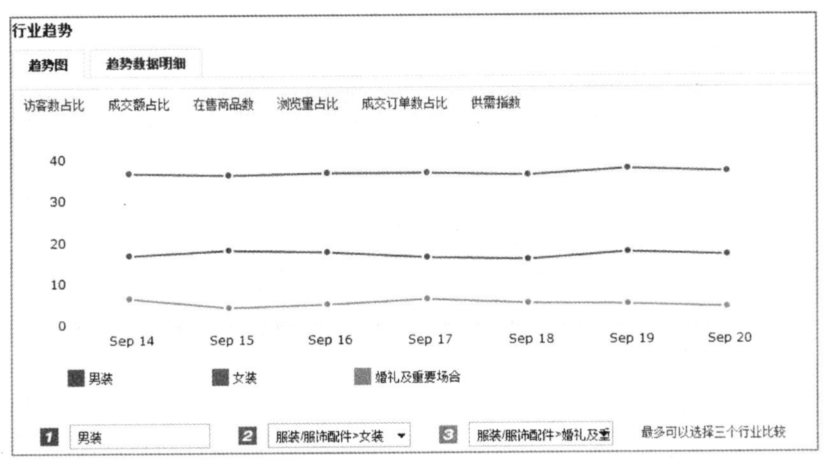


图 5－126 行业趋势图

(4) 行业国家分布数据

根据选定行业的访客数和成交额的分布情况,在商品发布及运费设置时,做更多的针对性操作,让目标国家的买家可以更加方便地购买商品,提升商品的转化率,如图 5－127 所示。

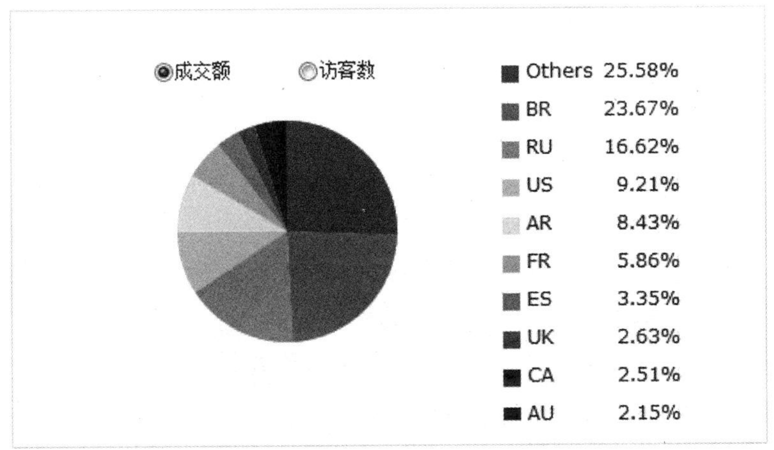


图 5－127 行业国家分布数据

（5）蓝海行业数据

① 根据一级行业蓝海程度，选择适合品类销售，蓝色越深，表示竞争越小，如图 5－128 所示。

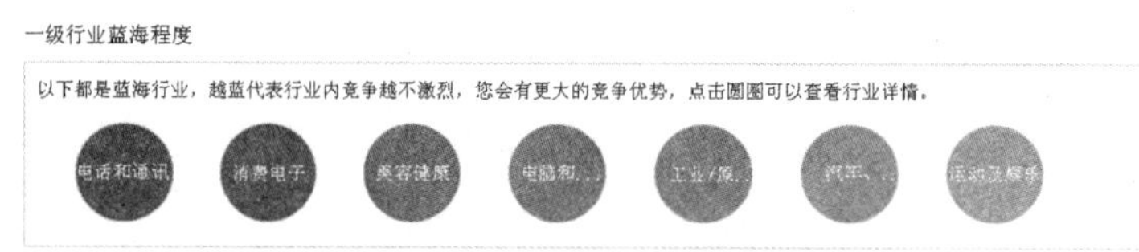


图 5－128　蓝海行业数据

② 通过蓝海行业细分，选择自身优势蓝海行业，发布对应商品，赚取更多商机；对应行业的供需指数越低，说明竞争度越小，出单机会越大，如图 5－129 所示。

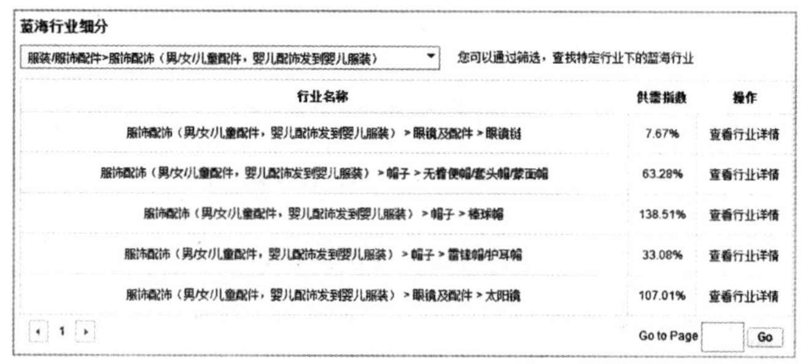

蓝海行业细分

服装/服饰配件>服饰配饰（男/女/儿童配件，婴儿配饰发到婴儿服装）　您可以通过筛选，查找特定行业下的蓝海行业

| 行业名称 | 供需指数 | 操作 |
|---|---|---|
| 服饰配饰（男/女/儿童配件，婴儿配饰发到婴儿服装）>眼镜及配件>眼镜链 | 7.67% | 查看行业详情 |
| 服饰配饰（男/女/儿童配件，婴儿配饰发到婴儿服装）>帽子>无檐便帽/套头帽/蒙面帽 | 63.28% | 查看行业详情 |
| 服饰配饰（男/女/儿童配件，婴儿配饰发到婴儿服装）>帽子>棒球帽 | 138.51% | 查看行业详情 |
| 服饰配饰（男/女/儿童配件，婴儿配饰发到婴儿服装）>帽子>雷锋帽/护耳帽 | 33.08% | 查看行业详情 |
| 服饰配饰（男/女/儿童配件，婴儿配饰发到婴儿服装）>眼镜及配件>太阳镜 | 107.01% | 查看行业详情 |

1　Go to Page　Go

图 5－129　蓝海行业细分数据

3．选品专家

根据国家和行业的组合，选择出热搜和热销的商品品类；在选择好之后，可以根据竞争度的大小，选择适合的商品，并且根据热卖国家特点发布对应商品，如图 5－130所示。

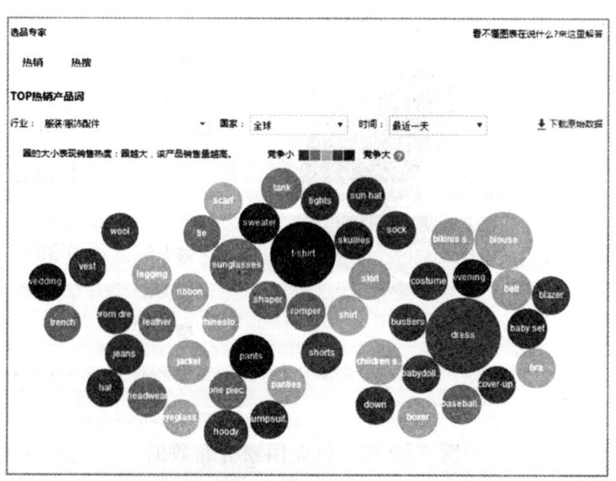


图 5－130　选品专家界面

针对选择的热卖品类，查看关联属性的组合，在发布商品时完整填写属性组合，可以优化商品的曝光转化率，如图 5-131 所示。

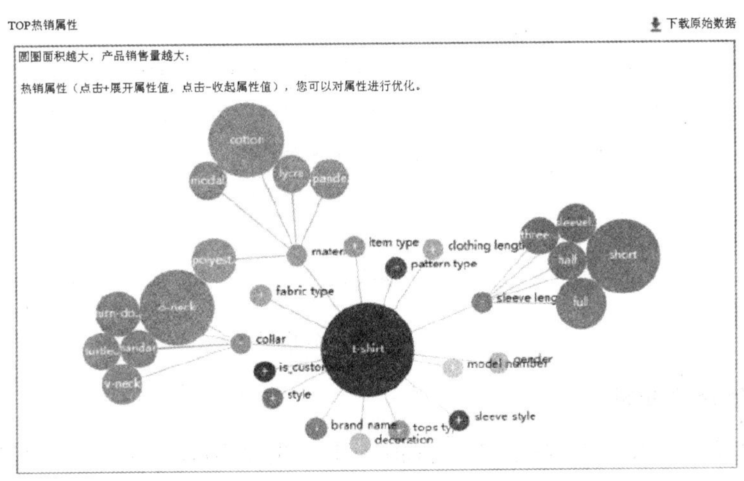


图 5-131　热销产品属性

除了本身商品的销量以外，查看买家关联产品的购买习惯，选择竞争度适中的关联产品，进行关联商品推荐，提升店铺客单价，如图 5-132 所示。

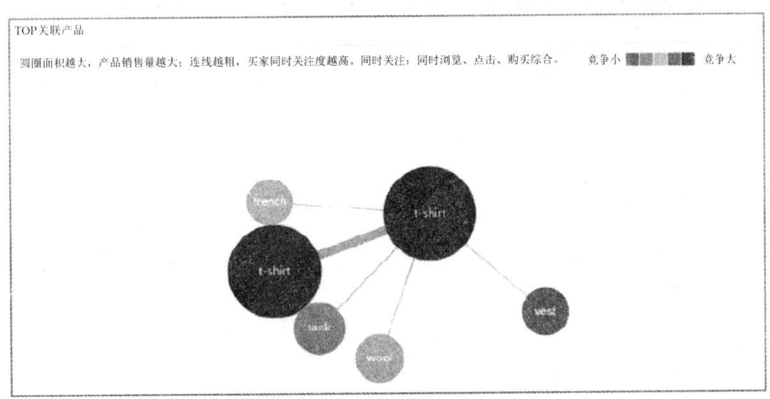


图 5-132　关联产品数据

4. 关键词分析

买家用哪些关键词搜商品，我们可以通过查询买家搜索关键词，可分行业、分国家查询最近 7 天或最近 30 天买家搜索的热门词、飙升词等，还可下载原始数据，如图 5-133 所示。

搜索词分析　　看不懂图表在说什么?来这里解答

热搜词　飙升词　零少词

行业：全部行业　服装/服饰配件　国家：全球　时间：最近7天

搜索：请输入搜索词　搜索　　下载原始数据

| 搜索词 | 是否品牌原词 | 搜索人气 | 搜索指数 | 点击率 | 成交转化率 | 竞争指数 | TOP3热搜国家 |
|---|---|---|---|---|---|---|---|
| winter dress | N | 5,613,486 | 50,779,872 | 25.85% | 0.17% | 5 | RU,BY,UA |
| women handbag | N | 2,728,501 | 33,925,411 | 26.70% | 0.28% | 20 | RU,BY,UA |
| earrings | N | 3,309,604 | 28,275,777 | 19.57% | 0.71% | 23 | RU,BR,BY |
| new 2014 | N | 4,276,754 | 25,808,524 | 12.78% | 0.16% | 11 | RU,BY,UA |
| women messenger bags | N | 14,617,239 | 25,726,458 | 11.93% | 0.15% | 3 | BR,IN,RU |

图 5－133　搜索词分析界面

5. 店铺经营分析

要想知道自己的店铺在前期的营销等手段的促销设置下，经营状况如何，可以通过实时查看当天（美国太平洋时间）主营行业实时交易额排名、店铺流量和销量数据（包括曝光量、浏览量、访客数、订单数、转化率、成交金额等）及上周同比数据，及时了解店铺流量变化，判断商品信息优化、营销活动等调整带来的直接效果。还可以在流量集中的时段调整客服工作时间及直通车投放时间。

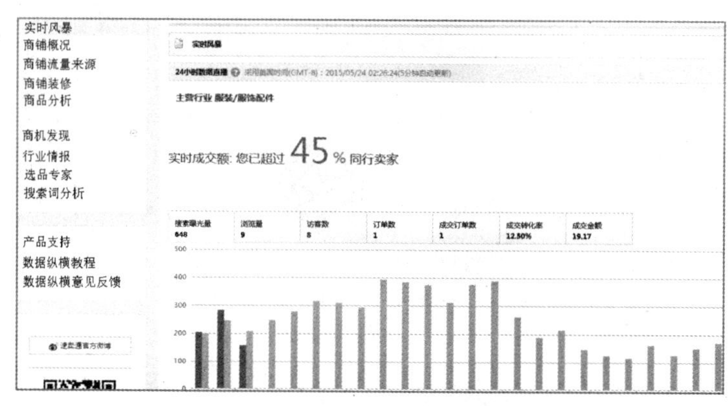


图 5－134　实时数据

通过“数据纵横”栏中的实时风暴，可以随时查看每天每时店铺的数据和经营状况、订单情况、成交转化率、成交金额、访客数、曝光量、浏览量等等。

6. 店铺概况

（1）店铺排名

近 30 天商铺同行成交分层排名，清晰了解当前店铺排名情况，如图 5－135 所示。

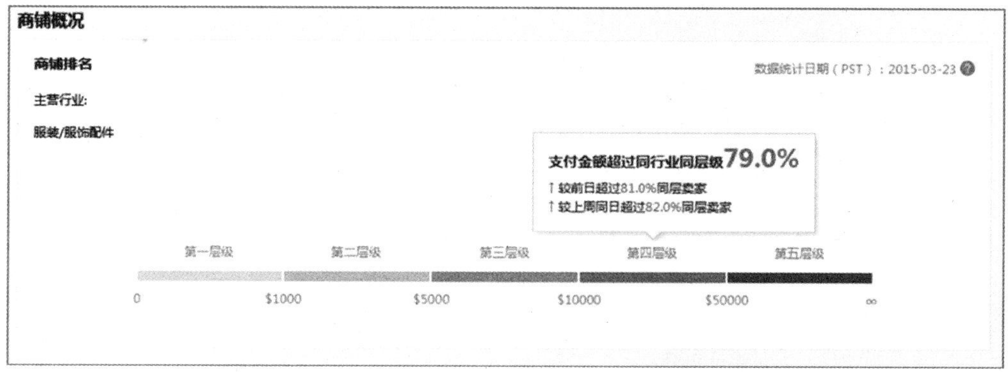


图 5－135　商铺排名界面

（2）商铺经营情况

全店铺与无线成交数据分析，明确店铺提升点，如图 5－136 所示。

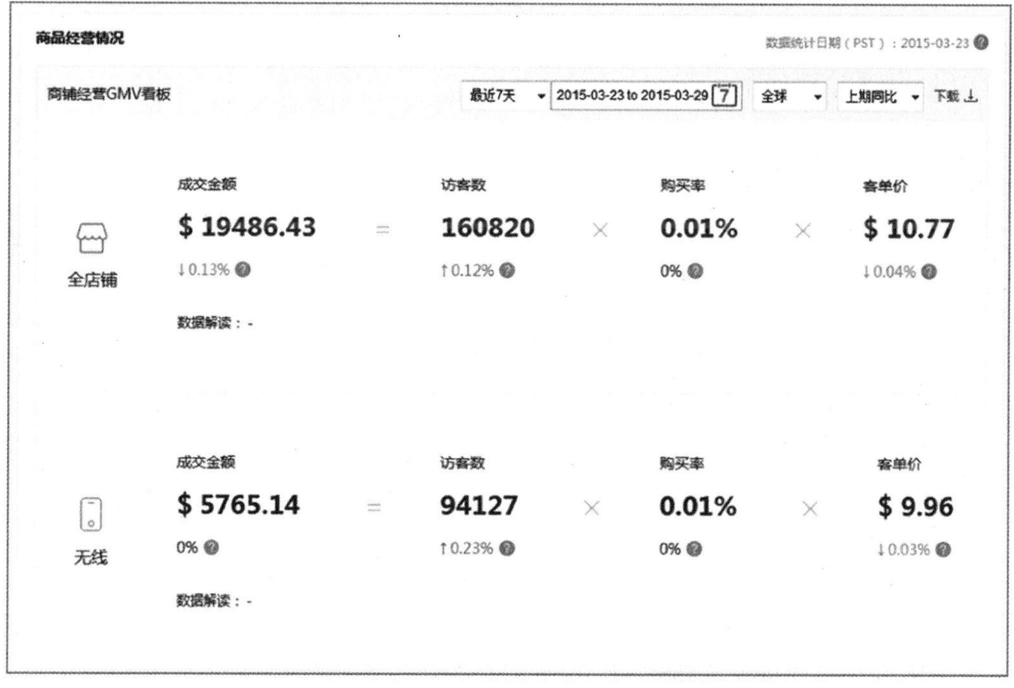


图 5－136　商铺经营情况界面

（3）国家分布及趋势与平台分布及趋势

分国家与平台流量与交易趋势，国家特色化运营参考，如图 5－137 所示。

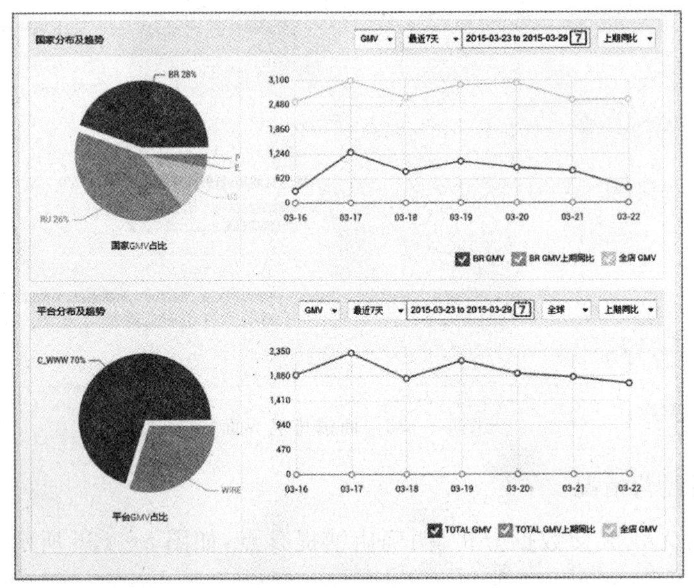


图 5－137　国家分布及趋势与平台分布及趋势

(4) 访客地域分布

可以查看所选时间段内，访问自己商铺的买家的地域分布，并根据目标买家国家，选择适合销售的产品，设定合理的物流方式。

7. 店铺流量来源分析

(1) 查看本店最近某 1 天/最近 7 天/最新 30 天的流量来源渠道，了解本店流量来源分布，对于带来流量较少的渠道可做针对性提升，如图 5－138 所示。

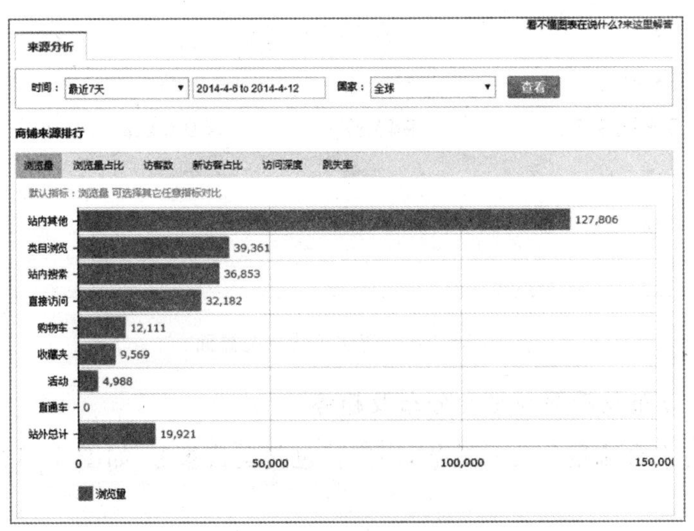


图 5－138　店铺流量来源分析

（2）可以查看和下载详细数据，点击渠道后趋势小图标，可以查看该渠道趋势详情，如图 5－139 所示。

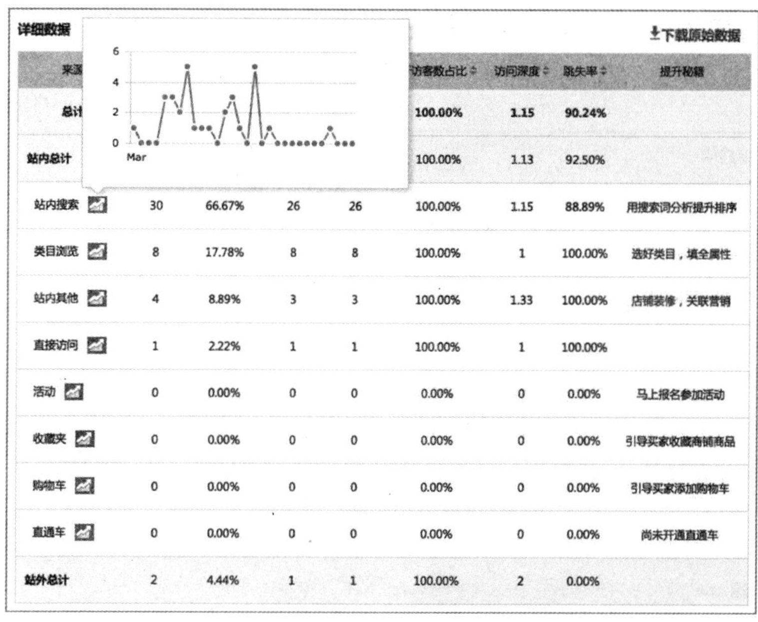

详细数据　　　　下载原始数据

| 来源 | | | | | 访客数占比 | 访问深度 | 跳失率 | 提升秘籍 |
|---|---|---|---|---|---|---|---|---|
| 总计 | | | | | 100.00% | 1.15 | 90.24% | |
| 站内总计 | | | | | 100.00% | 1.13 | 92.50% | |
| 站内搜索 | 30 | 66.67% | 26 | 26 | 100.00% | 1.15 | 88.89% | 用搜索词分析提升排序 |
| 类目浏览 | 8 | 17.78% | 8 | 8 | 100.00% | 1 | 100.00% | 选好类目，填全属性 |
| 站内其他 | 4 | 8.89% | 3 | 3 | 100.00% | 1.33 | 100.00% | 店铺装修，关联营销 |
| 直接访问 | 1 | 2.22% | 1 | 1 | 100.00% | 1 | 100.00% | |
| 活动 | 0 | 0.00% | 0 | 0 | 0.00% | 0 | 0.00% | 马上报名参加活动 |
| 收藏夹 | 0 | 0.00% | 0 | 0 | 0.00% | 0 | 0.00% | 引导买家收藏商铺商品 |
| 购物车 | 0 | 0.00% | 0 | 0 | 0.00% | 0 | 0.00% | 引导买家添加购物车 |
| 直通车 | 0 | 0.00% | 0 | 0 | 0.00% | 0 | 0.00% | 尚未开通直通车 |
| 站外总计 | 2 | 4.44% | 1 | 1 | 100.00% | 2 | 0.00% | |

图 5－139　下载店铺流量原始数据

（3）点击“站内其他”或“活动”，可以看到详细来源数据及 URL，如图 5－140 所示。

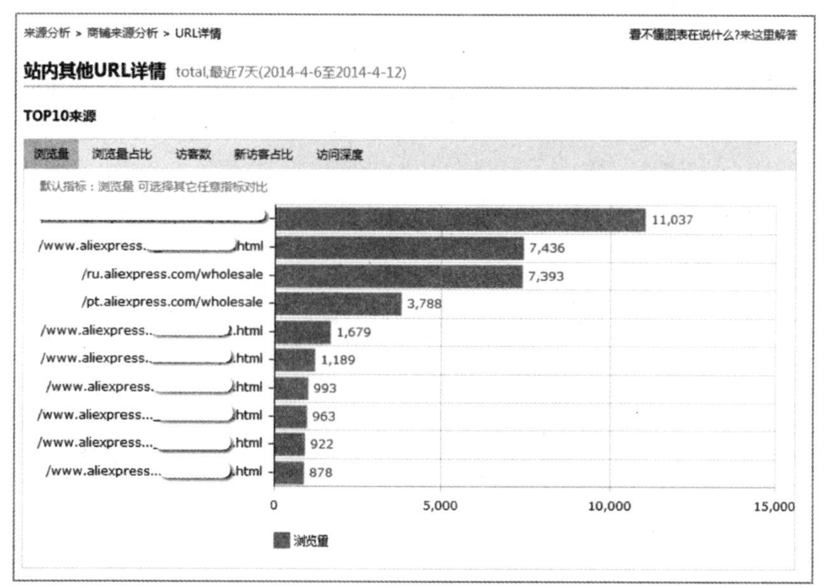


图 5－140　查看来源数据

8. 店铺装修流量分析

(1) 查看本店最近 30 天内某 1 天/最近 7 天/最新 30 天的流量、访客量、访问时间及深度、跳失率及购买率的趋势。可以通过对比装修时间点前后的数据变化判断装修效果，并进行优化，如图 5－141 所示。

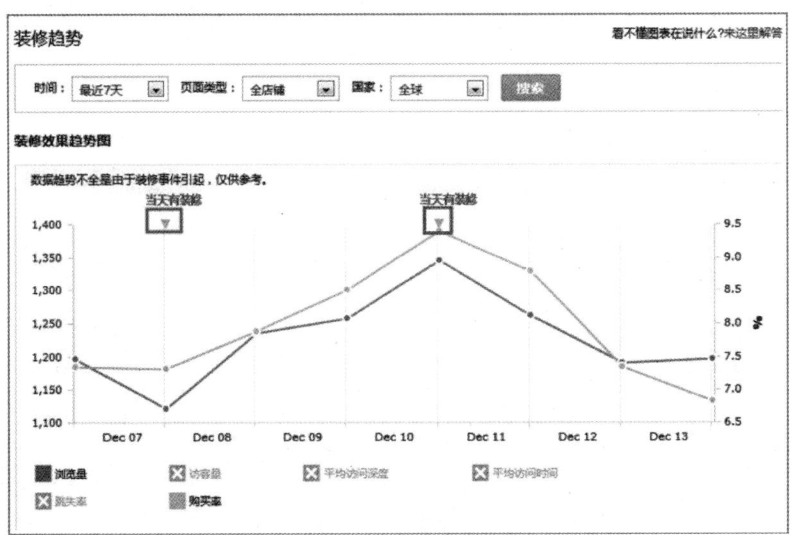


图 5－141　装修效果趋势

(2) 可以查看每天的详细数据，还可以点击“下载原始数据”按钮下载详细数据做进一步分析，如图 5－142 所示。

装修事件数据报表　　　　下载原始数据

| 日期 | 浏览量 | 访客量 | 平均访问深度 | 平均访问时间 | 跳失率 | 购买率 | 是否装修 |
|---|---|---|---|---|---|---|---|
| 2013-12-7 | 1,196 | 776 | 2 | 88 | 13.01% | 7.35% | N |
| 2013-12-8 | 1,121 | 766 | 1 | 75 | 18.10% | 7.31% | Y |
| 2013-12-9 | 1,235 | 838 | 1 | 83 | 13.80% | 7.88% | N |
| 2013-12-10 | 1,258 | 870 | 1 | 80 | 15.62% | 8.51% | N |
| 2013-12-11 | 1,345 | 767 | 2 | 77 | 14.59% | 9.39% | Y |
| 2013-12-12 | 1,262 | 763 | 2 | 89 | 15.97% | 8.78% | N |
| 2013-12-13 | 1,190 | 695 | 2 | 97 | 16.19% | 7.34% | N |
| 2013-12-14 | 1,197 | 659 | 2 | 81 | 14.08% | 6.83% | N |

图 5－142　每天详细数据下载

9. 商品分析

商品分析数据主要通过“商品分析”栏进入，可以查看自有商品的数据分析情况。

（1）商品效果分析

① 分行业查看店铺商品最近 7 天/最近 30 天曝光、浏览、访客、转化率等多维度数据，点击单个指标名称可实现排序功能。“自定义数据项”可以修改优先展示的数据项，“批量导出数据”提供完整数据导出功能，如图 5－143 所示。

图 5－143　商品效果排行数据

② 查看指定商品的转化、成交、访客行为、关键词分析等指标数据与趋势。可与行业均值或行业订单 Top10 产品均值做对比，判断该商品各项指标的竞争力，并有针对性地优化商品，如图 5－144 所示。

（2）商品来源分析

① 可以查看指定商品最近 30 天内某 1 天/最近 7 天/最新 30 天的流量来源及去向情况。可根据各来源渠道的数据，对当前表现较弱的渠道进行优化和加强。可根据流量去向优化商品描述信息，减少直接退出本店的比例（见图 5－145）。

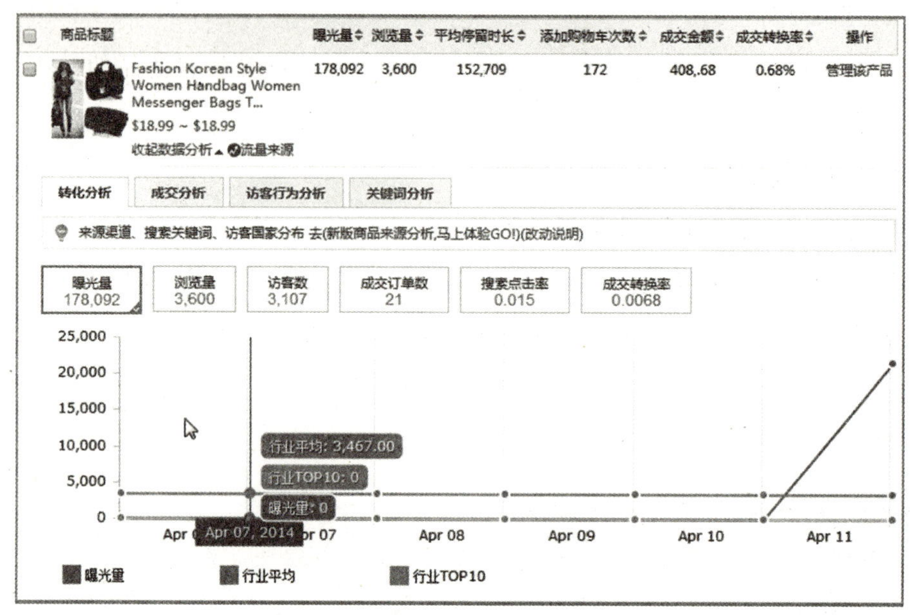


图 5-144　查看商品竞争力指标

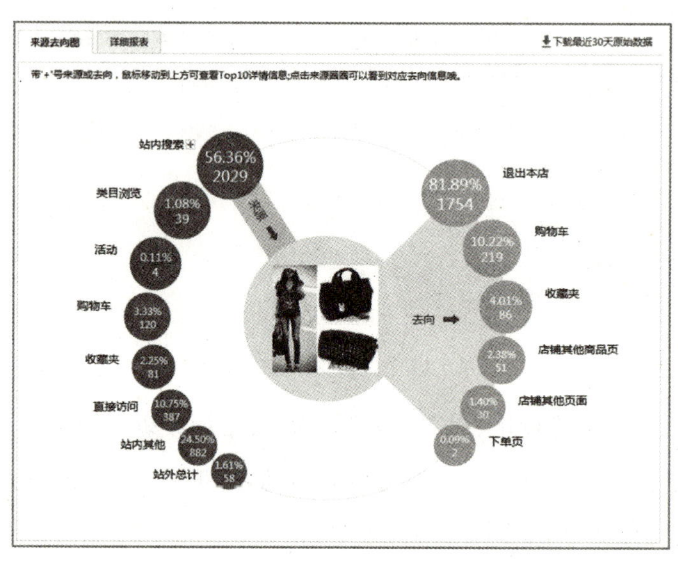


图 5-145　商品来源数据分析

② 可查看最近 7 天/最近 30 天各来源渠道的流量占比及 TOP3 访客地区。

③ 详细报表中可查看各渠道明细数据，点击趋势小图标可查看该渠道最近 7 天/最近 30 天去向趋势详情及各去向流量占比。还可下载最近 30 天原始数据，进一步分析使用。

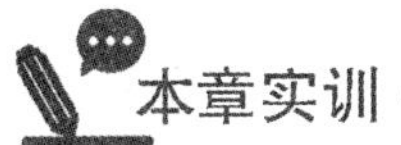

## 本章实训

### 速卖通全球开店

**实验时数：2**

**一、实验目的**

通过在全球速卖通刊登商品、销售商品、物流、支付和纠纷处理等环节的操作，学生可熟悉速卖通全球开店的操作步骤，掌握通过速卖通进行跨境电子商务的要领。

**二、实验内容**

1. 按照本章内容进行操作，登录在第三章实训中申请的速卖通全球卖家账户。通过淘代销工具将淘宝店铺中的商品一键搬入速卖通后台，并进行产品修改和店铺的装修，联系境外货代，解决物流渠道，使用速卖通提供的服务进行营销推广和数据分析。

2. 总结在速卖通平台上进行跨境电子商务需要特别注意的方面。

3. 以供应商的角度评价在速卖通平台上进行跨境电子商务操作，思考速卖通平台操作是否便利，服务是否完善，支付是否安全，物流是否顺畅等问题，并记录在实验心得中。

**三、设备与所需软件**

多媒体实验机房，每人配备一台可以访问互联网计算机。

**四、实验报告要求与实验考核要求**

**表 5－3　实验报告要求与实验考核指标**

| 实验报告要求 | 实验考核要求 |
| --- | --- |
| (1) 实验目的 | (1) 学生根据实验要求提交实验报告 |
| (2) 实验内容及要求 | (2) 教师根据实验报告评定单项实验成绩 |
| (3) 实验过程 | (3) 根据单项实验成绩和实验报告内容给出整体实验成绩 |
| (4) 实验心得 | (4) 总体实验成绩按适当比例计入课程总分 |
| (5) 同学之间关于实验的交流 | |

# 第六章　敦煌网实战

## 第一节　加入敦煌平台

1. 注册入口

登录卖家首页 http: //seller. dhgate. com/,点击页面左上角的“免费注册”链接或者页面右侧“免费开店”按钮,进入注册页面,如图 6-1 所示。

图 6-1　敦煌网首页

2. 填写注册信息提交

填写的用户名将作为店铺的初始名称,可以设计与公司产品相关的名称,如图 6-2 所示。

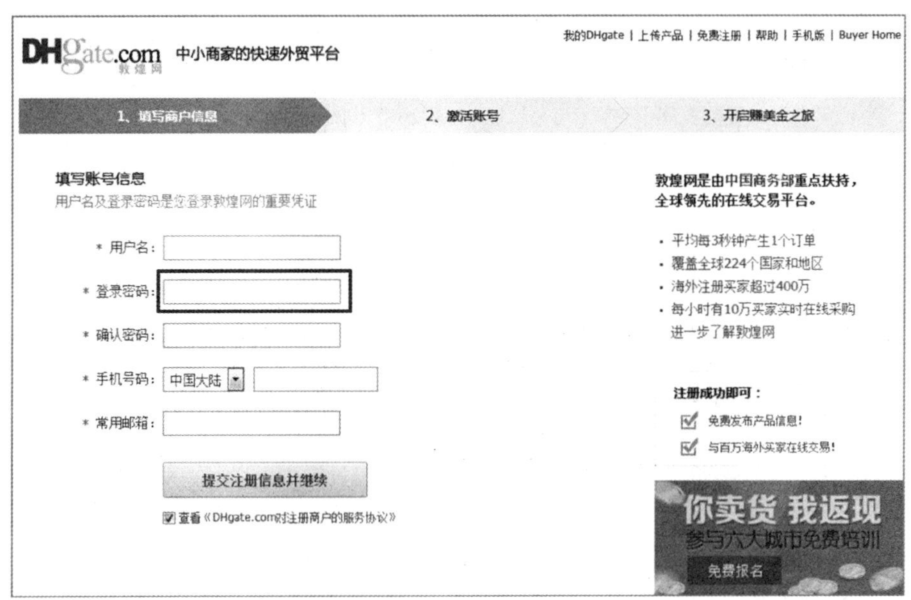


图 6-2　注册信息填写

3. 手机和邮箱验证

需要进行免费的邮箱验证和手机验证,只有通过邮箱和手机验证,产品才可以被全球买家看到,如图 6-3 所示。

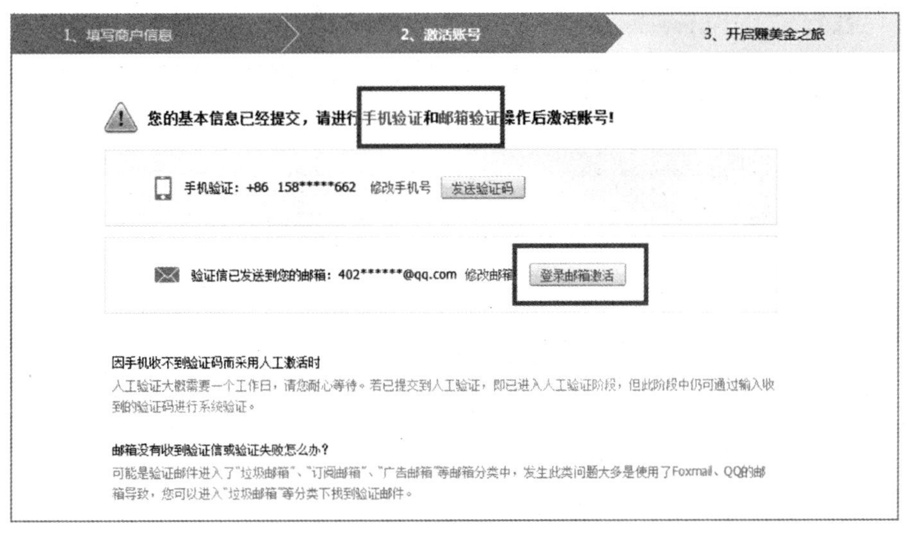


图 6-3　敦煌网手机和邮箱验证

在完善经营信息后，可进行邮箱验证，在点击“登录邮箱激活”后，注册邮箱会收到一封邮件。进行手机验证，选择“发送验证码”，你注册时所使用的手机会收到一个验证码，如图 6－4 所示。

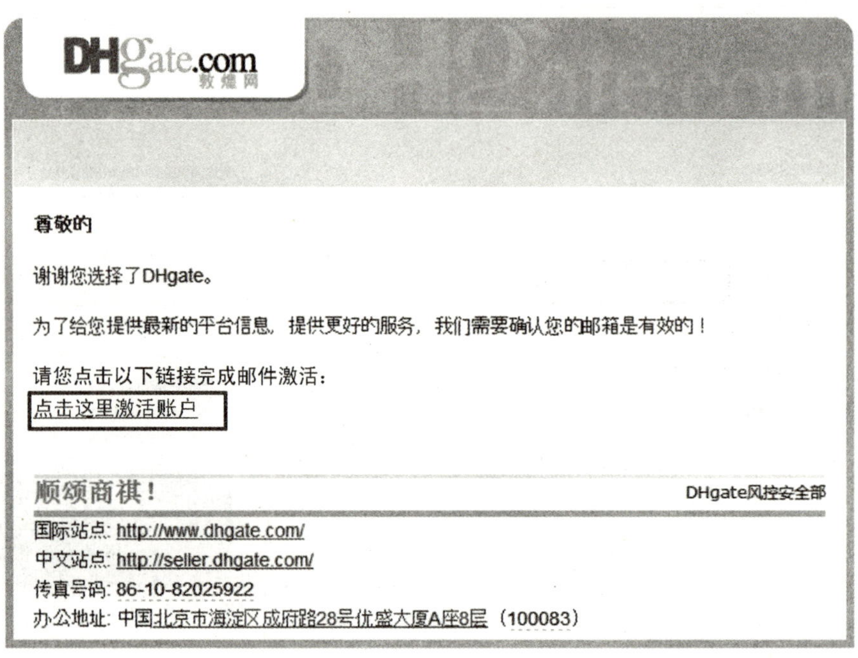


图 6－4　敦煌网账户激活

4. 身份认证

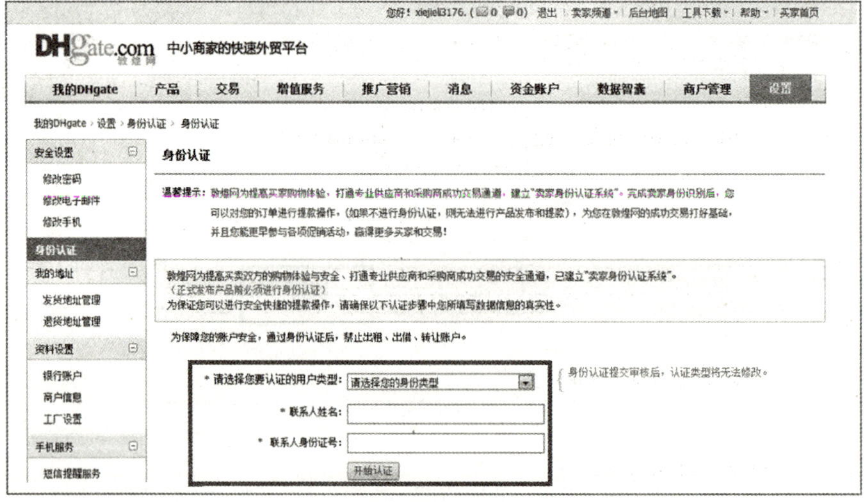


图 6－5　敦煌网身份认证

身份类型有个人、大陆企业、香港企业、个体工商户几种类型，如图 6－6 所示。

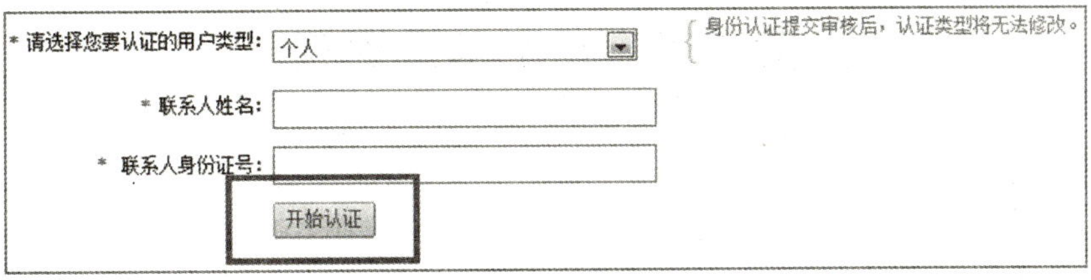

* 请选择您要认证的用户类型：个人
身份认证提交审核后，认证类型将无法修改。
* 联系人姓名：
* 联系人身份证号：
开始认证

图 6－6　个人身份信息填写

如果申请的类型是个人，需要上传个人手持身份证正面照片和身份证反面照片，如图 6－7 所示。

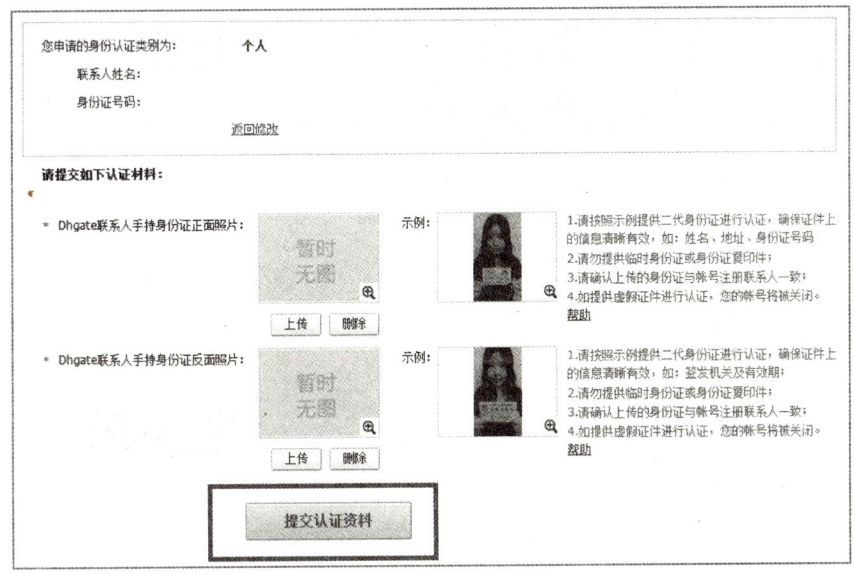


图 6－7　个人身份证认证

大陆企业、香港企业、个体工商户需要填写公司名称和营业执照号，如图 6－8 所示。

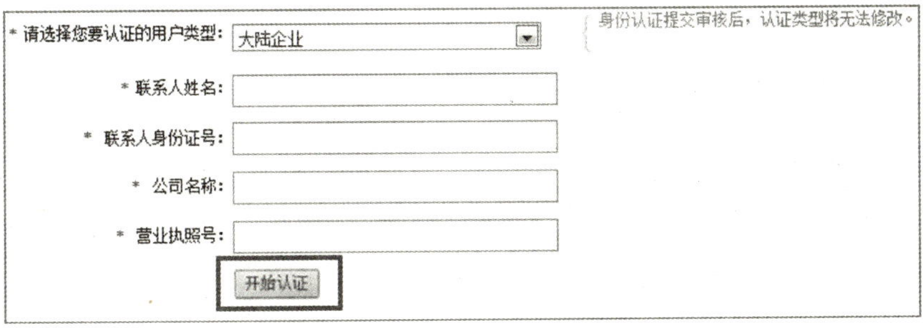

* 请选择您要认证的用户类型：大陆企业
身份认证提交审核后，认证类型将无法修改。
* 联系人姓名：
* 联系人身份证号：
* 公司名称：
* 营业执照号：
开始认证

图 6－8　企业身份认证

# 第二节 产品登录流程

1. 登录卖家后台

导航栏中点击产品，如图 6－9 所示。

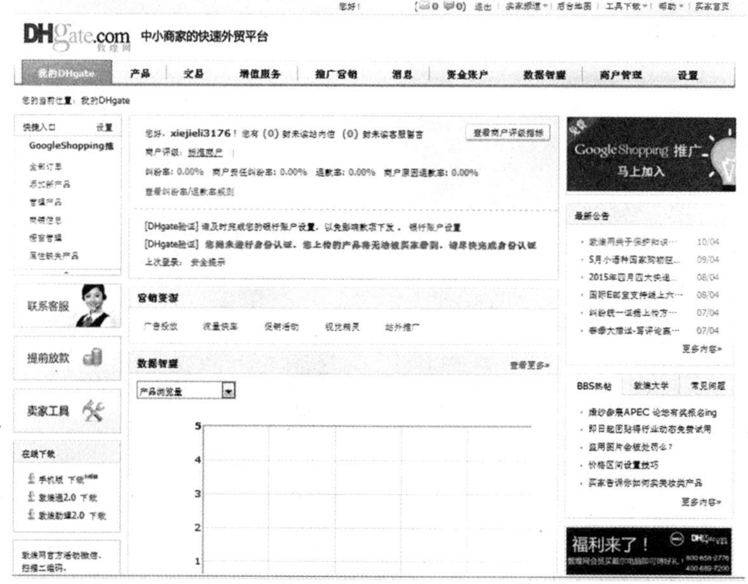


图 6－9 敦煌网后台登录

2. 添加新产品

产品是由文字和图片组成的，详细的文字描述和清晰的图片可以吸引更多的买家的眼球。上传产品时需要填写如下信息：产品名称、产品简短描述、产品属性值、产品信息描述、产品销售信息、我的服务承诺、其他信息。登录到“我的DHgate”—“我的产品”—“添加新产品”页面，如图 6－10 所示。

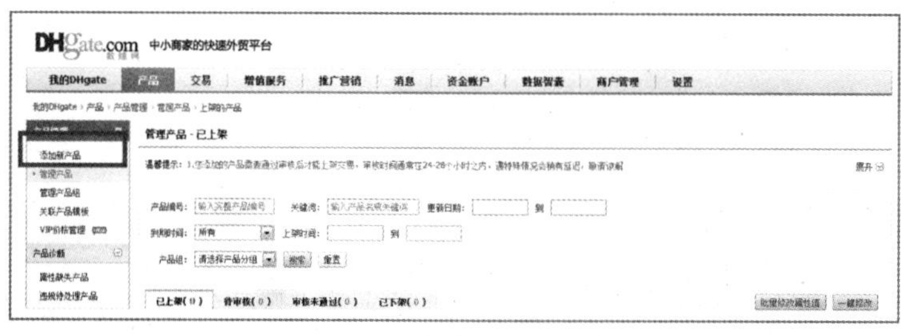


图 6－10 选择添加新产品

点击“添加新产品”首页需要选择产品类目，以下我们以婚纱为例详细讲解产品上传的操作流程，如图 6－11 所示。

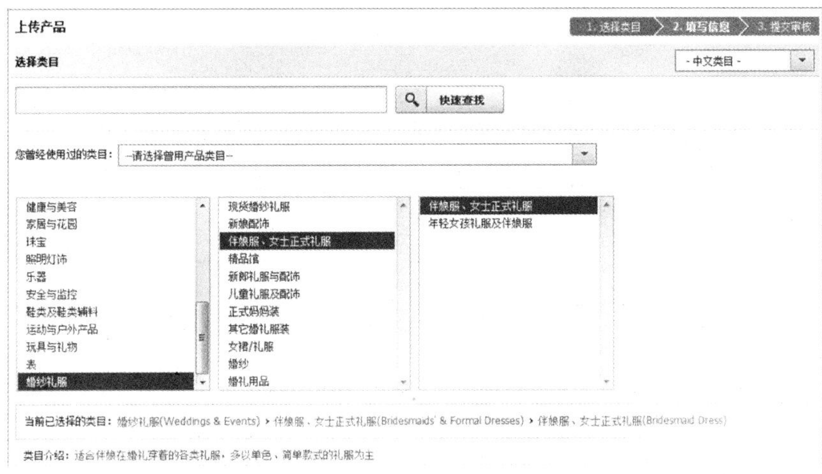


图 6－11　添加新产品

3. 填写相关信息

(1) 产品基本信息

① 填写产品标题。产品标题是匹配关键词搜索、影响产品曝光率的关键，最多可以填写 140 个字符，可以包括产品基本功能、特点、性能等。例如：Brand New Men's long sleeve shirt 100% cotton five colors 10pcs/lot drop shipping(风格＋款式＋配饰＋布料＋颜色＋打包方式＋是否支持代发货等)，如图 6－12 所示。

图 6－12　添加产品标题

② 填写产品基本属性。填写完“产品标题”后，需要添加“产品基本属性”，如图 6－13 所示。

* 产品基本属性：设置完整的产品属性有助于买家更容易找到您的产品

品牌：- 无品牌 -
产品图片类型：请选择
裙型：请选择
领型：请选择
背部设计：请选择
袖型：请选择
袖长：请选择
裙长/拖尾设计：请选择
面料：请选择
装饰：全选
Hand Made Flower(手工花) Applique(贴花(非刺绣)) Embroidery(绣花) Print(印花)
Beads(钉珠) Ruffle(褶皱) Feather(羽毛) Fur(皮草) Lace(蕾丝)
Ribbon(缎带) Sash(腰饰) Bow(蝴蝶结) Tiers(有层次的) Pick-ups(提皱)
Pleats(均匀的小褶皱) Ruched(不均匀的小褶皱) Draped(不均匀的抓皱) Sequins(亮片)
Pockets(有口袋的) Peplum(腰部周围的装饰短裙) Cascading Ruffles(层叠荷叶边)
Criss Cross Straps(交叉肩带) Flower(s)(手工花饰) Beading(串珠) Pearls(珍珠)
Tassel(流苏) Pastels(柔和彩色的) Brooch(胸针) Split Front/Side(正面或侧面开叉的)

图 6-13　填写产品基本属性

特别提醒：根据公司的产品，选择页面所提供的属性选项。填写的属性值将会直接显示在买家页面。带＊号标志的属性都是必须填写的，否则将会直接影响产品的上传及发布。

③ 填写产品规格。产品的不同的规格，可以设置不同的零售价，如图 6-14 所示。

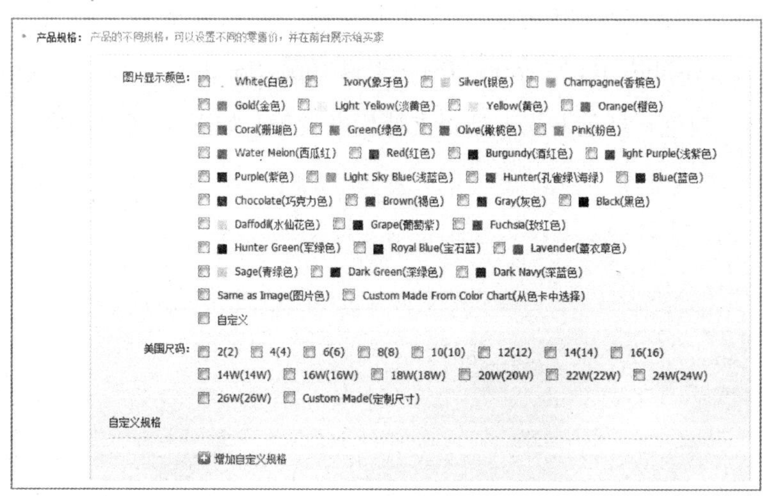


图 6-14　填写产品规格

特别提醒：如果系统所提供的规格不能满足产品的需要，可以选择“自定义规格”选项后进行自主设置；如果希望能在买家页面呈现其他属性（主要指系统未设置的），可以通过“自定义属性”进行自主添加商品特有的属性，如图 6-15 所示。

装饰：全选

Hand Made Flower(手工花) Applique(贴花(非刺绣)) Embroidery(绣花) Print(印花)

Beads(钉珠) Ruffle(褶皱) Feather(羽毛) Fur(皮草) Lace(蕾丝)

Ribbon(缎带) Sash(腰饰) Bow(蝴蝶结) Tiers(有层次的) Pick-ups(提皱)

Pleats(均匀的小褶皱) Ruched(不均匀的小褶皱) Draped(不均匀的抓皱) Sequins(亮片)

Pockets(有口袋的) Peplum(腰部周围的装饰短裙) Cascading Ruffles(层叠荷叶边)

Criss Cross Straps(交叉肩带) Flower(s)(手工花饰) Beading(串珠) Pearls(珍珠)

Tassel(流苏) Pastels(柔和彩色的) Brooch(胸针) Split Front/Side(正面或侧面开叉的)

自定义

季节：请选择

身型：请选择

流行趋势：全选

Short Bridesmaid Dresses(短款伴娘服) Long Bridesmaid Dresses(长款伴娘服)

Convertible Dresses(百变裙(多种穿法的裙子))

自定义

年份系列：请选择

单品价格区间：请选择

自定义属性： 添加更多

图 6-15 填写产品自定义规格

(2) 产品销售信息

① 选择销售方式。在此可以选择按件销售或按包销售，如图 6-16 所示。

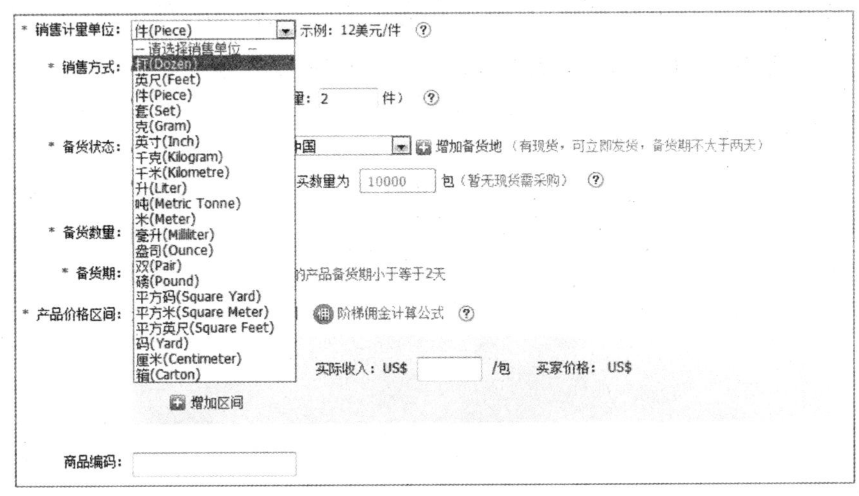


图 6-16 填写商铺销售方式

② 选择备货状态。产品可以选择有备货或者待备货。其中有备货可以选择备货地、备货数量，备货期 2 天(有备货的产品备货期小于等于 2 天)。待备货的产品可以设置客户一次最大购买数量，并且备货期可以设置 1～60 天，如图 6-17 所示。

* 备货状态：◉ 有备货，备货所在地 中国 增加备货地（有现货，可立即发货，备货期不大于两天）

◎ 待备货，客户一次最大购买数量为 1000 包（暂无现货需采购）

* 备货数量： 包

* 备货期： 2 天 有备货的产品备货期小于等于2天

图 6－17　填写商品备货信息

③ 选择产品价格区间。针对同一产品的不同数量区间，分别设置各个数量区间的不同报价；如果同一产品还有不同的规格，也可以对不同的规格在不同的数量区间设置各自的价格，如图 6－18 所示。

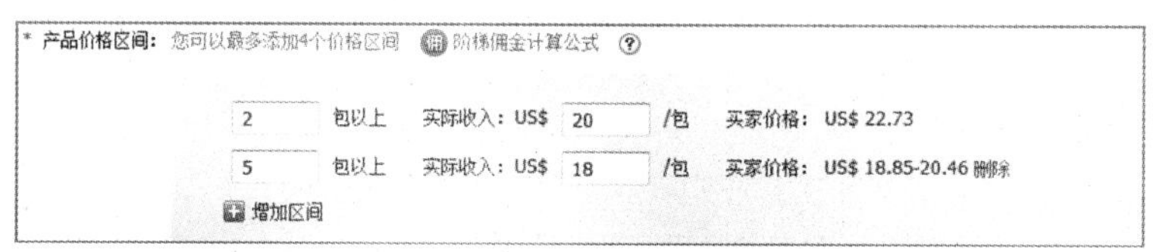


图 6－18　填写产品价格区间

④ 添加规格。

a. 自定义规格。如果产品分为不同的规格，如 U 盘产品有 8G、16G 等规格，那么可以在此处填写不同规格的名称，并为他们设置不同的产品价格；如果产品不需要区分规格，此项可以不用填写，如图 6－19 所示。

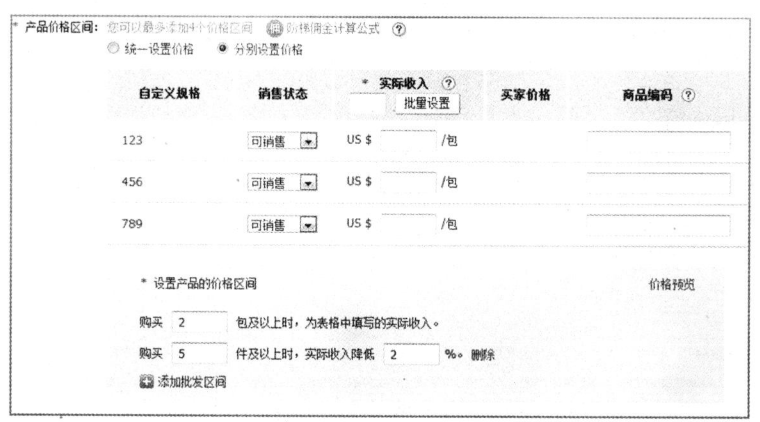


图 6－19　填写产品规格信息

b. 销售状态。即这个规格是否展示到买家页面来销售，如果暂时没有此规格，那么可以选择“不可销售”。

c. 实际收入。指的是产品实际的销售价格，由卖家填写。此数目为卖家最后收到货款的数目。

d. 买家价格。指的是买家所看到的价格，是系统根据实际收入和类目佣金自动计算出来的。同时可以将鼠标放到“佣”字上来具体查看该类目的佣金比率，如图 6－20 所示。

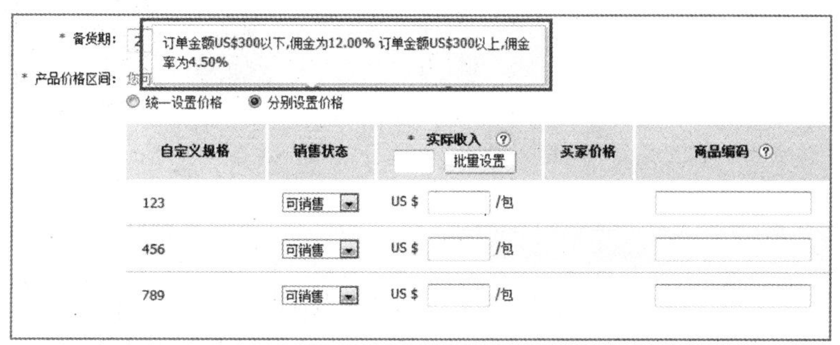


图 6－20　查看商品的佣金比率

e. 商品编码。为产品设置商品编码，可以区分来自不同的厂家、不同的类目、不同的规格的产品。

(3) 产品内容描述。

① 产品图片。上传产品之前要准备好图片。上传图片可以选择从“本地上传”或者从“相册上传”，如图 6－21 所示。

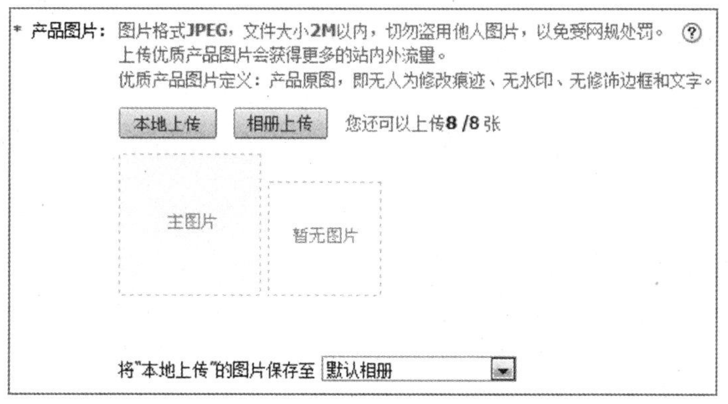


图 6－21　上传产品图片

从“本地上传”或者“相册上传”的方式添加图片，这两种方式都较为简单，现在介绍以“相册上传”的方式来上传，即点击“相册上传”，进入原先设置好的产品相册中，如图 6－22 所示。

在相应的相册中选择想要的图片（最多 8 张图片）点击“确定”，可同时上传所

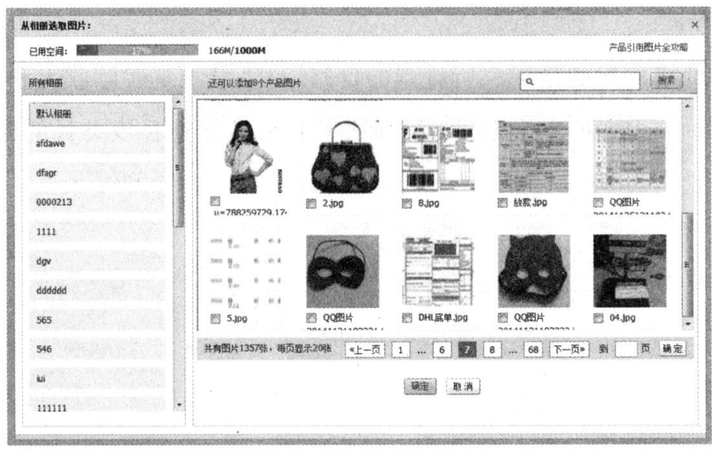


图 6－22　进行相册上传

选择的图片，如图 6－23 所示。

图 6－23　选择照片

图片上传后可以删除，如图 6－24 所示。

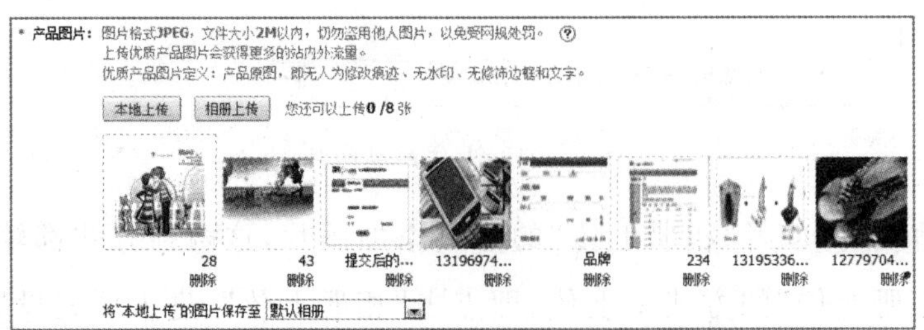


图 6－24　选择删除图片

特别提醒：上传产品时，同一产品内容描述中，可以使用 8 张图片展示。建议在上传图片时，尽量从相册中选取，这样可以使产品通过审核的效率更高。

② 站内外推广图片。请上传一张高质量的图片用于站内外推广（例如 google shopping），图片上无人为修改，无促销、产品属性、名称等信息，无 PS 修改痕迹，如图 6－25 所示。

图 6－25　上传站内外推广图片

③ 产品组。为方便卖家自己管理产品，可以创建产品组，将同一类别的产品添加到同一个产品组中，如图 6－26 所示。

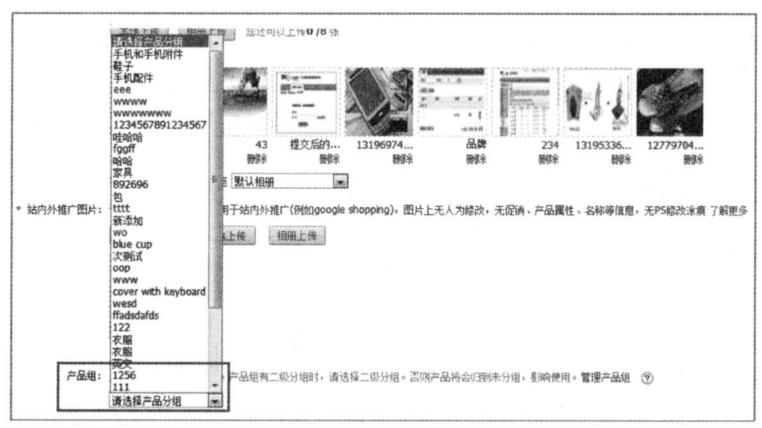


图 6－26　添加产品组

④ 产品简短描述。建议在产品简短描述栏目中多填入一些可以让买家在查找物品时会搜索到的词语。可以输入中文标点符号，会自动转化成英文标点符号，最多可输入 500 个字符，如图 6－27 所示。

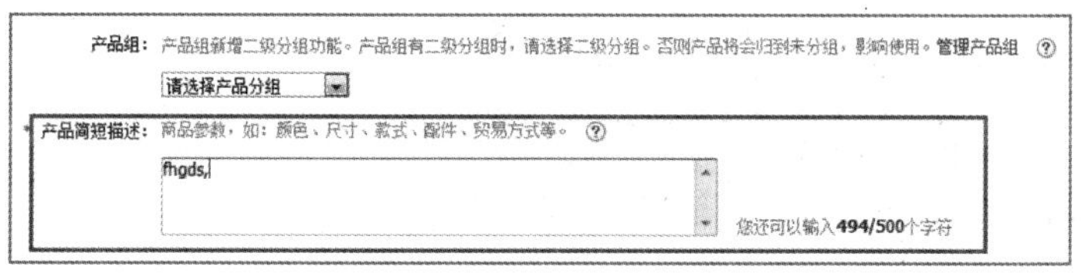


图 6－27　添加产品简短描述

⑤ 产品详细描述。把在产品名称和规格说明中不能涵盖的产品信息进一步详细地展示给买家，将买家比较关注的产品的特色、功能、服务、包装及运输信息等展示出来，让买家可以一目了然地、尽可能多地了解产品相关信息；还可以通过一些个性化的描述展现卖家的专业性，如制作模板、向买家展示更多的相关产品、进行自我促销，引起买家的兴趣；等等。

特别提醒：详细描述中不能出现敦煌网以外的链接，禁止出现任何形式的联系方式，如邮箱、公司网址、Skype 账号等。如遇到语言的问题，可以点击“在线翻译”，将产品信息翻译为英文。

(4) 产品包装信息。

① 包装后重量。在此输入重量，如图 6－28 所示。

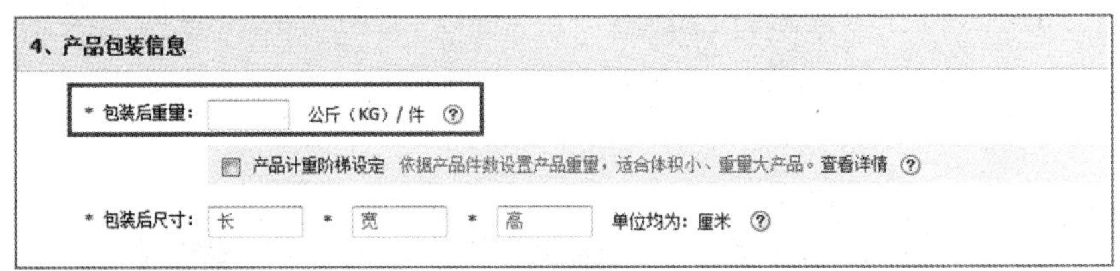


图 6－28　输入产品重量

② 包装后尺寸。在此输入长、宽、高，如图 6－29 所示。

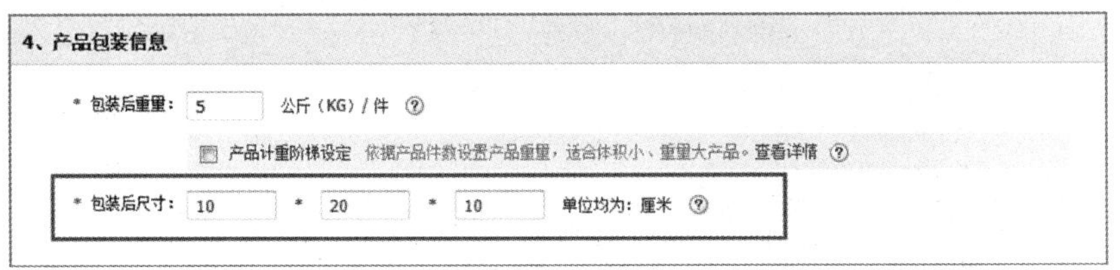


图 6－29　输入产品长宽高

部分产品的包装重量不是完全根据产品的数量等比增加的，可以使用自定义重量计算功能，如图 6－30 所示。

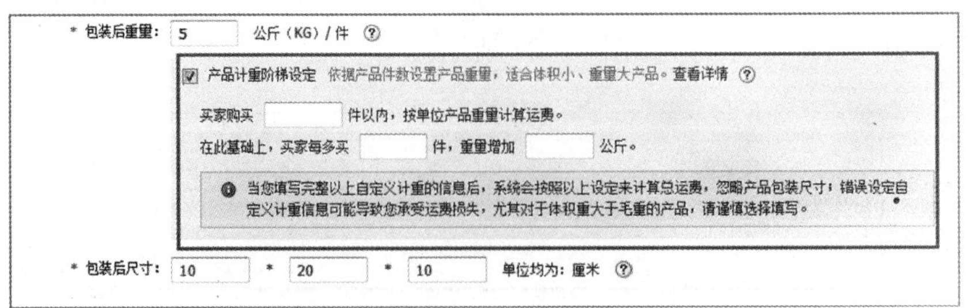


图 6－30　使用自定义重量计算功能

（5）设置运费

① 如果是第一次上传产品，需要创建一个运费模板，如图 6-31 所示。

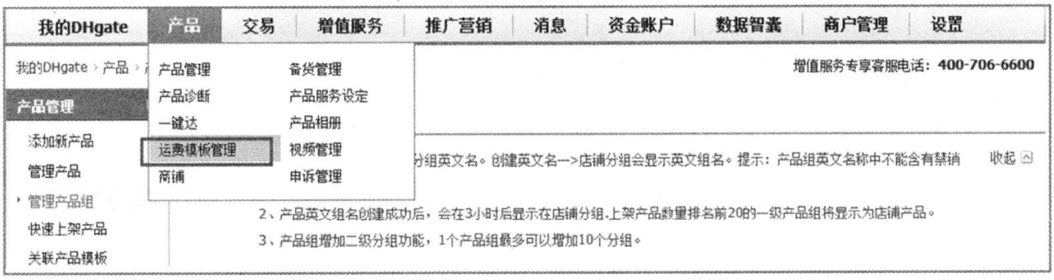

我的DHgate
产品
交易
增值服务
推广营销
消息
资金账户
数据智囊
商户管理
设置
我的DHgate › 产品 ›
产品管理
备货管理
产品诊断
产品服务设定
一键达
产品相册
运费模板管理
视频管理
商铺
申诉管理
增值服务专享客服电话：400-706-6600
产品管理
添加新产品
管理产品
管理产品组
快速上架产品
关联产品模板
分组英文名。创建英文名—>店铺分组会显示英文组名。提示：产品组英文名称中不能含有禁销
收起
2、产品英文组名创建成功后，会在3小时后显示在店铺分组.上架产品数量排名前20的一级产品组将显示为店铺产品。
3、产品组增加二级分组功能，1个产品组最多可以增加10个分组。

图 6-31　创建运费模板

② 点击“运费模板管理”链接，会在新窗口打开添加运输模板页面，如图 6-32 所示。

运费模板
自定义模板
推荐模版
更多运费模板帮助
FEDEX 报价已更新，请修改含有 FEDEX 的运费模板设置。
BLI_AU 报价已更新，请修改含有 BLI_AU 的运费模板设置。
XRU-Quick 报价已更新，请修改含有 XRU-Quick 的运费模板设置。
Equick-express 报价已更新，请修改含有 Equick-express 的运费模板设置。
TOLL-Online Shipping 报价已更新，请修改含有 TOLL-Online Shipping 的运费模板设置。
不再提示
添加新模板
注释：[仓] 敦煌网合作仓库
23232323
修改
复制
删除
收运费
DHL（30个国家）
免运费
DHL（3个国家）
不发货
DHL（181个国家）
nhjbh
修改
复制
删除
收运费
EMS（37个国家）、UPS（129个国家）

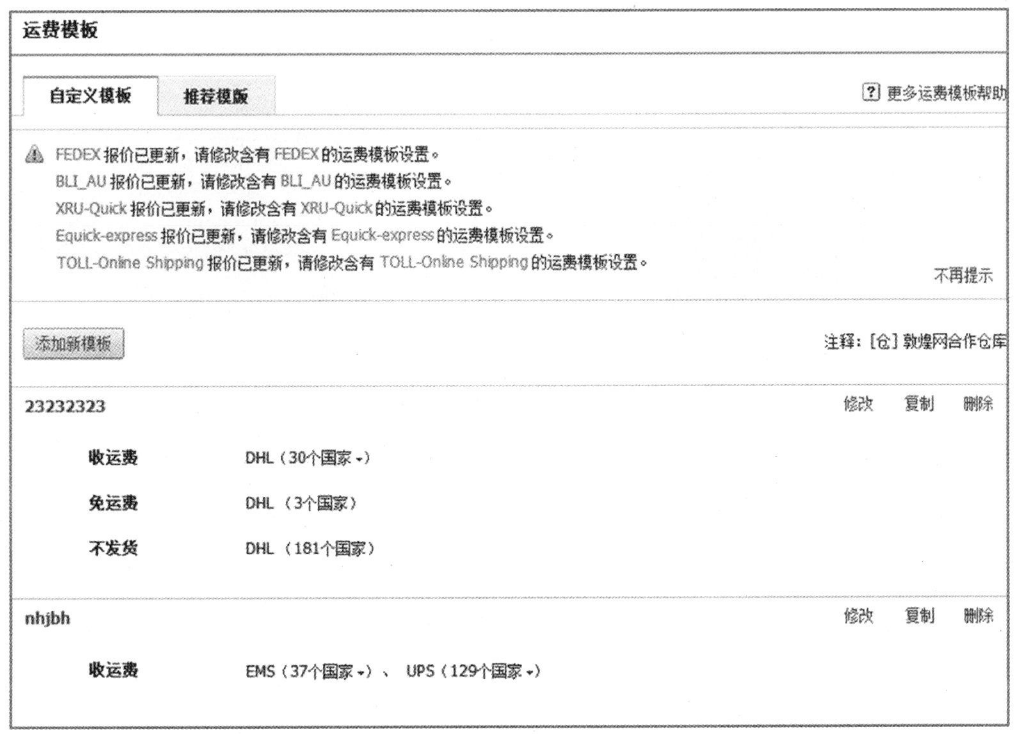

图 6-32　添加运输模板

③ 点击“添加新模板”需要添加“运费模板名称”，并选择想要使用的物流方式，如图 6-33、图 6-34 所示。

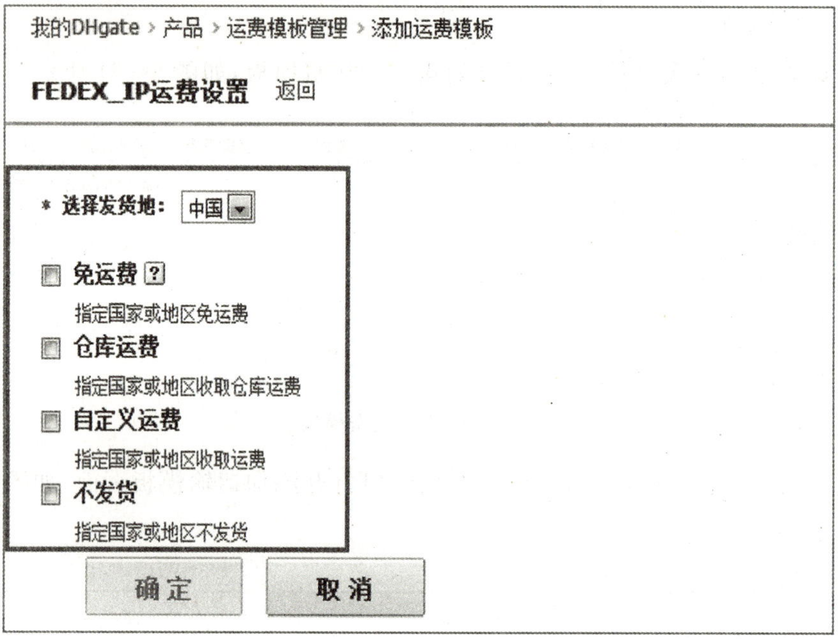

我的DHgate > 产品 > 运费模板管理 > 添加运费模板

FEDEX_IP运费设置 返回

* 选择发货地： 中国

免运费 ?
指定国家或地区免运费

仓库运费
指定国家或地区收取仓库运费

自定义运费
指定国家或地区收取运费

不发货
指定国家或地区不发货

确定 取消

图 6－33 添加运费模板名称

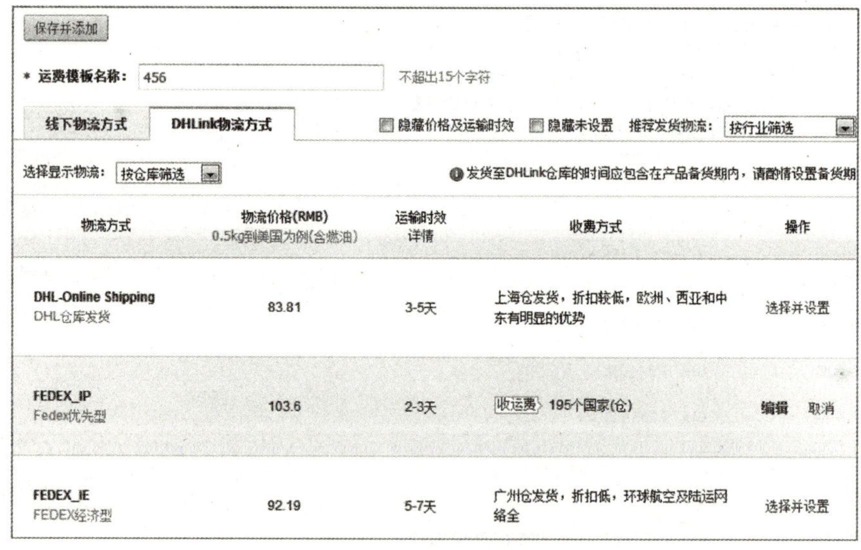


图 6－34 选择物流方式

④ 添加好模板名称并设置好物流方式，那么就可以点击保存，这个模板就创建完成，如图 6－35 所示。

⑤ 如果需要修改某个运费模板的信息，可以点击“运费模板管理”，到“运费模板”页面去进行修改，如图 6－36 所示。

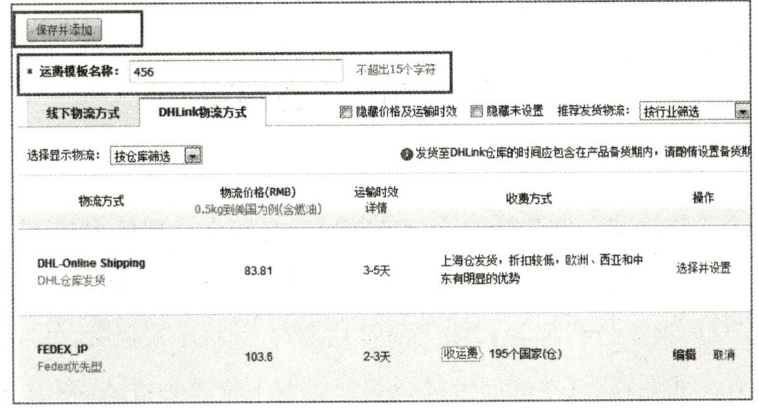


图 6 - 35 创建运费模板

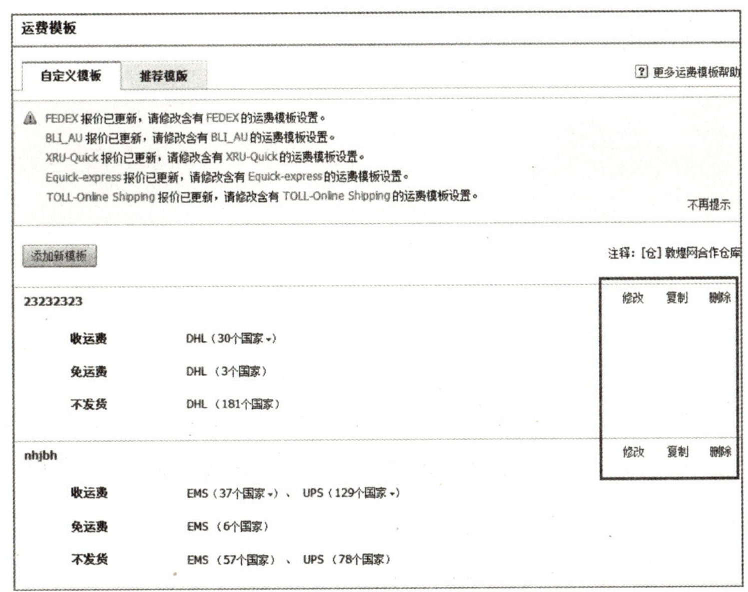


图 6 - 36 修改运费模板

（6）产品有效期

产品有效期指的是从产品成功提交起，到产品停止在网上展示截止的时间段，有效期默认为 90 天，如图 6 - 37 所示。

图 6 - 37 添加产品有效期

# 第三节　站内沟通渠道

敦煌网主要依靠站内信进行沟通，点击消息，左侧将出现站内信，点击卖家消息即可查看买家询盘信息。对于初级卖家，只有在客户对产品感兴趣并发出询盘后，才能就客户的询盘进行回答。在交易量达到每月 1 万美金时，可以通过站内信的方式与客户联系，就订单的问题进行沟通。但不论哪种方式，双方的电话、电子邮件等直接联系方式都是不允许出现的，如图 6－38 所示。

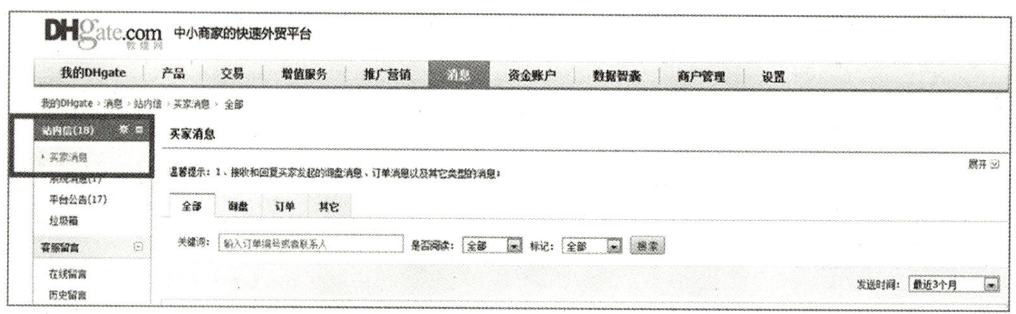


图 6－38　查看站内信

特别提醒：买家发过来的询盘及对产品的询问，就是他们对产品感兴趣的信号。要在买家登录的高峰时间段，随时查看买家留言，与买家及时沟通，把握商机。

本章将详细介绍各个阶段的站内信回复方式。

1. 未付款买家的站内信回复

（1）打招呼

Hi, dear friend,

First of all, thank you so much for your support and the order placed in my store. Please kindly be noted that all colors and sizes are available in stock and ready to be delivered in 1－2 days.

亲爱的朋友：

你好！首先感谢你的支持，感谢你在我的店里选购。你选的袜子的颜色和尺寸会在 1～2 天内备好货。

(2) 对产品进一步介绍

In order to achieve the good beginning and establish our long reliable business relationship, I will give you some free samples for you to test the market.

为了能够建立起长期的合作关系，我将提供一些样品，供您在市场上试销。

(3) 告知买家付款，同时查看库存及时发货

I am sure that you will be satisfied with our products and competitive price. We are confident to maintain our business relationship because we are the biggest wholesaler capable of providing quality goods, competitive price, fast delivery and quick response at the same time.

我相信您会对我们产品的质量及有竞争力的价格满意。对我们的合作，我非常有信心，作为此产品最大的批发商，我们将提供优质、价格极具竞争力的产品，同时我们会快速响应您的需求，在最短时间内备货发货。

I have noticed that the order you placed has not been paid. Please let me know what I can do for you.

我注意到您的订单还没有付款，不知道是什么原因，如果我能帮忙，请告诉我。

(4) 结束语

If there's any questions, please let me know ASAP. I am looking forward to your reply and more rewarding business with you in the future!

如果有什么问题，请告诉我，期待您的回复，希望能在不久的将来与您合作！

2. 对已付款订单的回复

主要内容包括确认产品的规格，尺码等等具体事宜，表现卖家的专业性，下面是一个不错的例子：

Dear Friend,

S,M,L,XL,XXL are all available, you can do the purchase and leave me a note for the size you need, I will organize item ASAP once payment has been made.

Regards

您好!

目前S,M,L,XL,XXL都有货,您可以在下单的时候,标明您要的尺寸。一旦付款成功,我们将会尽快备货。

此致

3. 发货后的回复

从货物离开中国海关至买家收到货物的期间,建议每个阶段卖家都给买家发一封邮件,直到买家收到货为止。因为买家付款后都急于收到货物,而邮寄过程一般需要5～10天,并不确定,这样随时通知买家货物状态,一是表现自己的商业诚信度,二是及时的沟通能让买家不再着急询问,以下举例说明。

Dear David,

The item you order is already sent out and the tracking number is EA935185185CN.

The mail status is as follows:

20071130 21:43:12

SHANGHAI

Dispatch from Sorting Center

This is the status of your order. You will get it soon. Thanks for your support and understanding.

亲爱的戴维:

您购买的商品已经发货,订单号是EA935185185CN。

发货跟踪如下:

2007年11月30日 21:43:12 上海

从发货中心发出

以上是你订单的状态,您很快就会收到货物。谢谢您的支持与理解。

Hi there,

Just a quick update, item has been sent earlier from manufacture directly and you should have received it by late this week or early next week, also as you are my first time customer, I have enclosed a pair of Columbia Coolmax hiking socks worth 15 Yuan in retail, hope you enjoy them. Any questions please let me know. And I'm willing to help anytime. Keep in touch!

Regards

您好！

最新通知，货物已经从工厂直接发出，您可能会在本周末或者下周初收到。鉴于您是我的第一个客户，随货品赠送了一双零售价值在15元的Columbia徒步旅行短袜。希望您喜欢。

有任何问题，请和我联系。我愿意在任何时间，提供帮助。保持联络！

此致

4. 提醒买家给自己留评价，这是在交易结束后很重要的一个环节

Hi there,

Thanks for your continuous support to our store, and it would be appreciated if you can leave us a positive feedback and I will do the same to you. Thanks.

Regards

您好！

感谢您持续不断的支持，请留下您的评价。我也会对您的评价给予回复。

此致！

5. 推广新品

采购季节可根据自己的经验，给买家推销自己的热销产品。

Hi there,

Right now Christmas is coming, and hair straightened has a large potential market. Many buyers bought them for resale on eBay or in their own store, it's high profit margin product, here is our GHD mk4 STRAIGHTER link, please click to check them, if you want to buy more than 10 pieces, we also can help you get a wholesale price. Thanks.

Regards

您好！

在圣诞节来临之际，直发器将是一个热销产品。很多买家从我们这进货到 eBay 及他们自己的商店里出售。这个产品的利润不错。以下是我们 GHD mk4 直发器的介绍，请点击了解。10 个起批。谢谢！

此致

6. 货物断货

遇到断货，只要认真地向买家解释，买家一般都能够理解，最好的是告诉买家我们会积极帮他找到库存，同时向他推荐其他的类似产品供他选择，可能买家就会重新选择产品。

Hi there,

We are really sorry that the bag you order is out of stock at the moment. I will contact the factory to see when they are going to be available again. I would like to recommend you some other pretty bags which have the same style. Hope you like them as well. You can click on the following link to check them out. If there's anything I can help with, please feel free to contact us. Thanks.

Regards

您好！

非常遗憾，您定的包包暂时缺货。我会尽快联络厂家告知到货的时间。向您推荐样式相同的其他几款包包。希望您喜欢。您可以点击以下链接查看相关信息。如果您需要任何帮助，请联系我。谢谢！

此致

7. 买家讨价还价

改完价格再次催款，很多情况买家下单后觉得运费过高，不愿意付款希望卖家能够给予折扣，下面的回复可以借鉴一下：

Hi there,

We already reset the price for you. I give you another 10% discount on top of the original shipping price. Because the price we offer is lower than the market price and as you know the shipping cost is really high, we do not make much profit from this product. Hope you are happy with it and feel free to contact me if there's anything I also can help.

Regards

您好！

我们已经重新设置了价格。在原有运费价格基础上，又给您了 10% 的折扣。我们提供的价格比市场价要低，就像您了解的，运费价格确实比较高，在这个产品上，我们没办法给出更低的价格了。希望你能接受这个价格，如果有任何问题，请和我联系。

此致

8. 大量订购询问价格

大量订单询盘买家若是赶上采购季节应该是很有诚意的买家，对他们的回复要详尽一些，内容一般包括样品的价格、采购量和相应的产品价格，这个报价建议包含运费，给买家感觉是得到了优惠。

Hi there,

Thanks for your inquiry, and we really want to do more business with you, and I think it is the best way to place an sample order which includes $45 shipping fee. If 100 pieces in one order, the price we can offer you the bulk price of $39.5/piece. If you have any idea, please let us know, and we will try our best to help you.

Looking forward to your reply.

Regards

您好！

谢谢您的询盘。我们希望能和您进行更多的交易。我认为最好的方式是设定一个包含运费的 45 美元订单模版。如果您一次订货量到 100

件，我们可以给您一个39.5美元/每件的批发价格。如果您有任何的问题，请和我们沟通。我们会竭尽所能来帮助您。

期待您的答复。

此致

9. 海关问题

海关问题，某些国家海关由于定期的严格检查或者罢工等问题造成邮件延误，建议及时通知买家，买家会感觉卖家还是一直在跟踪货物的状态，以免置之不理造成误会。

Hi there,

According to the news from EMS in China, large quantity of mails to England is blocked by the custom due to the inspection. For the safety of the goods I suggest to send the goods after a few days. Is it OK with you?

Please let us know ASAP. Thanks.

Regards

您好！

我们接到中国EMS的通知，发往英国的大量邮包由于定期的严格检查，被海关扣押。出于对货物的安全考虑，我建议过几天发货。不知道您是否同意？请尽快答复。谢谢！

此致

10. 没有收到货物的询问

买家几天后还没有收到货物的询问，需要及时地与快递公司联系察看货物状态。

Hi Ruiz,

We did send the package out on 2007 - 10 - 16, something's wrong with the shipping company, and we have been contacting them till now. We called the package back and resent them, the new tracking number is: 111814176. It's shipped via TNT. Sorry for the trouble. You'll get the package soon. If there are any questions, don't hesitate to tell me.

Regards

Ruiz 你好！

我们在 2007 年 10 月 16 日已经将货物发出，但是运输公司出了些问题，我们已经联络他们了。我们已经召回了货物，又重新发出了。新的运单号是：111814176，发货公司是 TNT。非常抱歉给您带来麻烦，您会尽快收到货物。如果有任何问题，请告知。谢谢！

此致

## 第四节　订单执行流程

1. 订单执行流程（见图 6－39）

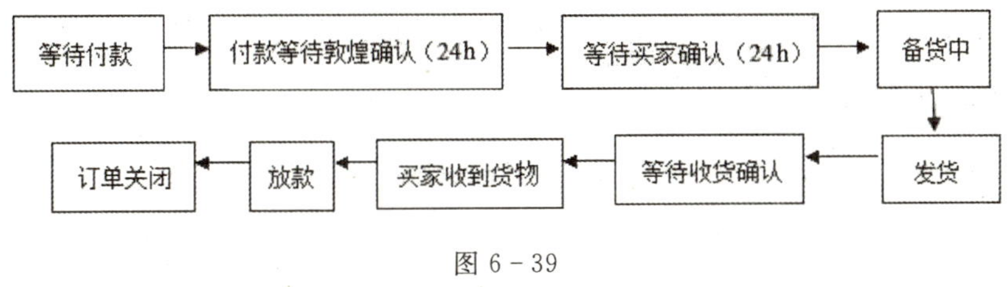


图 6－39

2. 订单状态

订单状态主要有以下几种：未付款订单、待确认订单、待发货订单、已发货订单、已入账订单、纠纷订单。

3. 查看订单

点击“交易”下的“我的订单”，只有当订单从未付款的订单转到执行中的订单，订单状态为买家已付款，如图 6－40 所示。

图 6－40　点击交易

4. 确认订单

买家付款的订单需要在付款后 24 小时内确认订单，并点击“开始备货”。超过 24 小时卖家将不能继续执行订单了，DHgate 将会执行退款操作，并且通知买家订单取消,如图 6-41 所示。

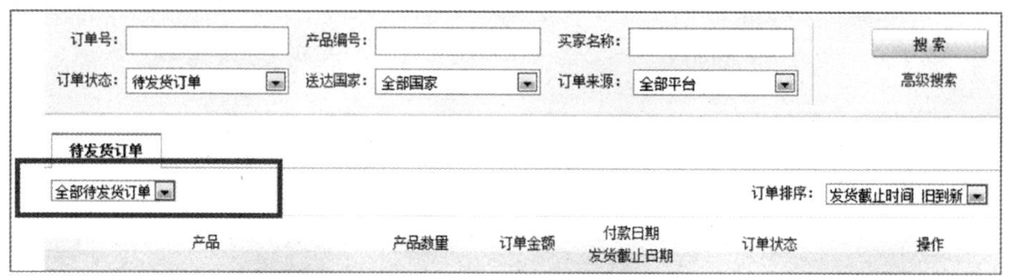


图 6-41　查看订单

5. 备货(见图 6-42)

(1) 要按照备货期进行备货,备货期是从订单列表信息中的"付款日期"之日开始算起的。

(2) 备货期是由卖家自己定的,所以要根据自身的实际情况来填写。

(3) 如果到了发货期卖家还没有发货,DHgate 将会发邮件告诉卖家将要执行退款给买家的操作。

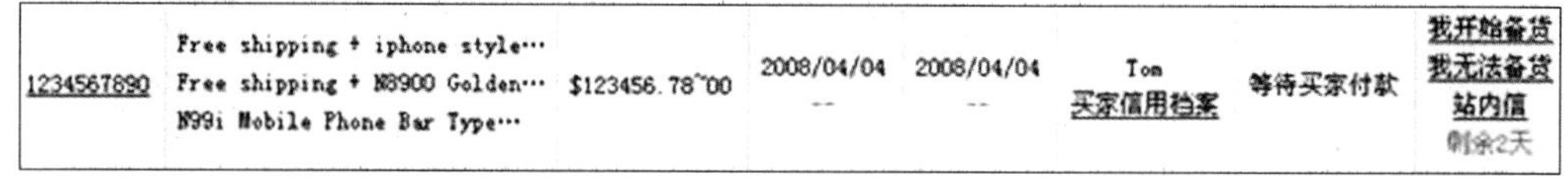


图 6-42　进行备货

6. 发货

(1) 货物要按正确的地址来邮寄,并保存好货运底单。

(2) 在发送货物之后,请及时到订单里填写货运跟踪单号。

(3) 当国外客户说没有收到货物时,这个货运跟踪单号也可以提供一个证明,保障卖家的利益。

(4) 在填写完货运单号后,可以定期到相关的快递网站上查看货物是否确实投递到买家处。

# 第五节 收付款管理

1. 收款设置

收款方式可以选择人民币收款或者美元收款，登录到“我的 DHgate”—“资金账户”—“账户设置”，就可以直接看到需要填写的内容，包括“外币账户”和“人民币账户”信息，如图 6-43、图 6-44 所示。

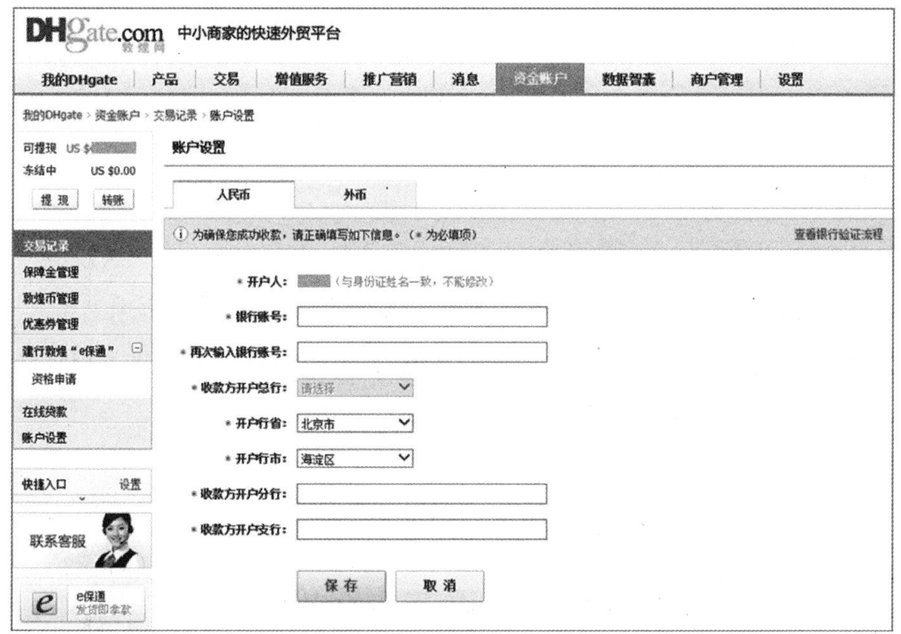


图 6-43 人民币收款设置

2. 放款

(1) 买家主动确认签收

买家确认签收的订单，敦煌网会核实订单的货运信息，如果订单查询妥投，且妥投信息与订单信息一致，将订单款项放款至卖家虚拟账户，订单完成。

(2) 买家未主动确认签收，卖家请款

买家未主动确认签收的订单，卖家请款后，敦煌网会先根据卖家上传的运单号核实妥投情况并进行相应处理。

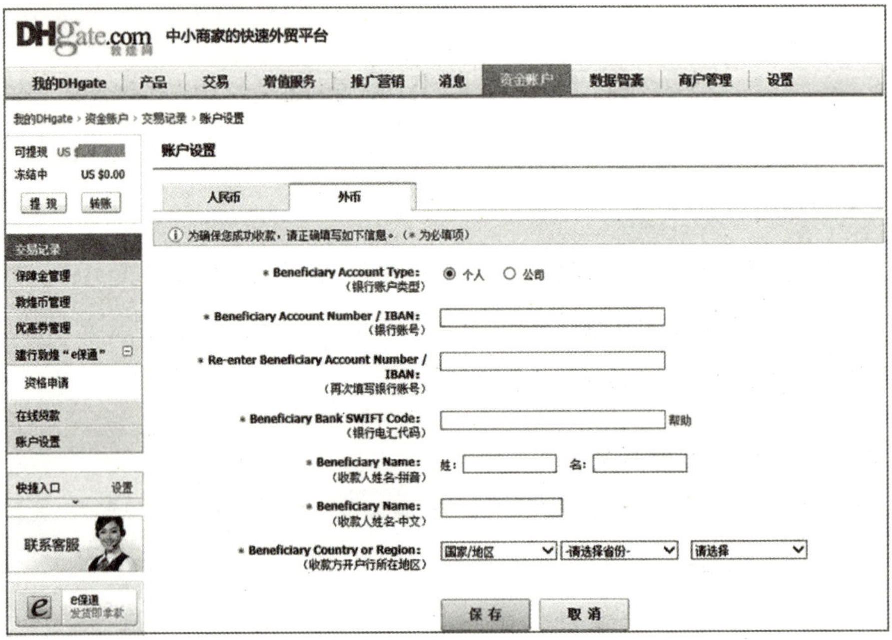

图 6-44　外币收款设置

(3) 买家未主动确认签收，卖家在订单确认收款后的 90 天内也未请款

卖家完全发货后，若买家一直未确认签收，并且卖家在订单确认收款后 90 天内也未请款，平台将在完全发货 120 天后将该订单款项放款至卖家虚拟账户，订单完成。

## 第六节　争议与纠纷处理

敦煌网的纠纷类型分为普通纠纷和平台纠纷，本书将为卖家如何处理这两类纠纷提供建议和操作步骤。

1. 平台纠纷处理的流程

买家可以在卖家填写货运单号后 5～90 天(四大快递发起纠纷时间 5～90 天、一般快递为 7～90 天、平邮为 10～90 天)，买家可以发起退款 & 退换货协议申请。订单进入协议纠纷流程，买卖双方须协商处理，处理流程如图 6-45 所示。

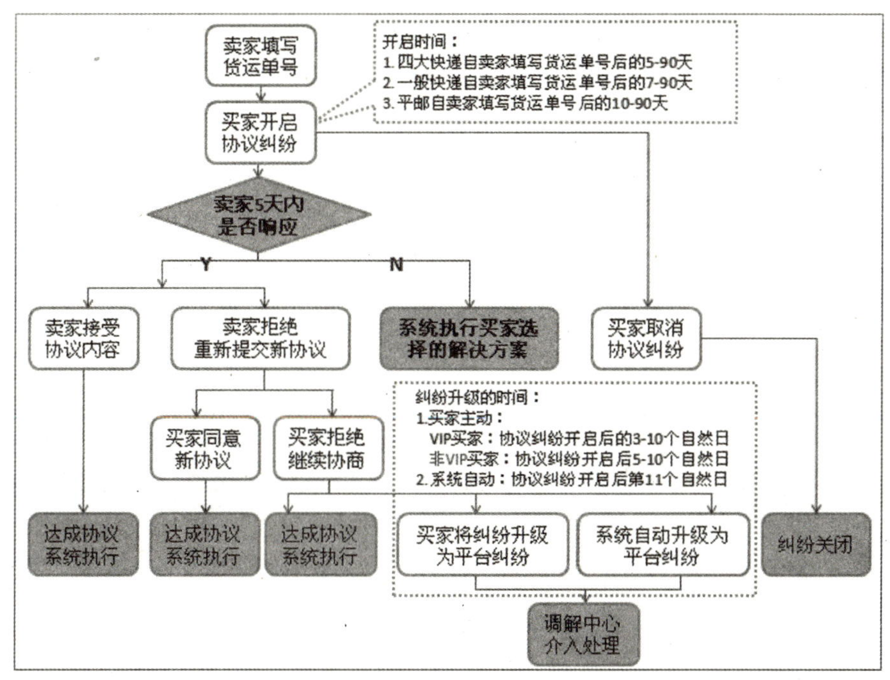


图 6-45　平台纠纷处理流程

2. 卖家操作过程

(1) 卖家登录账号后，在“我的 DHgate”页面中点击“纠纷中”的订单，或者点击“交易”—“我的订单”—“纠纷订单”中的“协议纠纷”能找到对应的订单，如图 6-46 所示。

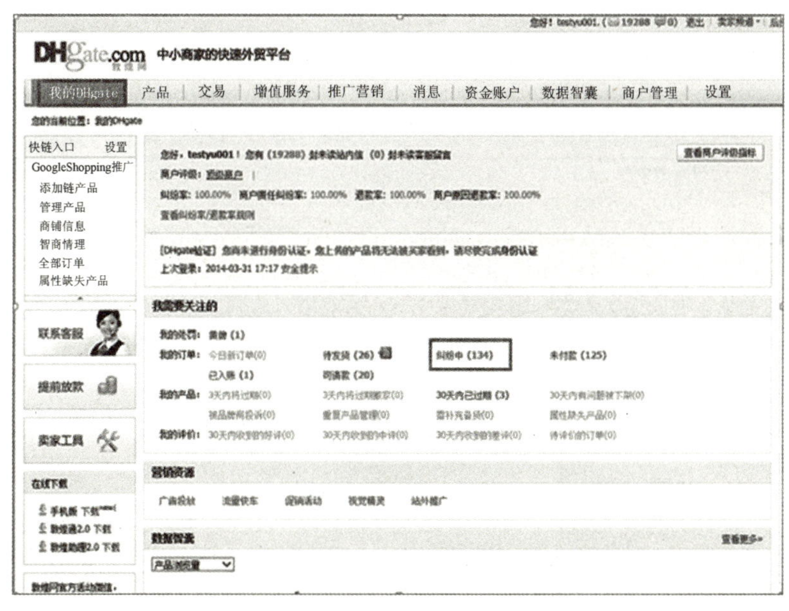


图 6-46　点击纠纷订单

(2) 找到对应的订单号后,点击"退款 & 纠纷详情",进入到纠纷订单详情页面,如图 6-47 所示。

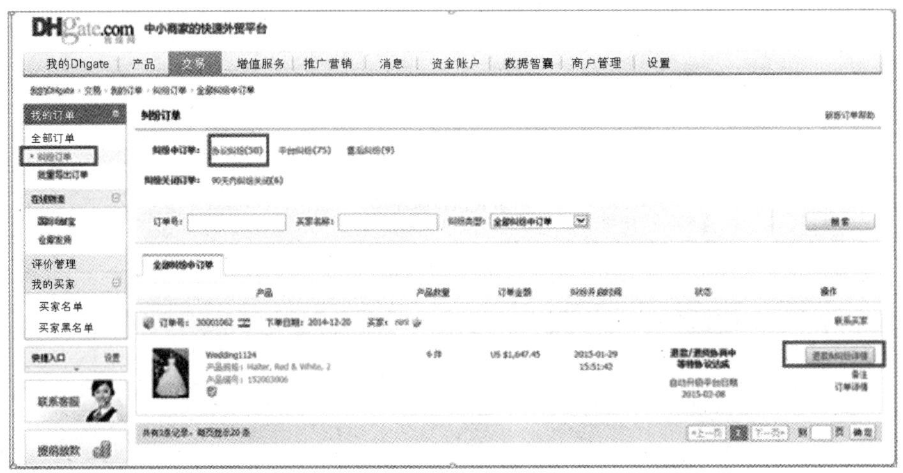

图 6-47 点击查看纠纷详情

(3) 在纠纷订单详情页面,点击"同意协议"或"拒绝协议"并提交新的协议内容等相关操作按钮进行协商。同时,关注页面上方卖家需要响应时间的提醒和买卖双方协商最长时间的提醒,并在此期间跟买家做好沟通,争取早日达成一致(见图 6-48)。

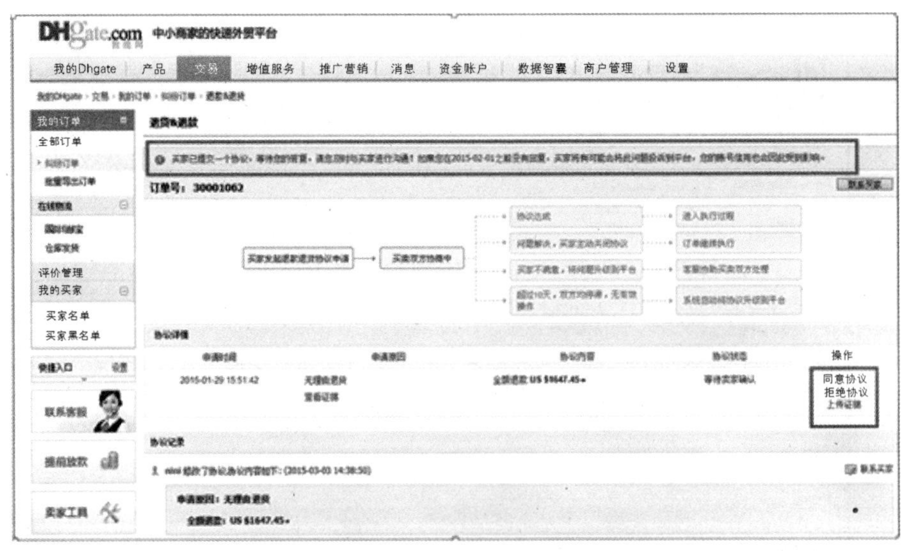

图 6-48 点击同意协议或拒绝协议

卖家点击拒绝协议后，系统弹出拒绝协议对话框，见图 6－49 所示。

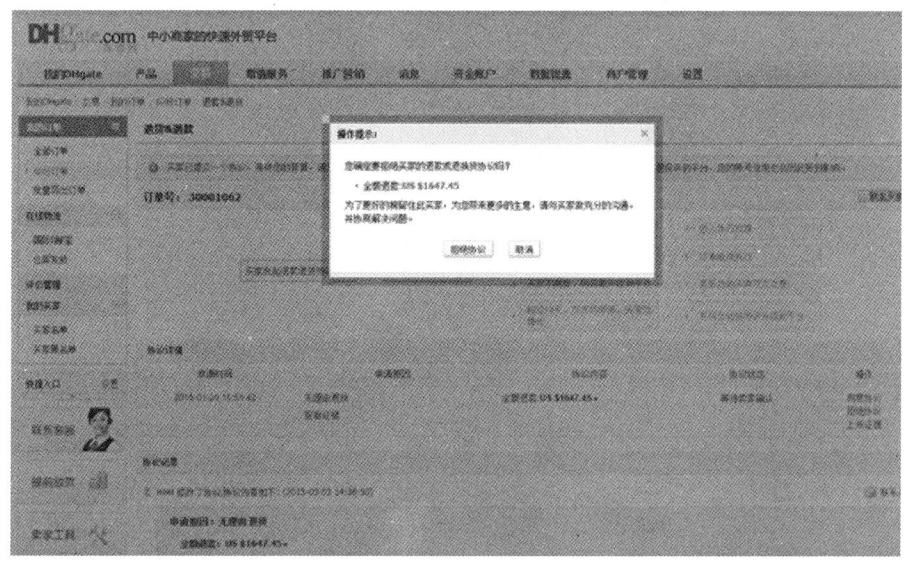

图 6－49 点击拒绝协议

点击“拒绝协议”按钮后，卖家到订单详情页，点击提交新协议，如图 6－50 所示。

图 6－50 点击提交新协议

进入到新协议内容选择界面，如图 6－51 所示。

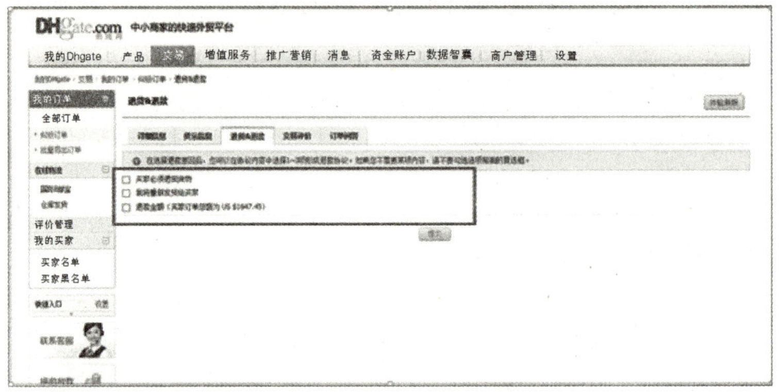

图 6－51　进入新协议内容页面

卖家提交新协议后，卖家可以继续点击相关按钮进行协商的操作，如图 6－52 所示。

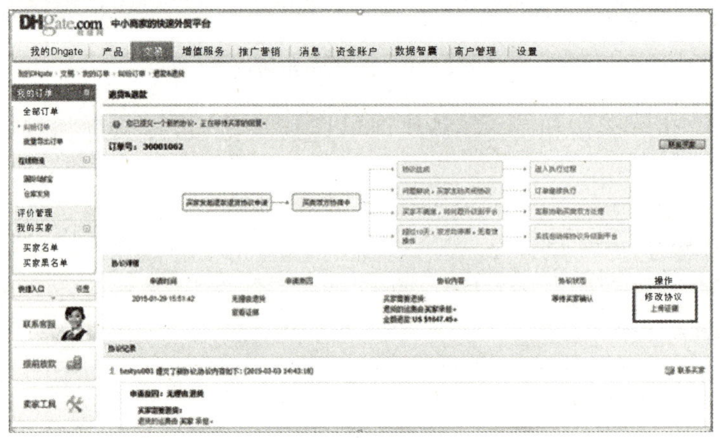

图 6－52　进行修改协议以及上传证据

3. 平台纠纷

订单升级为平台纠纷，可能存在多种情况，包括双方有无及时响应、是否一直在有效协商、是否某一方有另一方不能接受的要求等，为顺利且快速的解决双方争议，分如下几个阶段了解升级纠纷中需要注意的事项。

(1) 纠纷开启

在纠纷开启阶段，平台给买卖双方 3 天的时间提供证据，卖家需要做的是查看注意事项和有利证据。

① 认真核实买家投诉原因，根据投诉原因提供有效的证据(描述不符类投诉

请务必提供发货证明)；如无法提供证据也不能达成一致，请提供解决方案。

② 查看买家的留言和反馈的问题，及时有效的沟通，争取在 3 天内协商一致解决方案；如果问题已经解决，可以引导买家关闭纠纷(此操作仅限于证据提交阶段)，如图 6－53 所示。

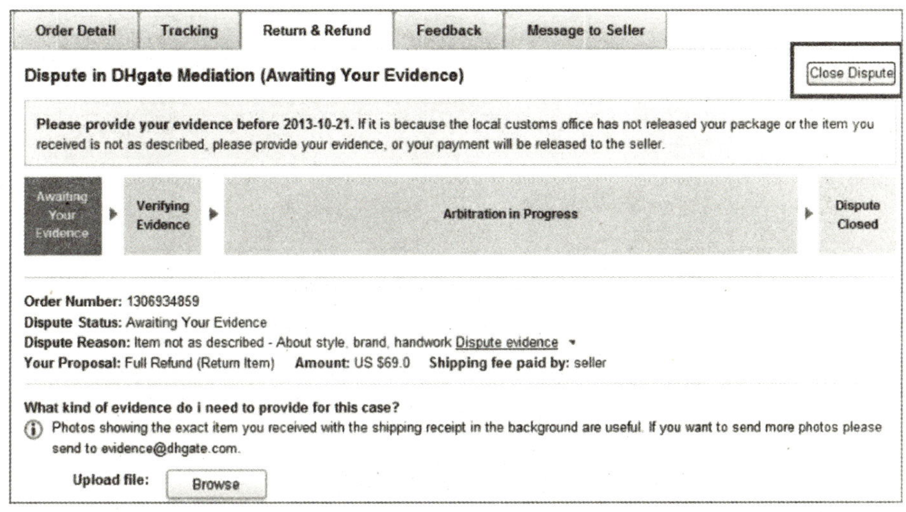


图 6－53　引导买家关闭纠纷

③ 如果买家有在升级纠纷阶段提出纠纷解决建议(买家提出的纠纷解决建议会在后台有显示)，请仔细核实后再确认。

(2) DHgate 审核中

提交证据的 3 天后，订单状态扭转为 DHgate 审核中，纠纷专员会此期间给出订单裁决方案，卖家需要做的有：

① 关注留言查看纠纷专员的解决建议并给予及时反馈。

② 尽可能跟买家沟通和解并安抚，让其理解已尽到最大努力，希望双方继续合作，为订单结束后买家的优评做准备。

(3) 裁决方案执行中

纠纷专员给出裁决建议后，订单状态扭转为裁决方案执行中。

卖家需要阅读系统提示：5 天内提供详细的英文退货地址、7 天内等待买家提供退货信息、30 天内确认收到货物，如果卖家已经在后台保存了默认英文地址，则系统给买家 7 天时间提供退货信息，同时建议与买家保持沟通，就退货运费或方式达成协议。

## 第七节　利用广告推广

1. 登录敦煌网产品营销系统

敦煌网的广告系统主要分为定价广告、竞价广告和展示计划，如图 6－54 所示。

图 6－54　登录敦煌网的广告系统

2. 定价广告的投放

定价广告的投放较为简单，只需点击定价广告页面右侧，将出现其敦煌网的联系方式，可选择电话、邮箱、QQ 等方式进行咨询，如图 6－55 所示。

图 6－55　点击定价广告

在页面底端，可以点击查询各页面广告位售价详情，如图 6-56 所示。

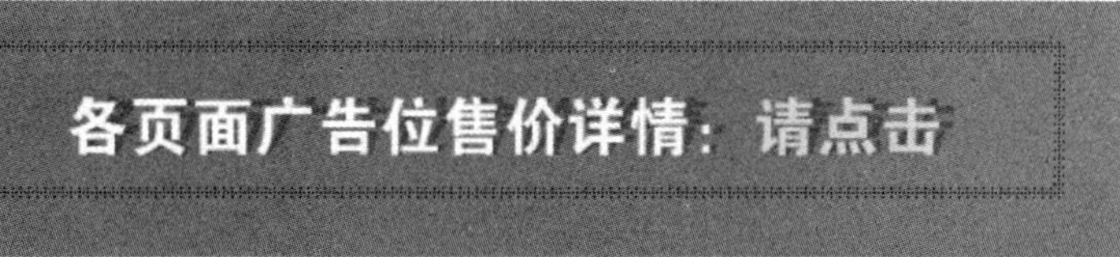


图 6-56　点击查看各页面广告位售价

3. 竞价广告的投放

（1）登录我的 DHgate—“推广营销”—“促销活动”—“平台活动”，如图 6-57 所示。

图 6-57　点击竞价广告的投放

（2）选择产品，如图 6-58 所示。

图 6-58　选择产品

(3) 选择投放位置，如图 6－59 所示。

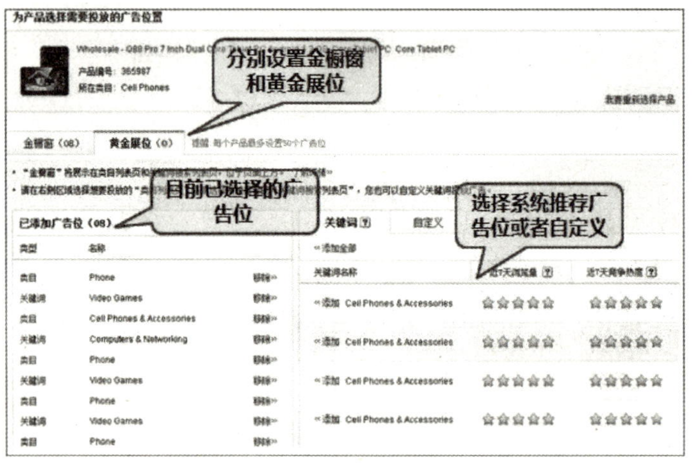


图 6－59 选择投放位置

(4) 添加成功，如图 6－60 所示。

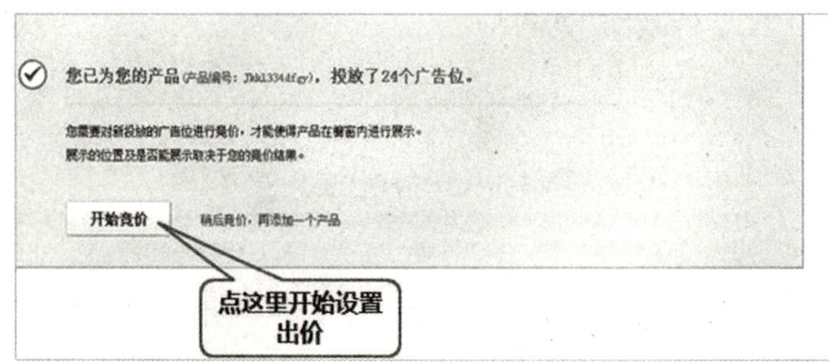


图 6－60 添加成功

(5) 设置出价，如图 6－61 所示。

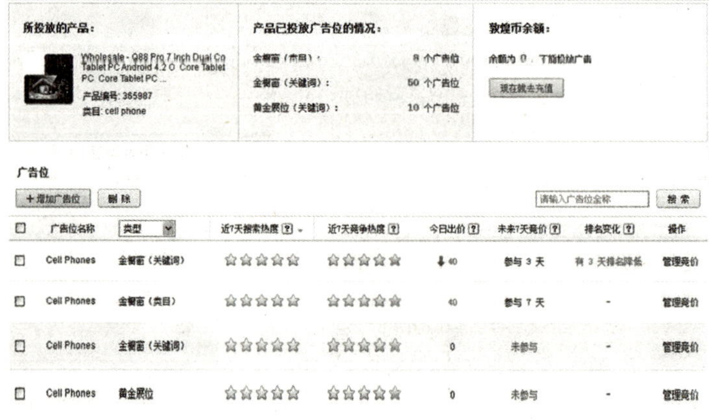


图 6－61 设置出价

4. 展示计划

(1) 什么是展示计划

展示计划是以交叉购买的人群为推广目标,系统根据各类目和各关键词下产品特性和下单比率等关联性来计算各个行业的交叉人群,是综合性经营的卖家推广产品的有利的广告投放形式,适合优质单品的推广。可精确吸引各类目的交叉人群,从而形成交叉流量订单。

(2) 如何收费

展示计划广告的收费方式是按点击收费(CPC),参加展示计划并被成功展示的产品会按照展示期间的点击量收费,每次点击价格为 1 敦,另外,同一 IP 产生的多次点击按一次计算,有效地杜绝了恶意刷点击的行为。

(3) 位置展示,如图 6-62 所示。

图 6-62 商品的位置展示

(4) 进入广告系统,在导航上点"展示计划投放"进入展示计划投放界面,如图 6-63 所示。

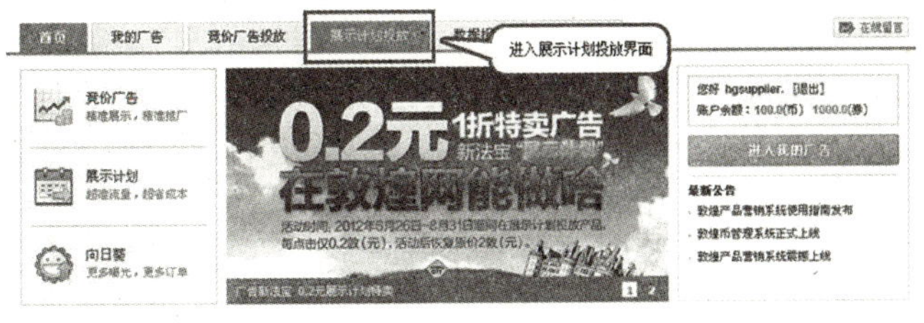


图 6-63 进入展示计划投放界面

(5) 在展示计划投放界面,点"新增展示计划产品"按钮,进入广告投放流程,如图 6-64 所示。

图 6-64 点击新增展示计划产品

(6) 选择要参加展示计划的产品,然后点"提交",如图 6-65 所示。

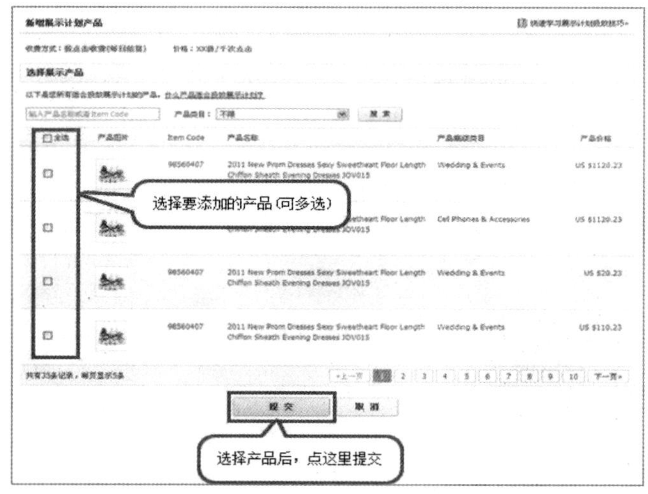


图 6-65 选择要参加展示计划的产品

(7) 如果信息填写无误,显示提交成功,提交完成后可以在展示计划投放主界面的"我的展示计划产品"栏目中查看和管理已提交产品,如图 6-66 所示。

图 6-66 查看管理已提交产品

# 第八节　巧用增值服务

1. 登录“我的 DHgate”之“增值服务”界面(见图 6－67)

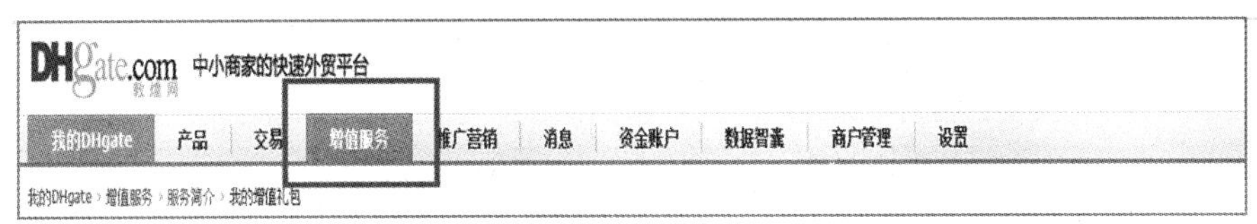


图 6－67　登录“我的 DHgate”之“增值服务”界面

2. 产品流量快车

这是敦煌网为卖家量身打造的强力引流工具，流量快车将会在产品排序列表页固定位置上，高度曝光产品，如图 6－68 所示。

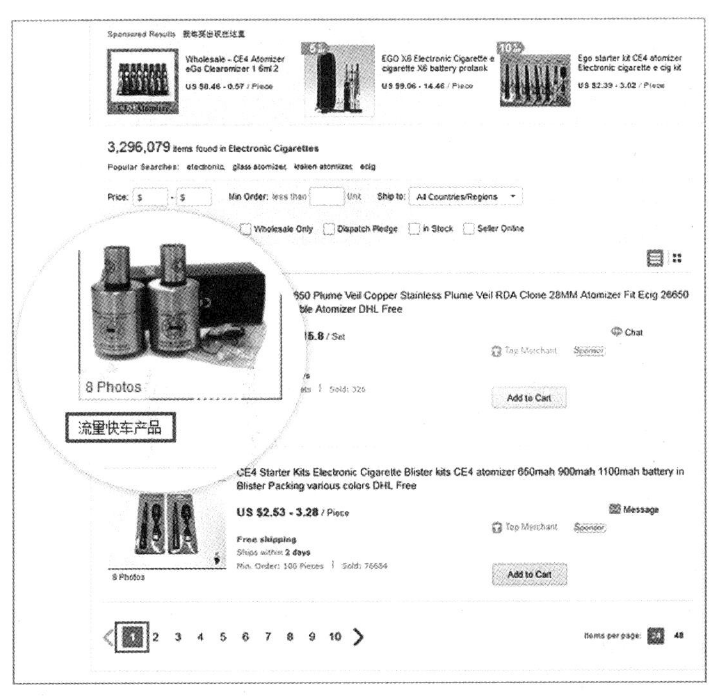


图 6－68　产品排序列表

3. 橱窗智能控

系统通过卖家设定选品维度、智能推荐热销单品、整合店铺流量点击资源来提高店铺经营效率，如图 6－69 所示。

图 6－69　橱窗展示页面

4. 类目黄金展位

类目黄金展位是敦煌网增值卖家专属增值服务，为上架的产品设置黄金展位，卖家的产品就能够在类目列表页右侧被展示，显著提高流量，提高订单量，如图 6－70 所示。

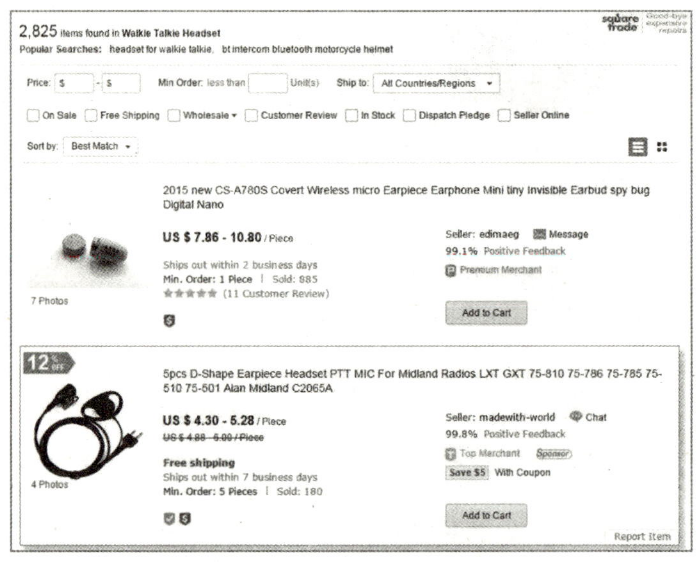


图 6－70　类目黄金展位

5. 身份识别

身份识别有利于卖家的可信度，增加订单，如图 6－71 所示。

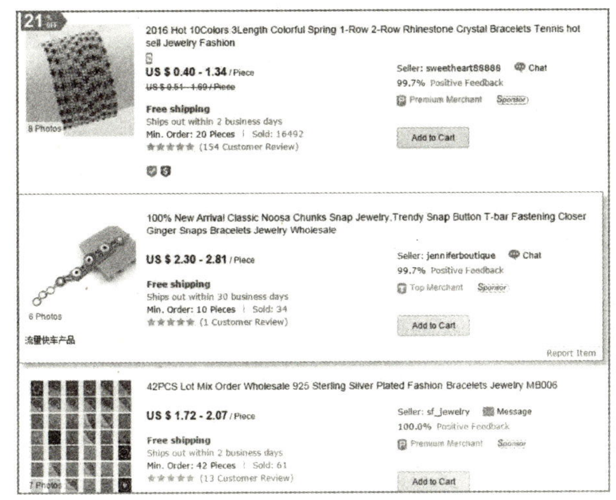


图 6－71　身份识别显示

6. 数据智囊

敦煌网行业运营数据，为店铺经营提供核心数据参考资料。商铺解析，帮卖家监控店铺发展，核心数据为店铺建设提供分析指导（见图 6－72）。行业动态，帮卖家预测市场变化趋势，挖掘行业潜力深度（见图 6－73）。关键词追踪，把控买家搜索习惯，精准推荐热销产品（见图 6－74）。

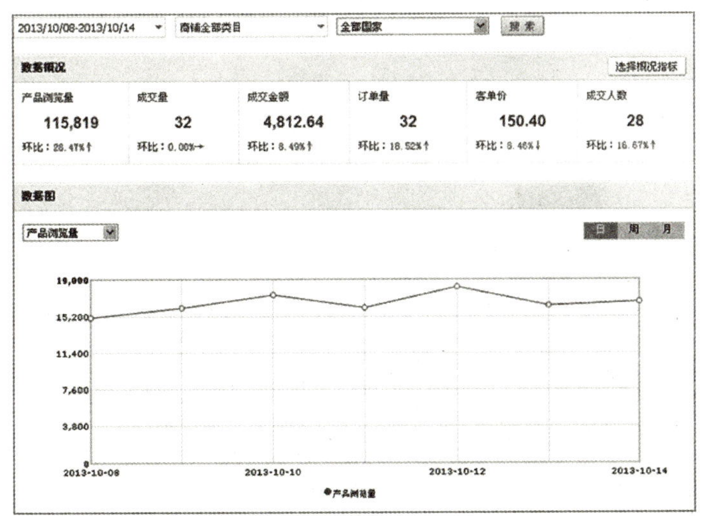


图 6－72　数据概况和数据图

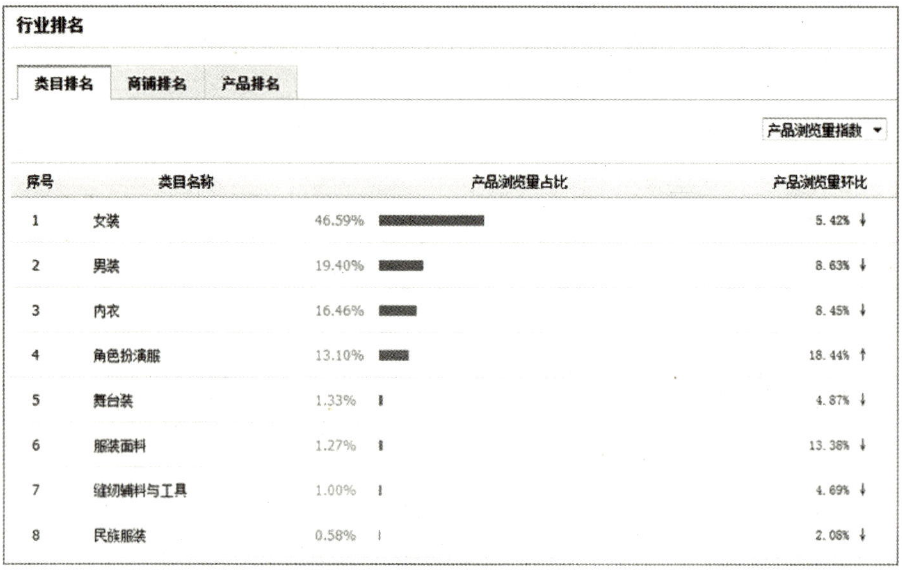

行业排名

类目排名 | 商铺排名 | 产品排名

产品浏览量指数

| 序号 | 类目名称 | 产品浏览量占比 | 产品浏览量环比 |
|---|---|---|---|
| 1 | 女装 | 46.59% | 5.42% ↓ |
| 2 | 男装 | 19.40% | 8.63% ↓ |
| 3 | 内衣 | 16.46% | 8.45% ↓ |
| 4 | 角色扮演服 | 13.10% | 18.44% ↑ |
| 5 | 舞台装 | 1.33% | 4.87% ↓ |
| 6 | 服装面料 | 1.27% | 13.38% ↓ |
| 7 | 缝纫辅料与工具 | 1.00% | 4.69% ↓ |
| 8 | 民族服装 | 0.58% | 2.08% ↓ |

图 6-73　行业排名情况

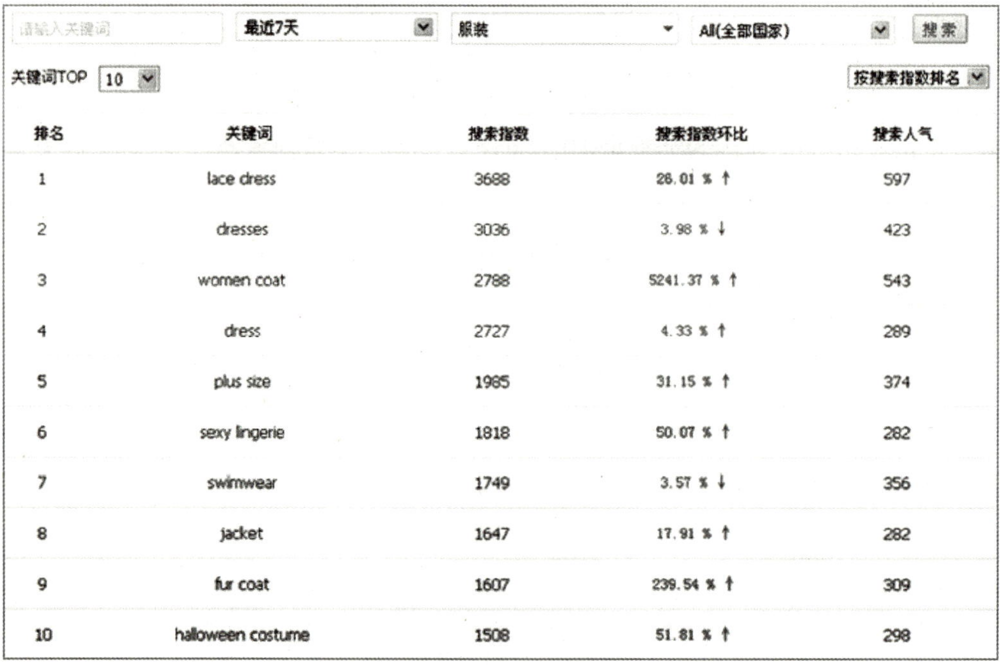

请输入关键词　最近7天　服装　All(全部国家)　搜索

关键词TOP 10　　按搜索指数排名

| 排名 | 关键词 | 搜索指数 | 搜索指数环比 | 搜索人气 |
|---|---|---|---|---|
| 1 | lace dress | 3688 | 26.01 % ↑ | 597 |
| 2 | dresses | 3036 | 3.98 % ↓ | 423 |
| 3 | women coat | 2788 | 5241.37 % ↑ | 543 |
| 4 | dress | 2727 | 4.33 % ↑ | 289 |
| 5 | plus size | 1985 | 31.15 % ↑ | 374 |
| 6 | sexy lingerie | 1818 | 50.07 % ↑ | 282 |
| 7 | swimwear | 1749 | 3.57 % ↓ | 356 |
| 8 | jacket | 1647 | 17.91 % ↑ | 282 |
| 9 | fur coat | 1607 | 239.54 % ↑ | 309 |
| 10 | halloween costume | 1508 | 51.81 % ↑ | 298 |

图 6-74　关键词排名情况

## 敦煌网全球开店

## 实验时数：2

### 一、实验目的

通过在敦煌网刊登商品、销售商品、物流、支付和纠纷处理等环节的操作，学生能够熟悉敦煌网全球开店的操作步骤，掌握通过敦煌网进行跨境电子商务运作的要领。

### 二、实验内容

1. 按照本章内容进行操作，登录在第三章实训中申请的敦煌网全球卖家账户，依次完成在敦煌网的资质审核、线上管理、库存管理、物流管理、促销管理和评价管理等操作。

2. 总结在敦煌网平台上进行跨境电子商务需要特别注意的方面。

3. 以供应商的角度评价在敦煌网平台上进行跨境电子商务运营的感受，思考敦煌网平台操作是否便利、服务是否完善、支付是否安全、物流是否顺畅等问题，并记录在实验心得中。

### 三、设备与所需软件

多媒体实验机房，每人配备一台可以访问互联网的计算机。

### 四、实验报告要求与实验考核要求

**表 6－1　实验报告要求与实验考核要求**

| 实验报告要求 | 实验考核要求 |
|---|---|
| (1) 实验目的 | (1) 学生根据实验要求提交实验报告 |
| (2) 实验内容及要求 | (2) 教师根据实验报告评定单项实验成绩 |
| (3) 实验过程 | (3) 根据单项实验成绩和实验报告内容给出整体实验成绩 |
| (4) 实验心得 | (4) 总体实验成绩按适当比例计入课程总分 |
| (5) 同学之间关于实验的交流 | |

# 第七章 eBay 实战

## 第一节 eBay 平台的特点

作为全球最大的国际贸易电子商务平台，eBay 在全球范围内有 40 个交易网站，拥有超过 2.5 亿的买家，交易遍布全球 150 个国家，更具有进入门槛低、成本低、操作便捷、收款安全方便等特点，无疑是进行跨境电商的首选之地。

凭借 eBay 在全球包括美国、英国、澳洲、德国在内的 38 个便捷高效的网上贸易站点和严谨的信用评价系统，帮助中国外贸用户和中小企业轻松实现外贸创业梦想。

eBay 集团在中国致力于推动跨境电子商务零售出口产业的发展，为中国卖家开辟直接面向境外的销售渠道。通过 eBay 在线交易平台和 PayPal 支付解决方案，数以万计的中国企业和个人用户在 eBay 全球平台上将每年数 10 亿美元的产品和服务销售给世界各地的消费者。

为了更好帮助中国卖家在 eBay 平台上进行销售，eBay 成立了专业的跨境交易服务团队，提供跨境交易认证、业务咨询、疑难解答、外贸专场培训及电话培训、外贸论坛热线、洽谈物流优惠等一系列服务，帮助中国卖家顺利开展全球业务。PayPal 则利用广阔的境外渠道和合作网络帮助中国企业迅速开拓全球市场，并更好地建立品牌认知和信任度。PayPal 针对中国市场，着力于为中小商户提供“一站式”在线外贸解决方案，帮助解决从网店搭建、网络推广、在线支付到跨境物流等一系列难题。

许多草根群众在 eBay 上开展跨境贸易，获得的收益都相当不错，其中一位 47 岁的铁路工人就在 3 年间成为 eBay 的黄金超级卖家，在美国市场获得了每月 5 万～60 万元的收益。这充分说明，在 eBay，只要略懂英语，会用电脑，人人都可以做卖家。

在 eBay 上可以买到各式各样的商品，除了服装、食品和收藏品等传统商品外，还可以在 eBay 上买到警报系统、电子牙刷等许多现代创新产品，甚至还可以在 eBay 上买到车、房子大宗商品等。eBay 上的产品无所不及，它既卖想得到的产品，也卖想不到的产品。在 eBay 繁多的产品中，电子产品、收藏品和时尚产品这三类产品尤为受到卖家的欢迎。

## 第二节　登记和认证

在 eBay 上只需注册账号和身份认证，就可以成为 eBay 跨境卖家，开始全球创业梦想，进军全球 2.5 亿买家市场。在 eBay 上进行跨境贸易的前期准备主要分为注册 eBay 账号、注册 PayPal、绑定 eBay 和 PayPal 账号和申请全球通行证四个步骤。

1. 注册和认证 eBay 账号

（1）填写基本信息。进入 eBay 香港首页 www.ebay.com.hk，点击“注册”，开始注册 eBay 账号，根据界面提示在图 7－1 中填写基本信息，执行操作。

ebay 開始使用 eBay!

建立你的個人帳戶，或開設商業帳戶。

English 中文

國家／地區

中國

已有帳戶？

登入

名字 姓氏

郵遞區碼 縣市 省

选择省市自治区

地址

聯絡電話

+86

電郵

建立密碼

確認密碼

獲得專屬優惠及促銷推廣消息

按下「登記成為會員」即表示，你同意已閱讀且接受 eBay 會員合約及會員私隱權通知，並已年滿 18 歲。

登記成為會員

图 7－1 信息填写页面

（2）电话号码验证。进入图 7－2 中的“确认电话号码”界面，可选择一种验证方式。

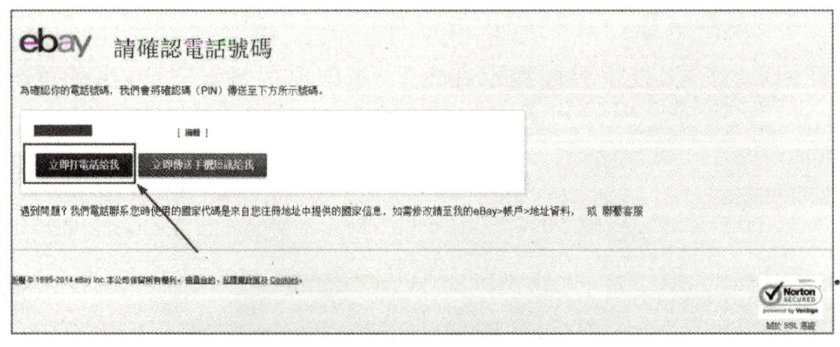


图 7－2 确认电话号码界面

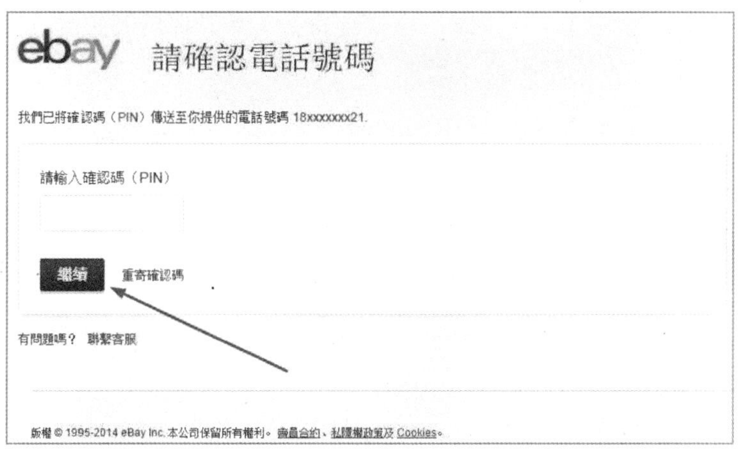


图 7-3 输入 PIN 码

(3) PIN 码确认电话号码。按照 eBay 的电话或短信提示，在图 7-3 输入 PIN 码，完成验证后将看到注册成功提示，系统将分配给一个用户名给卖家。

(4) 变更会员账号。如果想设置个性化的用户名，点此登录。可进入“变更会员账号”页面，设置新的会员账号名称，再点击“储存”即可(会员账号每 30 日只能变更一次，会员账号旁会显示“已变更账号”图示)。

图 7-4 变更会员账号

(5) 信用卡认证 eBay 账号。完成登录操作后，页面自动进入图 7-5 的确认身份页面，选择“透过信用卡确认身份”选项，然后点击“继续”，从“中国 SMS 手机短信认证”和“国际信用卡”中选择一种认证方式(为了日后开展跨境销售业务的方便,可使用信用卡方式认证账号)。

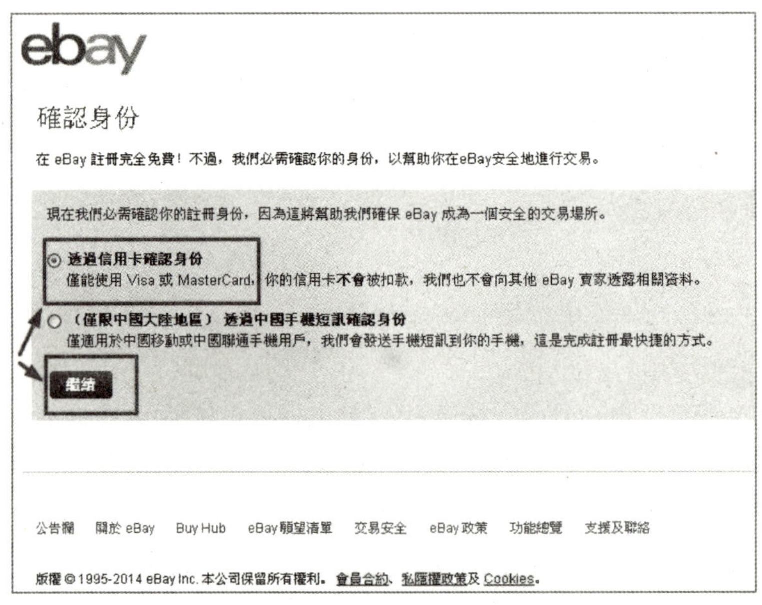


图 7-5 选择认证方式

(6) 在图 7-6 显示的页面正确填写个人信用卡信息,然后点击“继续”。确认所持卡为信用卡(Visa 或 Mastercard),并填写真实有效的信用卡号码和持卡人详

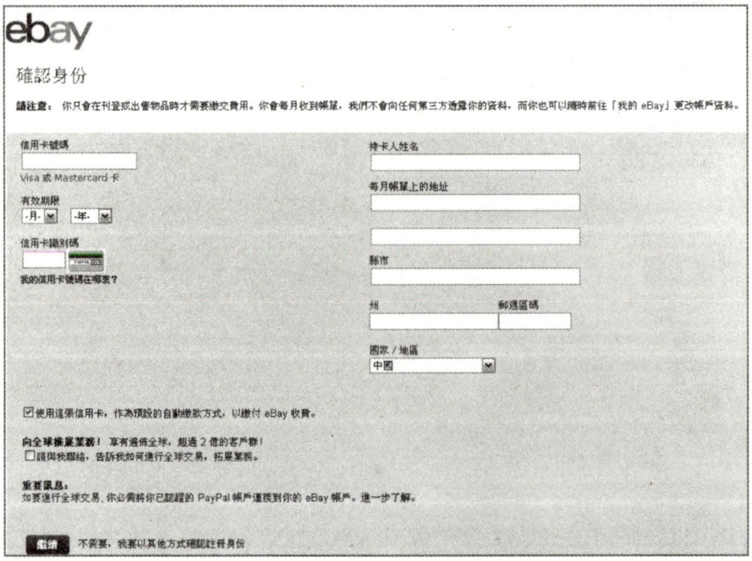

图 7-6 信用卡认证页面

细资料,仔细确认该资料与申信用卡时所填写的资料一致。部分信用卡需要事先开通网上银行功能,可咨询发卡行。eBay 将向该信用卡所属银行申请 10 美元的预售权交易,用户将会收到银行的手机短信提示(该笔交易不会真实产生,只是用来验证信用卡的有效性。)

(7) 授权信用卡。进入图 7-7 信用卡使用合约界面,确认条款后点击"授权信用卡"按钮,完成信用卡认证。

图 7-7　信用卡授权页面

2. 注册和认证 PayPal 资金账户

PayPal 账户分为个人账户、高级账户及商业账户。个人账户用于个人购物付款,高级账户可用于以个人名义接受来自买家的付款,建议个人卖家选择。商业账户则可下设多个子账户并设有高级权限管理功能,适合企业的应用环境。高级账户可以升级成为商业账户。

(1) 填写注册表单操作步骤。

① 根据账户类型和所在地选择对应的注册链接。

高级账户适合个人经营选择,商业账户适合企业经营选择。

建议使用与注册 eBay 账号时相同的电子邮件地址注册 PayPal 账户。姓和名使用拼音(例如,张三 ZHANG SAN),并确保和银行登记时一致。务必填写真实的姓名地址及相关信息,否则将导致提款失败、账户受限等状况影响正常的交易。

② 根据实际情况填写真实的注册资料,图 7-8 为中国大陆用户注册高级账户时需提交的注册表单,完成后点击“同意并创建账户”按钮。

③ 根据提示输入验证码,然后点击“继续”。

④ 根据提示选择密码提示问题并填写对应的答案,点击“提交”后就成功创建了账户。

图 7-8 PayPal 注册表单

(2) 查收注册确认邮件激活账户步骤。

① 进入注册邮箱,在收件箱中查收"欢迎使用 PayPal"的注册确认邮件。

② 点击邮件中的确认链接,并点击邮件内的"确认电子邮件地址"链接。

为了确保用户账户及资金安全,在证实是卡或银行账户的合法持有人之前,无法进行提现交易。可以使用信用卡或者借记卡完成对 PayPal 账户的认证。

要获得账户认证,登录后进入账户页面图 7-9,点击"获得账户认证"进入认证方式选择页面。

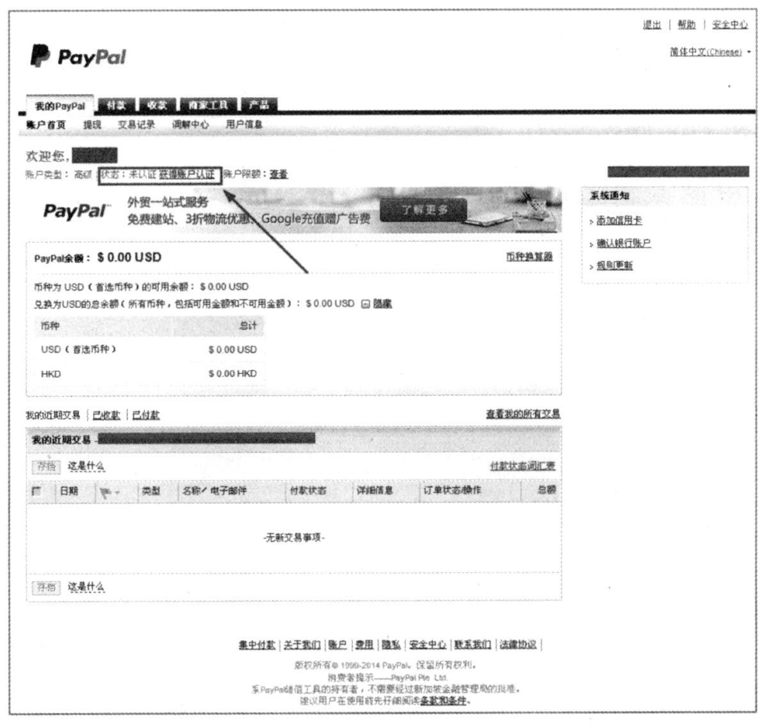


图 7-9　获得账户认证

认证方式选择页面提供了两种方式实现账户认证,透过信用卡认证 PayPal 资金账户和通过借记卡认证 PayPal 账户。

(3) 透过信用卡认证 PayPal 资金账户。

若认证 eBay 账号时选择以信用卡方式认证,则建议同样采用信用卡方式认证 PayPal 账号。

① 选择"确认的信用卡"模块的"立即开始"按钮。

② 根据提示在图 7-10 所示页面中填写信用卡信息,然后点击"继续"按钮,

系统将向该信用卡申请两笔交易以验证其真实性。

填写信用卡信息时务必注意信息的真实性。部分信用卡需要事先开通网上银行功能，咨询发卡行了解详细步骤。

在确认信用卡过程中，PayPal 会在信用卡内扣除 1.95 美元，该交易会发送一个 4 位数验证码，可以隔天查询信用卡对账单来获取该验证码。扣除的 1.95 美元将在账户发生第一笔交易后返还到 PayPal 账户。

在确认信用卡过程中，PayPal 会向信用卡发起 1.00 美元的预授权交易，该比费用不会真实发生，但可能会收到来自银行的提醒。

图 7－10　信用卡信息填写页面

③ 通过银行信用卡网站查看账单(见图 7－11)，以确认信用卡认证码。

由于银行的记账系统延时，一般需 1～2 个工作日，才可以查询到该比交易记录以获得验证码。如果交易日期临近账单日，检查已出账记录；如果尚未到达账单日，检查未出账记录。

如果通过网银查询到该交易记录，可通过电话咨询银行信用卡中心客服或等待纸质账单，这可能需要耗费较长时间才能完成认证。

信用卡未出账单查询

账单币种 ： 人民币

确认

中国建设银行信用卡对账单

| 卡号后四位 | 交易日 | 记账日 | 交易描述 | 结算币种 | 结算金额 |
|---|---|---|---|---|---|
| 0617 | 10/25 | 10/26 | 支付宝(中国)网络技术有限公司 | 人民币 | 46.58 |
| 0617 | 10/29 | 10/30 | 支付宝(中国)网络技术有限公司 | 人民币 | 89.20 |
| 0617 | 11/01 | 11/01 | 上海 跨行消费 特易购商业上海 | 人民币 | 91.85 |
| 0617 | 11/01 | 11/01 | 北京 消费 支付宝：陆燕萍 | 人民币 | 495.00 |
| 0617 | 11/04 | 11/05 | 支付宝(中国)网络技术有限公司 | 人民币 | 178.12 |
| 0617 | 11/03 | 11/06 | PP*1650CODE 4029357733 SG | 人民币 | 11.95 |

第 1 页/共 1 页 [1]

图 7－11　确认信用卡认证码

④ 再次点击“确认的信用卡”模块的“立即开始”按钮，根据页面提示输入所查询到的验证码，检查无误后点击“确认卡”按钮即可完成信用卡认证。

(4) 通过借记卡认证 PayPal 账户。

暂时没有申办信用卡的用户，可选择通过银行账户认证 PayPal 账户。

① 选择“关联和确认的银行账户”模块的“立即开始”按钮。

② 在图 7－12 所示页面填写银行卡信息，然后点击“继续”按钮，并在接下来的页面校验并确认借记卡信息。

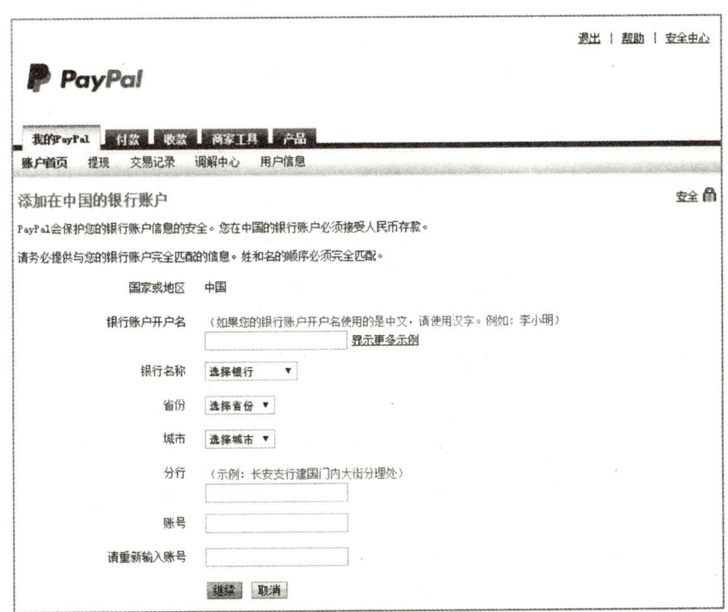


图 7－12　填写银行卡信息

务必按提示填写与银行开户时一致的银行账户开户名，否则将无法收到汇款。

③ 在 5～7 天后通过网上银行查询近期银行账户交易记录(见图 7－13)，并记录查收到的两笔小额汇款的金额，图片案例为 0.08 元和 0.15 元。该信息将用于认证 PayPal 账户。

当前功能：账户管理 > 交易查询　　版面号：101004

一卡通卡号：

当天交易查询　历史交易查询

子 账 户：活期结算户 人民币 00014　　交易类型：［全部］

起始日期：20141106　　终止日期：20141128　　查 询

以下是一卡通 4682032102830221 的历史交易记录：

| 交易日期 | 交易时间 | 支出 | 存入 | 余额 | 交易类型 | 交易备注 |
|---|---|---|---|---|---|---|
| 2014-11-06 | 13:10:54 | | 0.08 | 3,129.15 | 款项 | 2227PWSY9XM9A |
| 2014-11-06 | 13:10:54 | | 0.15 | 3,129.30 | 款项 | 222DDTKGR8M9A |

支出交易笔数：0　　存入交易笔数：2

支出金额合计：0.00　　存入金额合计：0.23

图 7－13　查询近期银行账户交易记录

④ 查收到两笔汇款后，再次选择“关联和确认的银行账户”模块的“立即开始”按钮。按照提示在图 7－14 所示页面录入两笔存款金额，则可完成账户的认证操作。

图 7－14　录入存款金额

3. 绑定 eBay 和 PayPal 账号

在开始正式刊登物品前，eBay 需要卖家将已认证的交易账户与资金账户进行绑定。具体操作步骤如下。

① 点击 eBay.com 顶端的 Sell 链接并登陆 eBay 账户，进入图 7－15 所示页面。

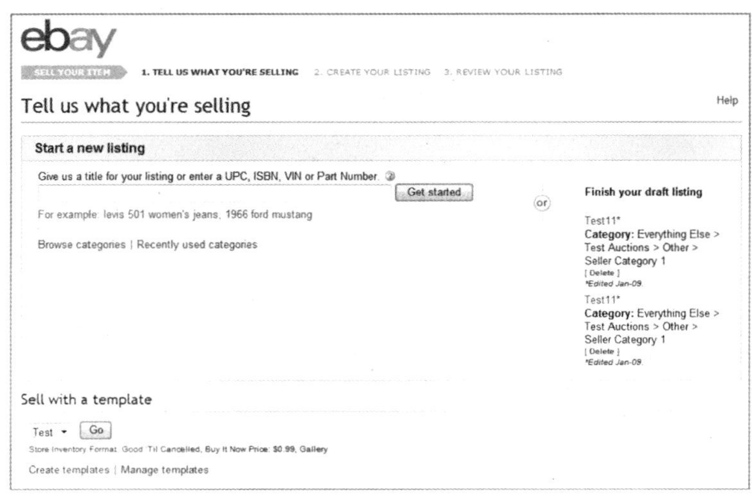


图 7－15　登录 eBay 账户

② 根据提示，完善产品信息。在此过程中，系统将直接进入图 7－16 所示确认身份页面，并选择第一项链接已验证的 PayPal 账户。

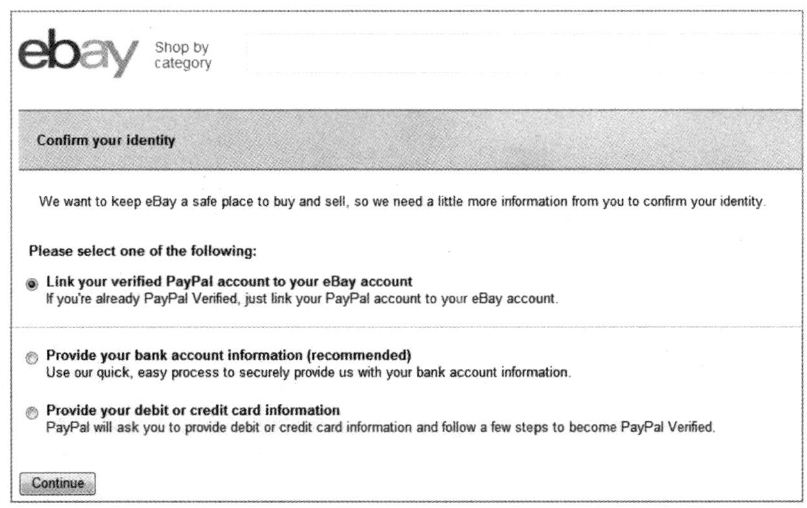


图 7－16　确认身份

③ 按页面提示输入 PayPal 电邮地址和密码后，点击“连接您的账户”，如图 7－17所示。

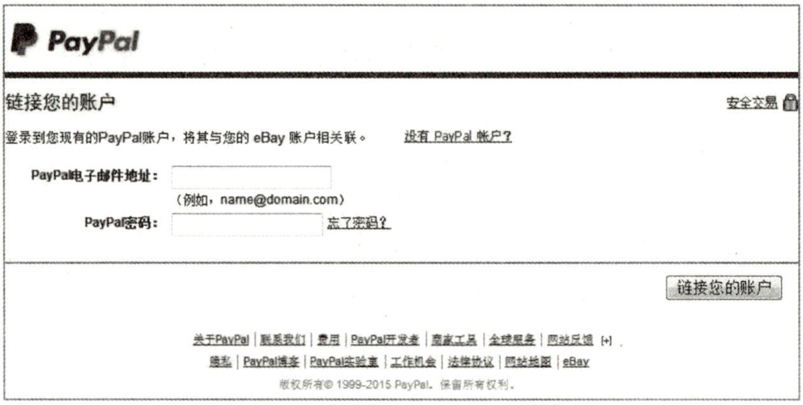

图 7－17　链接 eBay 和 PayPal 账户

④ 根据页面提示点击“返回 eBay”，即可完成 eBay 账户与 PayPal 账户的绑定。

## 第三节　售前准备

1. 行业调查

(1) 关键字搜索物品

大部分买家心里已经有了一些感兴趣的商品或者品类，85％以上的买家通过关键字搜索物品。在确定销售产品前，卖家可通过 eBay 的搜索栏获取买家行为偏好，可输入两三个和商品相关的关键字进行搜索（如 SONY＋DVD＋Player 等），系统就会很快为买家找出和 SONY DVD 播放器相关的商品来。

(2) 了解买家的集中上网时间

不同类型买家上线购物的时间是不一样的，有的物品在早上很少被买家浏览，而在晚上浏览的人却很多。了解买家集中上网的时间在跨国交易中尤为重要，这将帮助有效节省物品销售成本，并提高销售量。以美国站点为例，美国横跨 4 个时区，最东部和最西部相差 3 个小时。不会有太多的买家会在工作时间和睡觉时间上线购物的。所以刊登时间应该尽量选择在买家集中上线的时间。可登录 eBay 提供的时间计算器页面(http://www.ebay.cn/pages/jsp/fm/third/world/map.jsp)统计买家上线的集中时间,需要卖家自己动手操作。也可以一天内间隔平均时间发布物品,然后观察哪些时间是卖出商品的高峰,就可以知道买家上线的集中时间了。

(3) 了解买家群体的年龄层次和类别

统计买家群体的年龄层次和类别,是一个比较复杂的工作,但是作用是显而易见的,因为每种商品面对的是相同一类人,例如销售家庭用厨具,面对的客户群主要是家庭主妇,而如果在当地时间的 17 点半左右发布商品,则可能大部分的家庭主妇都在为家人准备晚餐而无暇上线。在出售商品时,应该确定面对的客户群是什么样的人。通过新闻等途径了解线上买家的组成结构,了解经常上线购物的买家的年龄层次和类别,制定相应策略。

(4) 市场调查

利用 eBay 及其他独立网站提供的不同工具进行市场调查,举例如下。

① Terapeak

Terapeak 是由独立厂商开发的网上工具,可即时了解货品平均售价、售出比率、时间等。

英文版:http://www.terapeak.com/。

中文版:http://terapeak.ebay.cn/。

查看价格详情:http://terapeak.ebay.cn/signup/。

② eBay Pulse

美国:http://pulse.ebay.com/。

英国:http://pulse.ebay.co.uk/。

澳洲:http://pulse.eBay.com.au/。

每日速报市场潮流、热卖物品等 eBay 市场资讯,可从物品类别清单剔选所需资料。

2. 了解出售费用

eBay 的出售费用主要有刊登费、特色功能费用、成交费、卖家工具使用费和 PayPal 费用。

（1）刊登费（Insertion Fee）——每次刊登物品所必须支付的 eBay 刊登费。

（2）特色功能费用（选择性）——利用特色功能促销物品而需支付的费用。

（3）成交费（Final Value Fee）——物品售出后，按成交价格所要缴交的成交费。

（4）卖家工具使用费（选择性）——销售报告、专业版售卖专家等卖家工具使用费。

（5）PayPal 费用——通过 PayPal 收取货款的费用。

3. 了解 eBay 政策

出售前最好先了解 eBay 的出售政策及规则，避免在不知情的情况下违反规则，遭到处分或冻结账户。卖家常违反的 5 大规定包括：

（1）违反知识产权（VeRO）

售卖假冒或侵权的货品，都是违反 eBay 保护知识产权方案的行为，会遭到相关处分或冻结账户。如果不能肯定自己卖的货品是否是正货，就不要刊登出售。相关网页为：http：//edu. ebay. cn/pretectpolicy/article_1038. html。

（2）滥用关键字（Keyword Spam）

在物品标题或物品说明中引用不适当或与物品本身无关的关键字或牌子名称，以增加曝光率和吸引买家注意，如“韩版包包”标题加上“LV、Prada、Gucci 包包”，就违反了滥用关键字规定。相关网页为：http：//edu. ebay. cn/listpolicy/1042. html。

（3）不正确物品所在地（Item Mislocation）

必须在物品所在地一栏填写真实的物品寄出地点。如注册信息为中国，物品所在地为美国，物品被一个美国卖家拍下，运费价格须与美国当地运费相匹配，而不能设置为中国到美国的运费。相关网页为：http：//edu. eBay. cn/listpolicy/article_1346. html。

（4）假出价（Shill Bidding）

自己或叫朋友向自己的货品出价，以提高货品价钱，或者营造货品很抢手的假象。相关网页为：http：//edu. ebay. cn/otherpolicy/1051. html。

（5）收取过高运费（Excessive Shipping Charge）

例如，物品价格只是 10 美元，但运费就要 20 美元，此政策是为规避 eBay 的刊登费，或从运费中赚取金钱。相关网页为：http：//edu. ebay. cn/listpolicy/1041. html。

# 第四节 产品发布策略

1. 选择出售方式

eBay 平台上有美国、英国、澳洲等多个站点出售方式，在确定出售站点之前可以访问各站点出售方式详情页面。如果想到美国站点出售物品，则进入美国网站刊登物品（无须重新注册）。只要在香港网站注册一次，使用相同的账户和密码可登录任何一个 eBay 站点卖东西。

2. 建立物品标题

选写物品标题，标题框最多允许输入 55 个字符，应尽量填满 55 个字符，可多方参考，使用买家最可能使用的物品关键字，或参考超级卖家的物品标题。标题内容应包括品牌、物品功能及 eBay 常见术语（如新旧、简单形容、颜色、款式、品牌、尺码）。避免使用容易令人误会的关键字和没有意义的关键字。

3. 选择刊登类别

选择合适的刊登类别，可以让买家容易地找到物品。如果"自动分类"（Suggested Categories）不是想要的，可以点击"浏览分类"（Browse Categories）来寻找合适的物品分类。

4. 加入物品图片

eBay 上可以免费上传一张商品的图片，物品图片可大大提高说服力，直接让卖家对物品的了解和信心。应至少刊登一张物品图片，并且使用不同的角度去展示；注意拍摄时光线是否充足；添加水印以免照片被其他用户使用；尽量不要使用闪光灯或杂乱的背景；勿在未经许可的情形下，复制其他 eBay 卖家或厂商的图片。

5. 物品说明

应清楚列明有关物品的资料，说明尽量精简。勿列出与物品不符的资料；不要抄袭其他卖家或网站的物品说明；在未经许可情况下，勿使用任何品牌标志；勿滥用颜色字款。

6. 定价和决定运送详情

拍卖(auction)是最常用的出售形式,对于买家和卖家来说也是最刺激的。预设的拍卖起标价是$0.99,为期7天,不过这些都是可以修改的。可以试试3日拍卖,将运送地点的预设值设为美国,或选择把货物运送到全世界。

7. 定价技巧

先进行市场调查,再决定出售方式,定价时要在吸引买家及赚取利润之间取得平衡,了解对手的定价策略。

8. 确立收款形式

PayPal是最方便也是最安全的收款方式,提供的PayPal账号然后点击Save and preview预览刊登页面,可以在预览时重新回到表格修改内容。预览时如果想要做出修改或编辑可以点击"Edit listing"(蓝色框),预览没有问题以后就可以点击"List youritem"发商品了(红色框)。点击以上链接(红色框)可直接进入该物品页面,点击"My eBay"(绿色框),将带进入后台"Selling"检查物品是否成功登陆。

9. 刊登后续工作

刊登物品后,应定时检查电邮,并以最快时间回复买家的查询,令买家留下良好印象,提高物品卖出的机会。可通过My Messages(我的讯息匣)与买家沟通,在登入My eBay后,在左边的导览列上点击My Messages,在My Messages内,可以查看买家给的电邮和其他卖家/会员的电邮,还可以联络任何eBay会员,且无须透露自己的电邮地址。

## 第五节 售后提示

1. 查收货款

登录eBay卖家账号绑定的PayPal账户,所有账目信息一目了然,可便捷查收货款,足不出户也能轻松掌控。

如果卖家已有与eBay卖家账号绑定的PayPal账户,可在"交易记录"(History)中找到所有的交易,轻松查收货款。可按照下面步骤在"PayPal"中查收货款:

① 进入 eBay 香港站点,完成登录,进入“我的 eBay”页面。

② 在“我的 eBay”页面中,进入“账户”页面,点击左侧边栏里的“PayPal 账户”,即可进入“PayPal 账户资料”页面,点击“前往的账户总览”,可进入卖家 eBay 卖家账号绑定的 PayPal 账户。

③ 进入 PayPal 账户登录页面,填写与 eBay 卖家账号绑定的 PayPal 账户名称和密码,完成登录,进入“PayPal 账户”页面。

④ 在“PayPal 账户”页面,点击“交易记录”进入该页面,如图 7-18 所示。

图 7-18 交易记录界面

⑤ 在“交易记录”页面的左上方可看到账户总余额,余额旁边即为搜索条件,可根据需要选择搜索的范围和搜索方式,在列表中显示需要查看的交易记录。

如果卖家需要查看的是近期交易,可点击“近期交易”,并在下方复选框的下拉菜单中点选需要查看的时间段,即可在交易记录列表中显示出需要查看的交易记录,如图 7-19 所示。

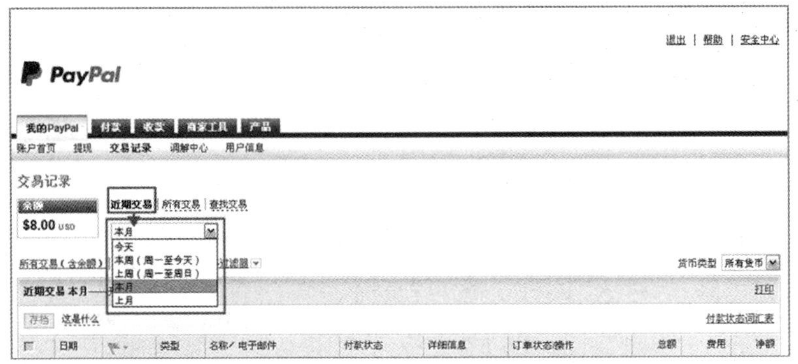


图 7－19　近期交易界面

如果需查看更早或更精确时间段的交易记录，可点击“所有交易”，并在下方复选框的下拉菜单中点选需要查看的时间段，也可以在复选框右侧点选需要查看的起止时间，点击“显示”，即可在交易记录列表中显示出需要查看的交易记录，如图 7－20 所示。

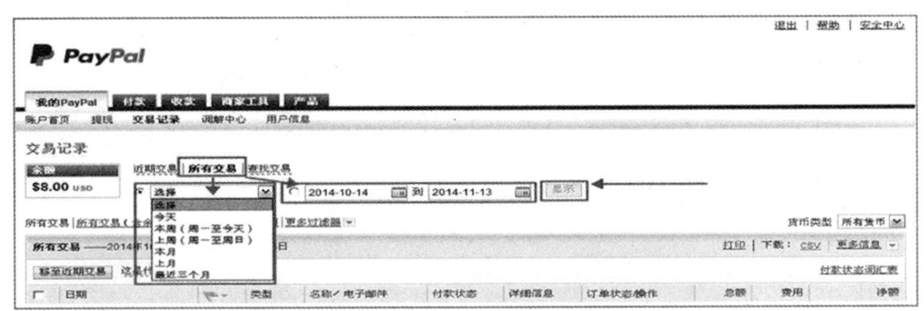


图 7－20　所有交易界面

如需精确查找指定的交易记录，可点击“查找交易”，并在下方的文本框中输入需要查找的交易记录关键字，在文本框右侧选择搜索范围，文本框下方选择币种，在币种下方选择具体的起止时间，点击“搜索”即可在交易记录列表中显示出需要查看的交易记录，如图 7－21 所示。

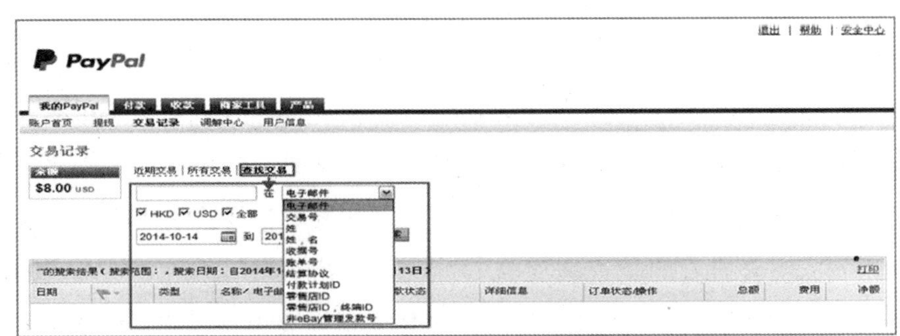


图 7－21　查找交易界面

如果以“近期交易”或者“所有交易”来搜索，可在余额下方看到更多的选择条件，包括“所有交易(含余额)”“已收款项”“已付款项”“更多过滤器(在‘更多过滤器’中卖家可以选择更多更详尽的搜索条件)”“货币类型”，可根据需要点选，进一步缩小搜索范围，如图 7－22 所示。

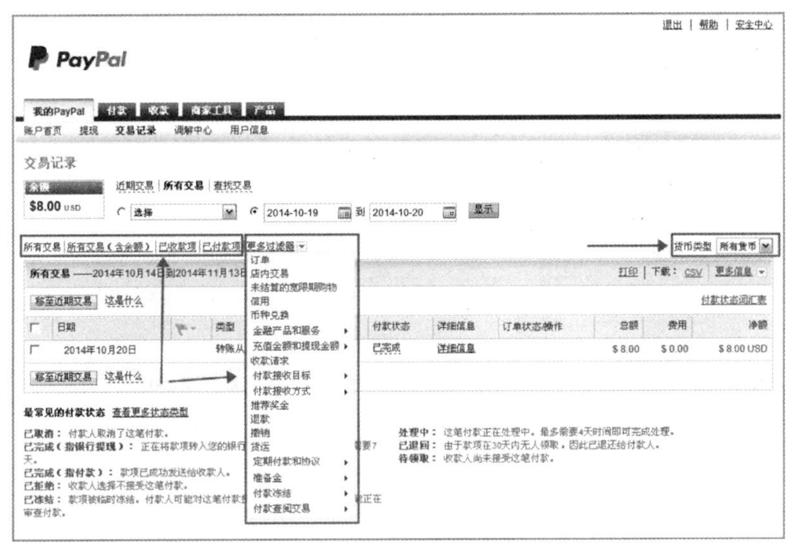

图 7－22　更多过滤器界面

⑥ 点选需查看的交易记录后，还可在交易记录列表中点击交易记录对应的“详情信息”，以查看此笔交易的详情，如图 7－23 所示。

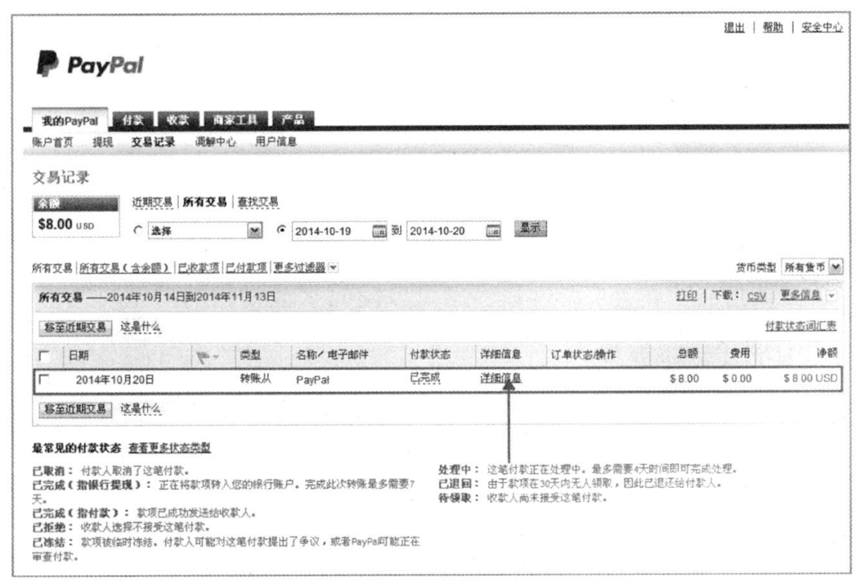

图 7－23　详细信息界面

如果卖家查找的交易发生了买家投诉、退单或涉及未经授权的补偿申，也可在“交易详情”页面中点击“调解中心”，前往“PayPal 的调解中心”页面解决此问题，如图 7－24 所示。

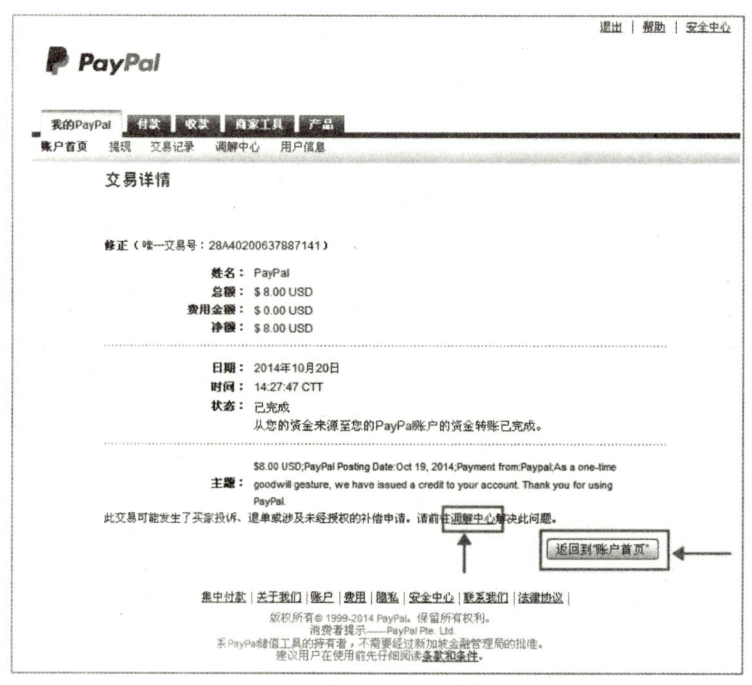


图 7－24　调解中心界面

⑦ 如果卖家对付款状态的定义不了解，可点击交易记录列表中的“付款状态词汇表”或交易记录列表下方的“查看更多状态类型”，还可直接查看交易记录列表下方的“最常见的付款状态”，了解各状态的定义。

2．货物运送

当买家购买物品后，卖家需执行打包发货操作。在过程中，卖家须严格检查物品，并把相关信息上传至 eBay，让买家可以随时掌握物流的动态。

（1）验证卖家货运地址

在发货前验证买家的货运地址是十分重要的，尤其是境外的用户，只有确认无误，才能有效避免不必要的麻烦。可按照下面步骤验证买家的货运地址。

① 以 eBay 美国站点为例，完成登录，进入“My eBay”页面，点击“My eBay”页面左侧边栏中的“Sold”，进入“已卖出”页面，如图 7－25 所示。

可先开通“Selling Manager”或者“Selling Manager Pro”，即“售卖专家”或者“专业版售卖专家”，可方便进行发货操作。

如果卖家已登记使用“精选店铺”或“超级店铺”，可免费使用“专业版售卖专家”。

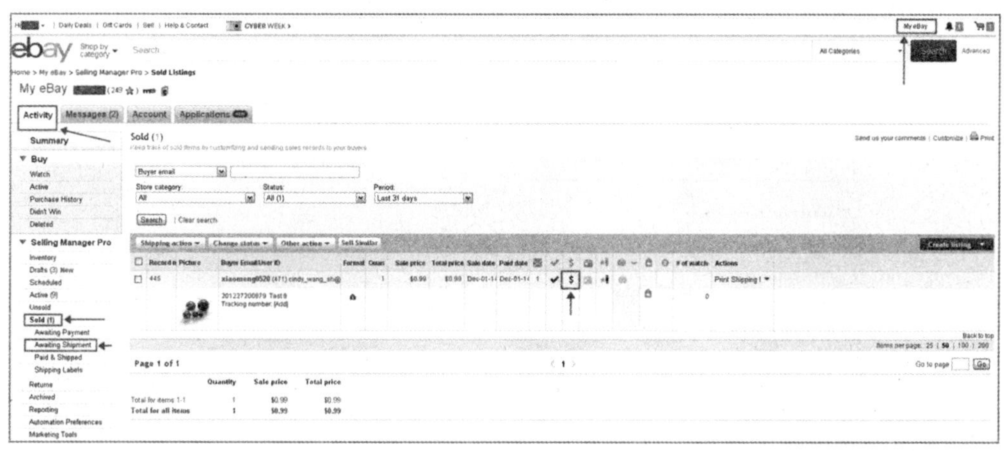


图 7-25　售卖专家界面

② 在“已卖出”页面找到“已卖出物品”，交易栏中的“＄”符号亮起表明买家已付款，也可直接点击左侧边栏中的“Awaiting Shipment”，进入“等待发货”页面，页面内会显示已付款但未发货的订单图 7-26。

③ 点击需要发货订单右侧对应的“Print Shipping Label”，在下拉菜单中选择“View Sales Record”，可查看交易细节，如图 7-27 所示。

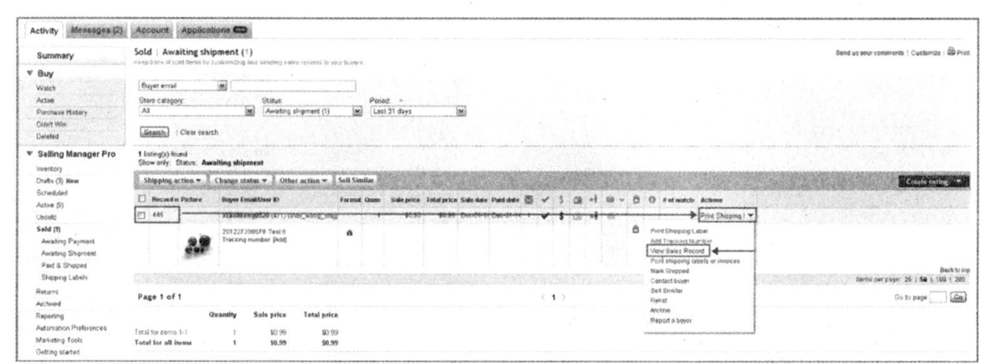


图 7-26　查看交易细节

④ 在“交易细节”页面中的“Buyer details”模块，可查看买家收货信息，如图 7-27所示。

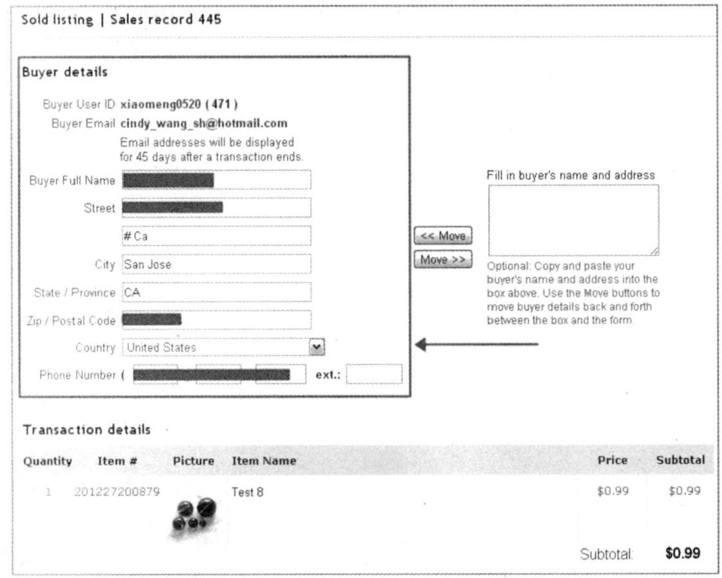


图 7－27　查看买家收货信息

特别注意买家填写的地址中是否包含电话号码。如未包含，与买家联系获取其号码，因为电话对于物品能否被顺利送达非常重要。

⑤ 如卖家需给买家备注，如运送资料或个人讯息，可在“交易细节”页面中“Notes to buyer”下的文本框内编辑，完成后点击下方的“Save”保存，如图 7－28 所示。

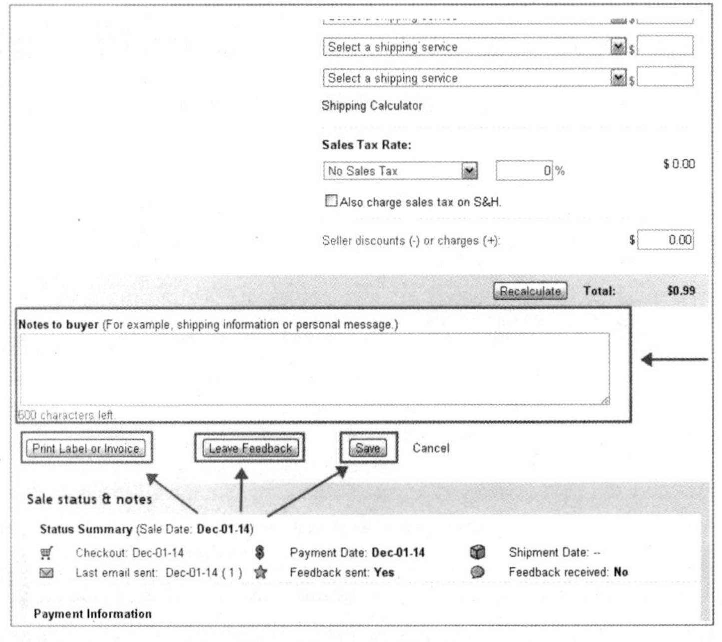


图 7－28　填写留给买家的备注信息

仅限英/美境外仓卖家的英/美国内物流，如卖家需打印运输标签，可点击文本框下方的“Print Label or Invoice”进入打印标签页面，根据需要选择信息后点击“Continue”进入下一页，即可出现需打印的内容，可右键单击页面，在弹出的下拉菜单中选择打印即可。如果是跨境物流（举例来说从中国发货到美国），可以参考使用 eBay 亚太物流平台发货如图 7－29 所示。

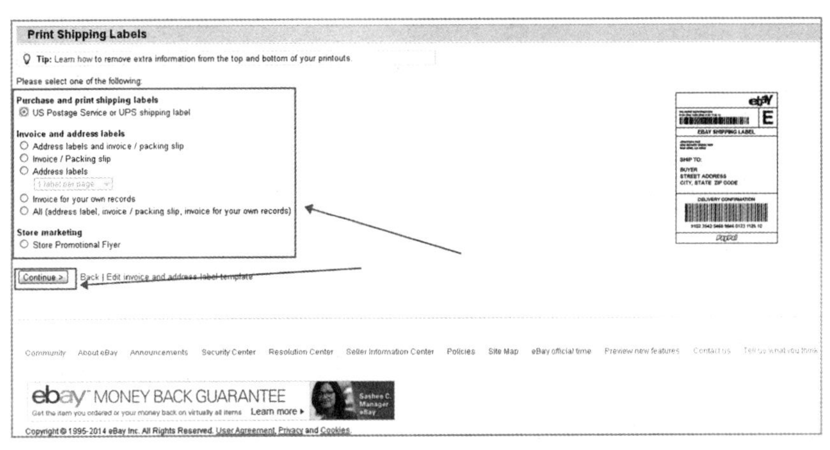


图 7－29 打印标签界面

如需留下信用评价，可点击“Leave Feedback”，点选“Use stored comments”，在下方复选框中选择已储存的评价，点选“Use custom comment”，并在下方的文本框中输入新的评价，选择并输入好后，点击“Leave Feedback”留下评价，点击“Edit Stored Comments”编辑或新增储存的评价，点击“Cancel”取消。

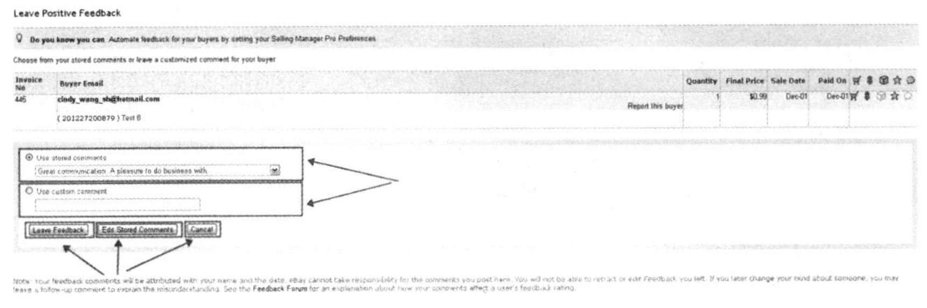


图 7－30 信用评价界面

⑥ 如需备注信息（不向买家显示），可在“交易细节”页面最下方“Miscellaneous notes”文本框中输入，同时，可在“Your cost per item”下方文本框中输入每个物品的成本，在“Actual Shipping Cost”下方的文本框中输入实际运费如图 7－31 所示。

Last email sent: Dec-01-14 (1) Feedback sent: **Yes** Feedback received: **No**

**Payment Information**

Payment received on 12 / 01 / 2014

Paid with PayPal

PayPal Transaction Details

**Shipping Information**

Shipped on / /

Shipping via ePacket delivery from China

Add Tracking Number

**Miscellaneous notes** (will not be shown to buyer)

Your cost per item $

Actual Shipping Cost $ 0.00

Notes to yourself

600 characters left.

Print Label or Invoice  Leave Feedback  Save  Cancel

图 7－31 备注不向买家显示的信息

（2）填写相关单证

在国际快递当中单据非常重要，单据填写是否正确，贴单是否规范，对于货物的派送及分拣，清关入关等都有重大影响，卖家需谨慎对待，以免因为运输问题进而对买家评价造成影响。

国际快递单据需整洁干净，不折叠、不破损、不模糊，字体清晰，内容完整，粘贴位置无误。不同国际快递单据填写和贴单的位置不同，卖家可按实际情况进行贴单。下面以国际 e 邮宝为例。

① 在 eBay－亚太物流平台中打印发货标签后，将发货标签的 2 个模块分别剪下备用，如图 7－32 所示。

F

中国邮政 CHINA POST

UNITED STATES POSTAL SERVICE

ePacket™

Airmail Postage Paid China Post

2

FROM:
zhangrui
3314-3315,33/F, Fuli-Jinxi Tower, 5
Fuchang Rd,GuangZhou ,China
guangzhou, haizhuqu, Guangdong
China, 510220

ZIP 95125

TO: Tom Ding(leding)
2045 Hamilton Ave # Ca
San Jose, CA
United States, 95125-5904

USPS TRACKING ®

LK285876312CN

cbt_china. xiaomeng0520. 201227200879. 445. 1. SellerNote: Trinkets ( Bracelets ).

中国邮政 CHINA POST

IMPORTANT:
The item/parcel may be opened officially.
Please print in English.

2

LK285876312CN

FROM: zhangrui
3314-3315,33/F, Fuli-Jinxi Tower, 5
Fuchang Rd,GuangZhou ,China
guangzhou, haizhuqu, Guangdong
China, 510220

PHONE: 15018718242

Fees(US $):

Certificate No.

SHIP TO: Tom Ding(leding)
2045 Hamilton Ave # Ca
San Jose, CA
United States, 95125-5904

PHONE: 4023215724

| No | Qty | Description of Contents | Kg. | Val(US $) | Goods Origin |
|---|---|---|---|---|---|
| 1 | 1 | Trinkets ( Bracelets ) 小饰品（手链） | 0.907 | 0.99 | China |
| | 1 | Total Gross Weight (Kg): | 0.907 | 0.99 | |

I certify the particulars given in this customs declaration are correct. This item does not contain any dangerous article, or articles prohibited by legislation or by postal or customs regulations. I have met all applicable export filing requirements under the Foreign Trade Regulations.

Sender's Signature & Date Signed:

CN22

图 7－32 发货标签的 2 个模块

② 如果物流公司需要申报清单，需再在 eBay -亚太物流平台中打印一份申报清单，如图 7 - 33 所示。

APAC Shipping Platform

货单

生成日期:2014-12-3 12:4

| 销售编号 | 跟踪编号 | 寄货人 | 中文申报名 | 数量 | 重量（千克） | 原产地 | 价格 | 收货人 |
|---|---|---|---|---|---|---|---|---|
| 1 | LK285876312CN | zhangrui 3314-3315,33/F, Fuli-Jinxi Tower, 5 Fuchang Rd,GuangZhou ,China guangzhou Guangdong China 510220 | Trinkets（Bracelets） 小饰品（手链） | 1 | 0.907 | CHN | USD 0.99 | Tom Ding(leding) 2045 Hamilton Ave # Ca San Jose CA United States 95125-5904 |

图 7 - 33　申报清单

③ 可根据需要准备一封热情洋溢的感谢卡，感谢买家并提醒他给卖家留好评 5 分，如图 7 - 34 所示。

图 7 - 34　制作感谢卡

④ 包裹封装好后，按照物流公司要求平整地粘贴货运单据。本书以国际 e 邮宝为例，包装时将 2 张发货标签分别用胶条或双面胶贴在纸箱的正反两面，并用透明胶固定好发货标签的四个角。注意，条形码是要经过中国邮政和海关扫描的，不能有任何覆盖物。

⑤ 完成打包后，联系物流公司上门揽收即可。

（3）上传物流单号

在物品安全送达买家之前，卖家必须对物品负责。如果买家自己可以轻松搜寻到物品到达何处，他们会对交易更加放心和满意，并给卖家留下较高的卖家服务评级(DSR),卖家可按照下面步骤上传物流单号。

① 根据本文中“验证买家货运地址”步骤,进入“My eBay”中的“已卖出”界面,如图 7-35 所示。

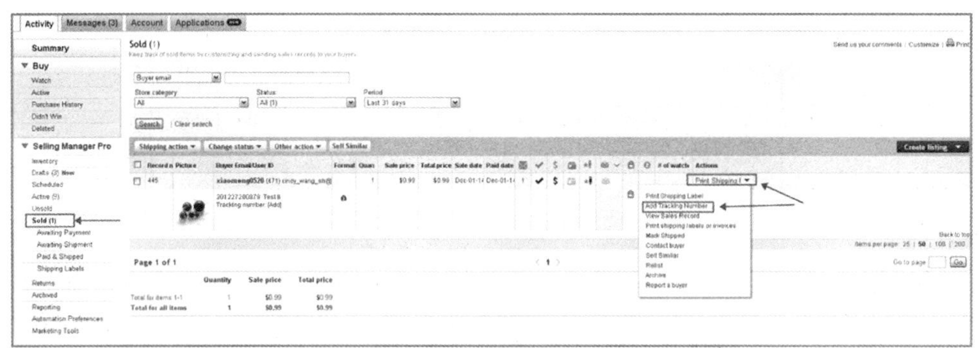


图 7-35　已卖出界面

② 在“已卖出”页面中找到已发货的“已卖出物品”,点击“Print Shipping Label”,并在下拉菜单中点击“Add Tracking Number”,添加物品的物流追踪单号,如图 7-35 所示。

③ 在“上传物流跟踪单号”页面“Tracking number”下的文本框中输入物流的跟踪单号,在“Carrier”下的文本框中输入物流公司名称,完成后,点击“Save”保存。如需添加多个物流跟踪单号,可点击“Add another”,如图 7-36 所示。

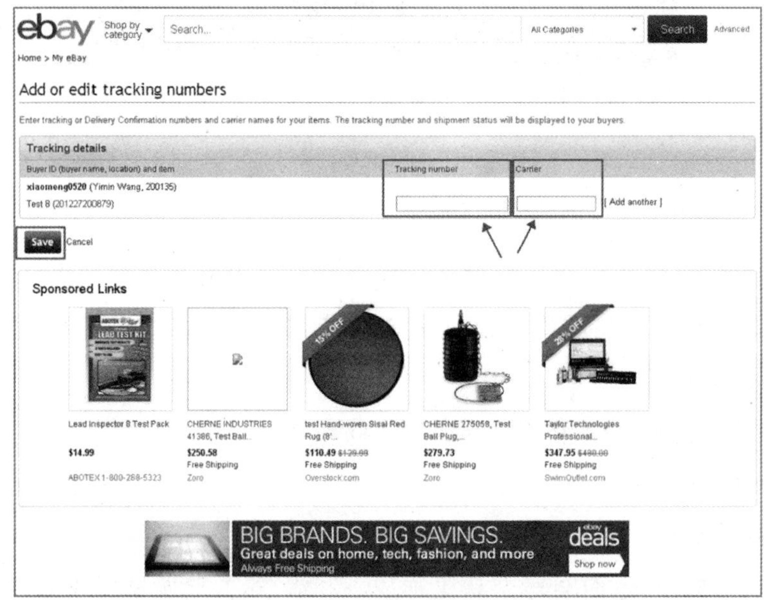


图 7-36　输入物流跟踪单号

卖家通过“My eBay”上传物品追踪信息后，系统会自动发送电邮通知买家。物品追踪单号会在卖家的“My eBay”“已卖出的物品”下方，在买家的“My eBay”“已买到的物品”下方，以及双方的查看“订单详情”页面中显示。买家可无须进入“订单详情”页面，就可从 My eBay 弹出的窗口中直接读取这些资料，如图 7 - 37 所示。

卖家通过“My eBay”上传物品追踪单号后，“已卖出物品”会自动标记为“已寄出”。

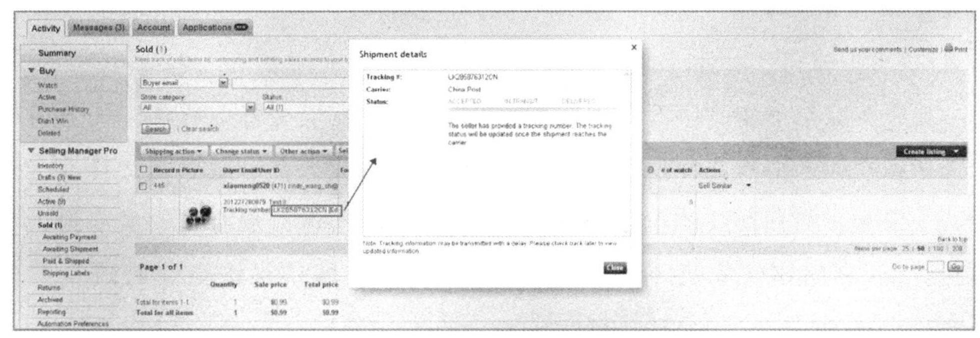

图 7 - 37　订单详情界面

3. 撤销(取消)交易及纠纷处理

如果卖家卖出一件物品因为种种原因(如物品丢失、物品损坏，刊登物品时有误等)无法完成销售，卖家可在 eBay 纠纷调解中心(Resolution Center)取消交易，同时还可获得成交费返还。

(1) 买家未付款时撤销交易

按照 eBay 的会员合约以及出价不买处理规则，买家须对他所承诺购买的物品付款。为提醒买卖双方尽早完成交易，eBay 会在买家拍下物品时即刻发送系统邮件通知买卖双方，并在卖方发送的账单中提醒买家付款。

如果在卖家发送账单数日后买家依然没有付款，建议卖家积极联系买家，直接沟通获得解决。卖家可发送邮件或通过 eBay 讯息匣发送消息提醒买家付款，也可以通过 eBay 提供的“出价不买纠纷处理程序”与买家沟通。

如果买家不付款，建议采取下列方式处理：

① 联络买家。买家有时会因为急事、生病或是计算机故障而未能立即回复，如果买家不回复卖家的电邮，建议卖家向 eBay 查询他的联络信息，然后电话联络

买家。

② 传送付款提示。在刊登结束后 3 到 30 日之间,向买家传送善意的付款提示。

③ 到调解中心提出未付款个案。如果买家仍未回复,或卖家认为收款无望,可在刊登结束后的 4 日至 32 日之内到调解中心提出未付款个案。个案提出后,系统会立即通知买家,要求他回复,如果买家没有在 4 日内回复或付款,或卖家无法与买家达成协议,卖家可结束个案,之后便会收到成交费退款。

④ 再次出售物品。卖家可透过“卖给其他出价者”功能将物品出售给其他出价者,也可重新刊登物品,且有可能获得刊登费退款。

如果买家拍下物品后没有付款,通常卖家需要在成交日期后 4～32 日内提出未付款个案。但有几种情况例外,即卖家和买家双方都希望撤回交易或是买家或卖家提出撤回交易的申诉纠纷时买家已不是 eBay 注册会员。卖家提出申诉后,eBay 核对该买家已不是注册会员,卖家可立即获得该笔交易成交费的退还。

总而言之,如果买家未付款,卖家无法完成销售,需要撤销交易的话,可在 eBay 的纠纷调解中心(Resolution Center)取消交易,同时还可获得成交费返还。

(2) 买家已付款时撤销交易

如果卖家卖出一件物品,买家已付款成功,因为种种原因导致卖家无法完成销售,可在 eBay 的纠纷调解中心(Resolution Center)取消交易,同时还可获得成交费返还。当卖家取消交易时,不会对买家有不利影响。

① 遇到以下极少数情况下,卖家可能需要取消交易:

a. 买家与卖家沟通,要求取消交易。

b. 卖家因为物品本身的原因无法完成交易(如库存不足),但是,在这种情况下,取消交易将会影响卖家的不良交易率。

特别提醒:“未付款”纠纷不属于卖家取消交易的状况,参照“未付款”纠纷处理流程(如果已有“未付款”纠纷或其他纠纷正处于开启状态,卖家无法取消交易)。

② 如果买家付款成功,而卖家需要撤销交易,建议采取下列方式:

a. 与买家交流。要收到退还的交易费,需买家确认收到退款(如果是 PayPal 付款并退款不需要买家确认)。联系买家并请求他/她确认收到退款,同时让其知道会收到一个来自 eBay 的通知以启动此流程。了解怎样与买家沟通可参阅 eBay 的“与买家交流的技巧”。

b. 在 eBay 的纠纷调解中心取消交易。卖家需在 eBay 的纠纷调解中心(Resolution Center)发起个案,纠纷调解中心通过系统在卖家和买家之间建立对话并帮助卖家跟踪个案。注意,对于已付款的交易,卖家暂时只能在完成交易的站点利用纠纷调解中心取消交易。

③ 如果卖家需撤销交易,必须把握好纠纷处理的时效,主要有以下几种情况:

a. 可在成交后 30 天(以 eBay 交易为准)内随时发起个案。

b. 卖家取消交易时,如果是用 PayPal 付款的交易,成功退款后,系统会在 10 个工作日内直接退还成交费;如果是非 PayPal 付款的交易,则需买家确认收到退款后,系统才会在 10 个工作日内退还成交费,但如果在取消交易的 10 个工作日后买家仍未确认收到退款,那么交易仍然会取消,而系统也不会退还成交费。

c. 在取消交易后 10 天,如果买家还没有确认收到退款,取消交易将会成功,但卖家将不会收到成交费返还。

d. 一旦个案被卖家或者 eBay 关闭,卖家也不能重新发起个案。

④ 了解被记为“不良交易”的原因,能更有效地避免被记为“不良交易”:

a. 如果卖家取消交易的原因是“缺货”,那么就会被记为“不良交易”。

b. 如果卖家取消交易的原因是“买家要求取消或者买家没有回应”,那么就不会被记为“不良交易”。

⑤ 总而言之,如果买家付款成功,而卖家需要撤销交易的话,卖家需要在卖家售出物品所在国家的 eBay 纠纷调解中心(Resolution Center)发起个案。按照下面步骤撤销买家已付款的交易:

a. 本文以 eBay 美国站点为例,完成登录,进入“My eBay”页面。

b. 点击“My eBay”页面的“Account”,进入“账户”页面。

c. 在“账户”页面,点击左侧边栏中的“Resolution Center”,进入“调解中心”界面,如图 7-39 所示。

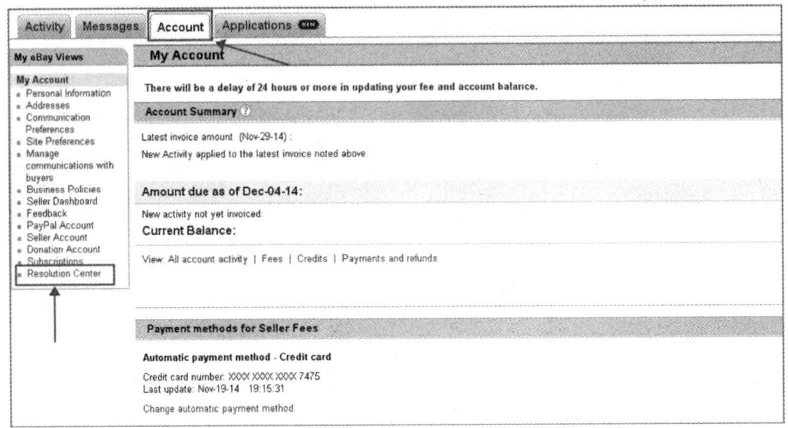


图 7－39　进入“调解中心”界面

d. 在“调解中心”页面，点选“I sold an item”下方的“I need to cancel a transaction”，再点击“Continue”，进入“顾客服务”页面，如图 7－40 所示。

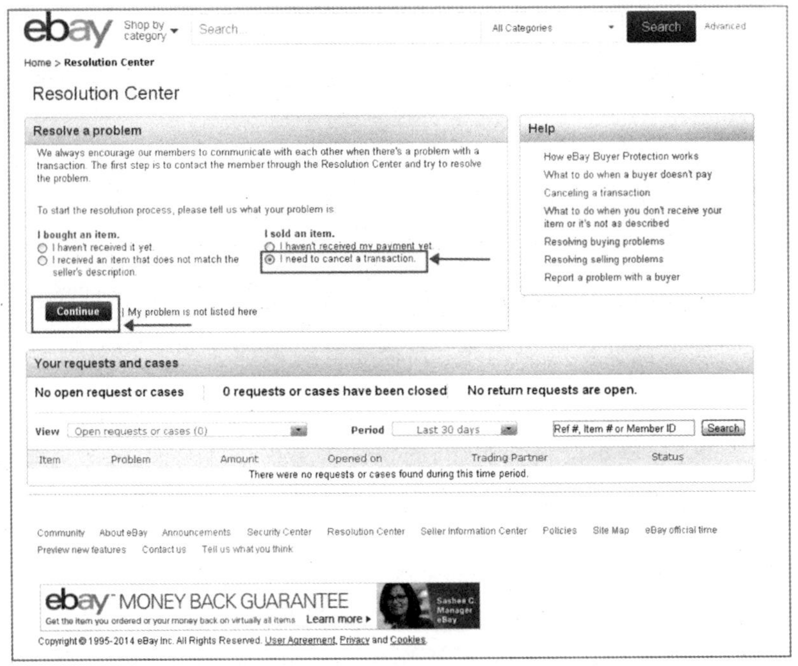


图 7－40　“顾客服务”界面

e. 在“顾客服务”页面，可点击卖家需要取消交易的订单，如果订单过多，可在订单左上方的文本框中输入物品货号或买家账号点击“Find”，可更快速地找到需要取消交易的订单，点击该订单，进入“取消订单”界面，如图 7－41 所示。

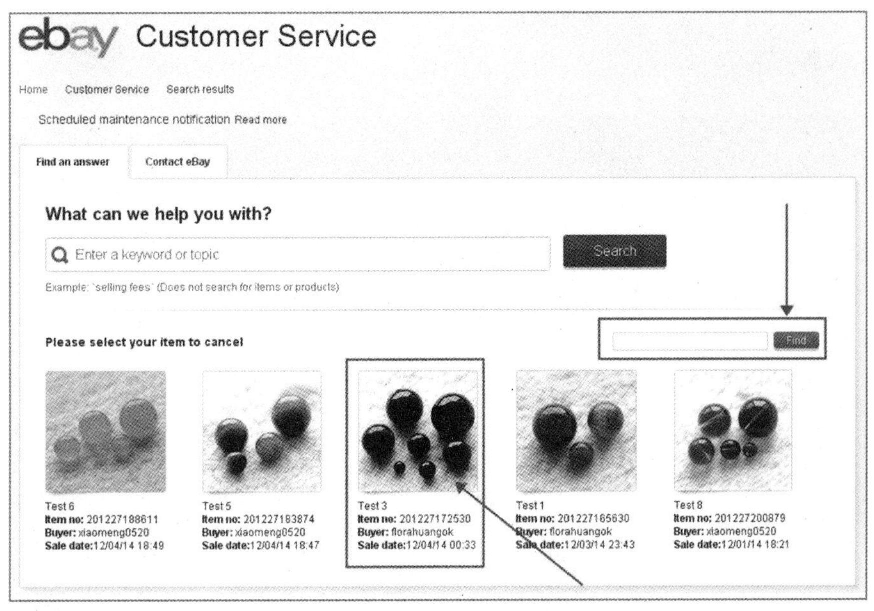


图 7-41 “取消订单”界面

f. 在“取消订单”页面，可在“Why do you want to cancel this order?”下方的复选框中选择“The buyer asked to cancel the order, or there's an issue with the buyer's address”，即买家要求取消订单（事前一定要与买家协商好，否则不仅不会退回成交费，还会造成“不良交易”），再点击“Continue”，如图 7-42 所示。

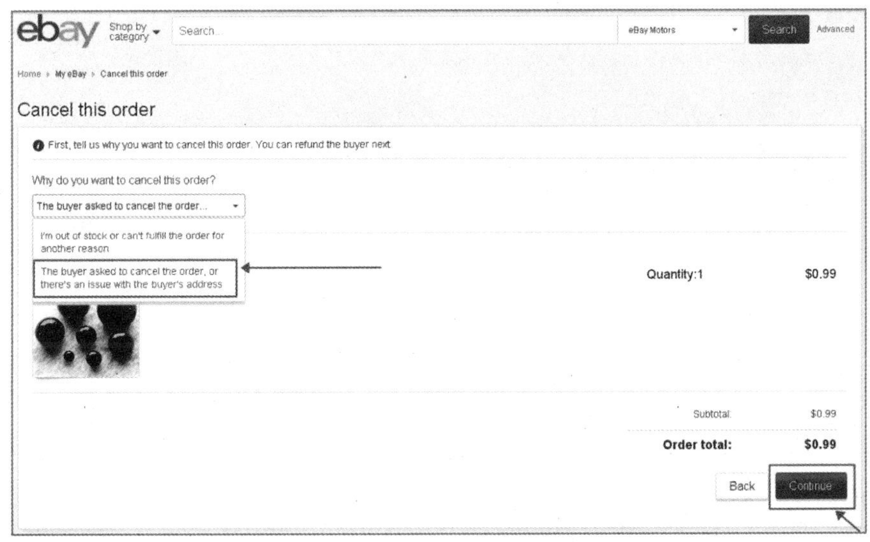


图 7-42 买家取消订单界面

g. 可在弹出的对话框中点击“Send Refund”，即可将成交费退还给买家，系统也会自动通知买家，如图 7－43 所示。

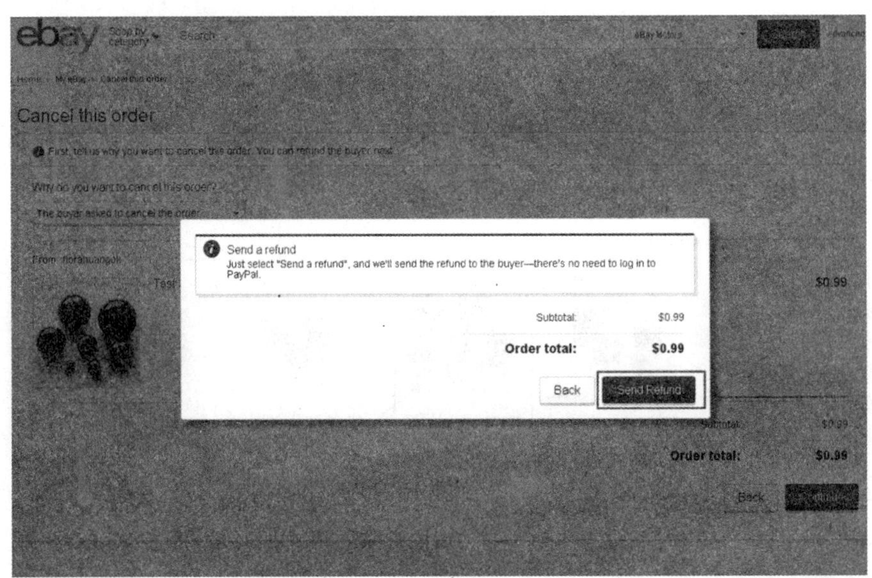


图 7－43　点击“Send Refund”

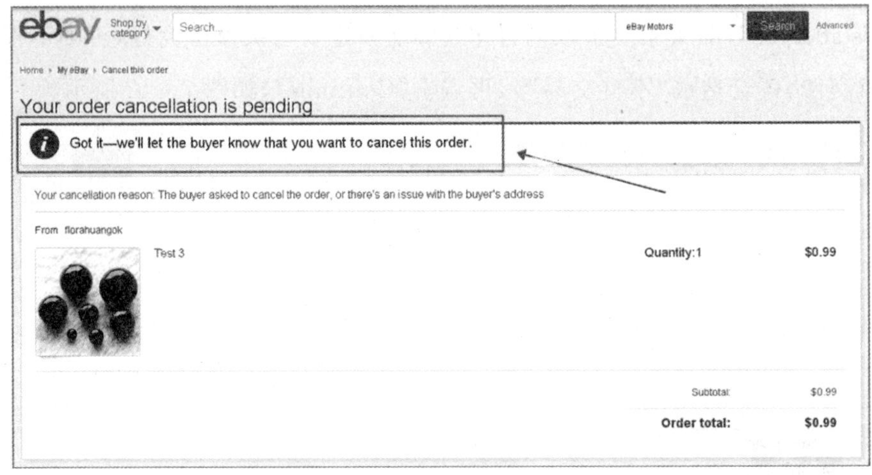


图 7－44　发送给买家成交费退还信息

h. 亦可进入“My eBay”，点击左侧边栏中的“Sold”进入“已卖出”页面，在此页面中卖家退款物品对应的“＄”符号会变成“款项已退回”符号，同时，退款物品对应的“Total price”栏中也会出现“信封”图标，可点击信封图标进入到“此交易已经被卖家取消”页面。

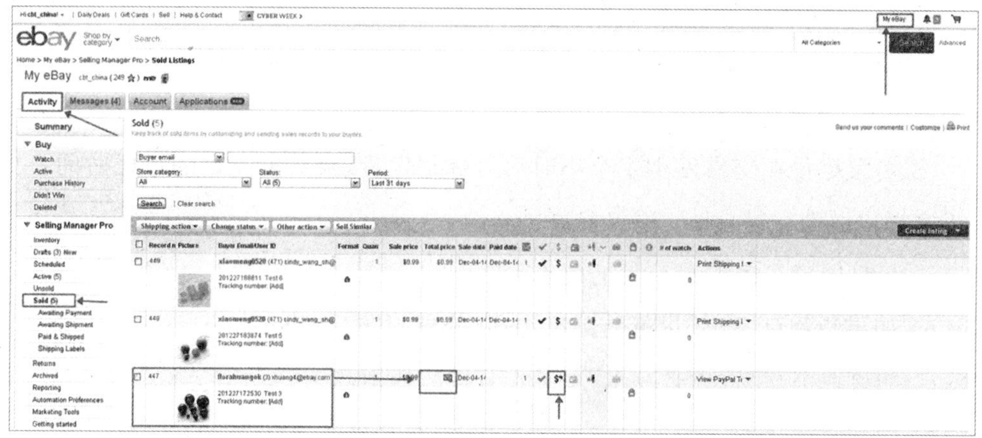

图 7－45 进入“已卖出”界面

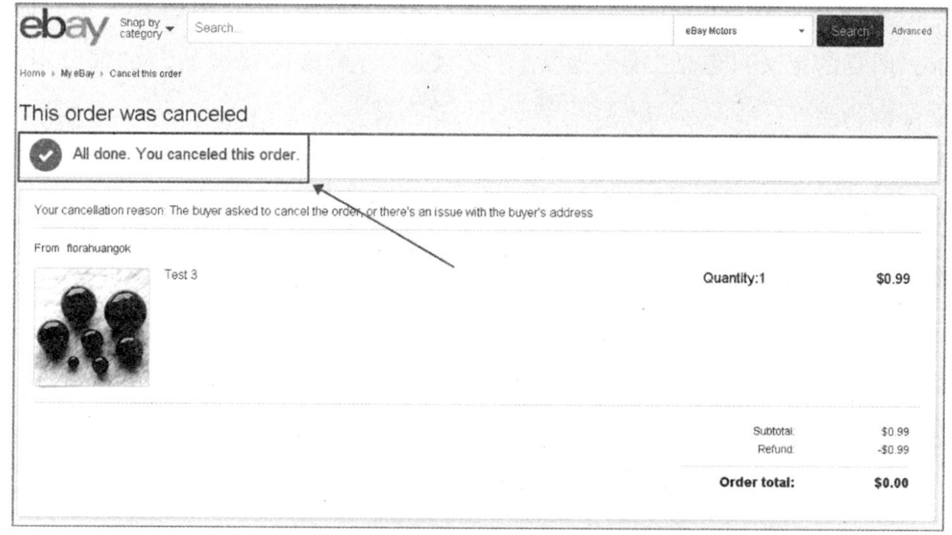


图 7－46 “此交易已被卖家取消”界面

（3）买家自行取消交易

eBay 规定，买家只能在交易发生后 1 小时内提出取消交易的请求，且如卖家已上传跟踪号或已标记发货，则不能提出该请求。

① 如果买家提出了取消交易请求，卖家将有 3 个工作日的时间响应，可选择：

a. 卖家同意取消。eBay 将退还成交费；买家不能再留中差评低分；卖家同意取消后，需要在 10 个工作日内退款，10 日后买家可以开启个案。

b. 卖家拒绝。交易将继续进行。

c. 卖家不回应。超过3个工作日(美国站点有3个工作日的时间来决定是否接受买家取消交易的请求,英国站点则有8个自然日的时间)卖家没有回应,等同于卖家拒绝,交易将继续进行。

② 卖家尽量在交易发生1个小时后再标记发货,给买家充足的考虑时间。如果买家提出取消交易,eBay建议卖家:

a. 尽量同意买家取消交易的请求。

b. 如果货物已发出,尽量与买家沟通,处理问题。

c. 如果取消交易,务必在10个工作日内完成退款。

4. 跨境退货流程

(1) 跨境退货实战指南

① 卖家务必在3个工作日(美国站)/8个自然日(英国站)内回复买家的退货请求。回复的定义只包括"接受退货","全额退款,买家保留物品"及"部分退款,买家保留物品"。

② 设置清晰的换货政策,这样换货选项才会显示给买家。

③ 主动与买家沟通退货运费事宜。如果退货是由于物品与描述严重不符导致的,卖家应该承担运费。

④ 必须在退回物品跟踪信息显示已送达后6个工作日内退款,退款应包括物品价格和原运费(对于物品与描述严重不符的退货,如果需要买家将物品寄回,卖家还需要退货运费)。

⑤ 对于价格较低的物品,考虑全额退款,因为这可能是最高效的解决方式。

⑥ 主动与买家沟通部分退款的金额,再提出一次性的提议。务必通过eBay的渠道(用户间留言系统)沟通,以便在纠纷升级后供客服参考。

⑦ 只要求在卖家规定的退货期限内,尽量满足买家退货的请求。

⑧ 如果拒绝退货,卖家应单独与买家沟通,表明拒绝的原因,让买家满意。

⑨ 留意eBay客服代表寄来电邮,尤其是涉及一个已被设置5天暂缓期的个案。如果客服代表需要获取卖家的更多信息,应尽量提供。

(2) 处理买家提出取消交易的请求

卖家有3个工作日的时间来决定是否接受买家取消交易的请求。如果卖家同意取消交易并且买家已付款,有10个工作日来退款给买家。

如果卖家在3个工作日内没有回复，该请求将会超时，eBay将默认卖家拒绝该请求。

如果接受买家取消交易的请求，eBay将返还卖家的成交费。

如果取消交易的求是由卖家提出的，是不需要买家同意的。卖家在成交后最多30天内都可以提出取消交易的请求。如果买家使用PayPal作为付款方式，只需要直接在流程内按“Send Refund”（不需要额外登入PayPal账户），然后eBay将自动返还卖家的成交费；如果买家不是使用PayPal作为付款方式，那么需要等待买家确认已收到退款或者10个工作天内没有回复，才能算为完成交易取消程序。只要交易取消程序完成，eBay将自动返还卖家的成交费。

如果交易是未付款状态，卖家可以在“My eBay”或“售卖专家（Selling Manager）”中找到想要取消的交易，在下拉菜单中选择取消交易；也可以通过纠纷调解中心（Resolution Center）来发起请求。

如果交易是已付款状态，目前卖家只能在纠纷调解中心发起请求。

（3）跨国退货流程

① 在卖家回应买家的退货请求时，卖家可以看到所有可用的选项。对于跨国交易退货请求，通常有4个选项：

a. 接受退货，卖家将在物品退回后退款给买家；或者接受退货，并换货，只有当卖家在物品刊登中设置了明确的退货政策（如在出售物品表格的退货政策一项下面选择“退款或换货”选项），并且买家表示他愿意接受换货时，卖家才可以使用该选项。

b. 全额退款，买家保留物品。

c. 部分退款，买家保留物品（注意，卖家只能提出一次）。

d. 通过请求流程向买家发送留言。

② 只有在以下情况下卖家才可以选择拒绝退货请求：

a. 退货的原因是买家改变了主意，并超过了卖家设置的退货期限。

b. 退货是在eBay退款保障期限之后发起的（此期限通常是物品的预计送达日期加上30个工作日）。

③ 管理收到的退货请求的方法：

当买家发出求后，会通过电子邮件通知卖家。如果卖家使用API，他们会单独再给卖家通知。卖家可以在“My eBay”的“已售出物品(Sold)”部分、卖家成绩表(Seller Dashboard)以及纠纷处理中心(Resolution Centre)跟踪退货求。任何“物品未收到(Item not received)”纠纷都在“纠纷调解中心”中进行查询。

建议卖家使用用户间的留言系统与买家沟通,这样可以保留沟通记录。务必将留言中卖家提供给买家的信息也更新到请求中,如跟踪信息等。

④ 买家不是通过 eBay 退货流程发起的退货请求的处理方法。

如果买家未通过 eBay 退货流程要求退货,建议他们在“My eBay”中选择“求退货(Request a return)”,以便跟踪此过程。如果买家已经将物品退还给卖家,卖家可以自行取消交易。在选择取消交易的原因时务必选择“买家请求取消交易(Buyer requested)”这一选项,以便让卖家知道具体情况,将退款给买家。eBay 亦会自动返还卖家的成交费。

⑤ 卖家考虑是否接受退货请求的时间。

当买家先发起退货请求时,卖家应该在 3 个工作日(美国站、加拿大站、澳大利亚站)/8 个自然日(英国站)内回复请求。如果卖家在上述时间期限内没有回复,买家就可以升级此请求。

⑥ 卖家拒绝买家的退货求的升级情况。

卖家只有在以下情况下才可以拒绝买家的请求,即买家改变了主意要求退货并且已经超出了卖家设定的允许退货周期,或者买家在 eBay 退款保障期限后发起请求。

⑦ 买家退货后的成交费返还处理。

如果请求是通过“接受退货(Accept Return)”或“全额退款(Full Refund)”解决的,eBay 会返还卖家的成交费。对于“部分退款(Partial Refund)”,eBay 不会返还成交费。

(4) 接受退货流程

① 卖家选择“接受退货”后的操作。

如果买家选择的退货原因不是“物品与描述不符”,那么按照卖家的退货政策(return policy)进行操作。如果买家选择的退货原因与“物品与描述不符”相关,那么卖家应该通过用户间的留言系统联系买家商量退货运送的细节。卖家可以给买家提供退货运输标签,再发送给买家打印;或者卖家和买家商议如何将物品退还给卖家(通过航空邮件、快递公司等)。从卖家接受退货开始直到物品被寄回，买家不能在流程内向 eBay 升级该请求。所以建议卖家要在回复的时限内(例如美国站的 3 个工作日)选择一个最有机会令买家满意的方案(比如“接受退货”或“全额退款”)。

② 在买家居住地有多个仓库(退货地址)的处理方法。

当卖家点击“接受退货”后，将向卖家显示一个页面，在那里卖家可以编辑卖家的退货地址。

③ 退货运费的承担。

如果退货是由物品与描述不符导致的，那么卖家将承担退货运费。如果退货原因是买家改变了主意，那么买家将承担退货运费(除非卖家在退货政策中表明愿意承担退货运费)。

④ 对于物品与描述严重不符的退货 eBay 收取退货运费的方式。

如果是跨境交易退货，eBay 不会以任何方式直接向卖家收费。如果卖家要让买家准备退货运送，希望卖家遵守 eBay 的政策并通过 PayPal 额外退款给买家(卖家在退货流程中所退的金额只是原产品价格加上原运费)。另需注意，如果是买家改变了主意而要求退货，卖家可以自行决定是否退还原运费。

⑤ 对于物品与描述严重不符的退货运费计算方式。

eBay 会根据物品的重量和体积等信息来计算退货运输标签的运费。可通过 http：//pages. ebay. com/help/buy/return-item. html 来了解更多信息。

⑥ 选择了“接受退货(Accept Return)”选项后退款给买家的时间和操作。

卖家必须在退货跟踪信息显示物品送达后 6 个工作日内退款给买家。卖家可以在 eBay 退货流程中操作，退款金额将自动产生，这样就不需要再登录到 PayPal 进行操作。如果买家没有提供跟踪信息，只有在一些特定的情况下，eBay 才会计算一个退货的预计送达日期并通知卖家。同样，卖家必须在这个预计送达日期后 6 个工作日内退款给买家。一切都以每个个案里面 eBay 直接提供的退款期限日期为准。

⑦ 买家没有收到退还的物品或者买家退错了货的处理方式。

如果买家使用带有跟踪号的退货服务，而卖家收到了一个错误或者虚假的退货物品，建议卖家向 eBay 升级。

如果买家没有上传退货跟踪号，或者使用了没有跟踪号的退货服务，在卖家没有收到退还的货物的时候，先联系买家确认退货的时间。如果买家没有回复，再向 eBay 升级。

特别提醒：卖家应该在物品退回给自己后 6 个工作日内退款给买家。因此，如果卖家发现退货有问题，及时升级到 eBay。否则，在 6 个工作日后，买家将有资格升级此请求由 eBay 裁定。

⑧ 提出部分退款的建议买家不接受的方法。

建议卖家在发送退款提议之前，先用流程里面的“Send Message to Buyer”联系买家商议部分退款的金额(注意，此退款提议是一次性的)。买家在收到卖家的部分退款提议后，有 10 个工作日来决定是否接受，在此之后请求将会过期。买家在收到部分退款的提议后，如果不满意而拒绝，他仍然可以将此请求升级给 eBay。

⑨ 升级及申诉。

a. 卖家可以在纠纷裁决日期起 30 个工作日内进行申诉。

b. 要求买家安排退货运送标签，负责运费。但买家使用了非常昂贵的运送方式，远远超过原来的运费。可按以下方式处理。

建议卖家先与买家沟通，协商决定选择哪种运送方式及运费是多少，达成一致后再发货。使用 eBay 平台的消息功能与买家进行沟通协商解决问题，从而保留协商记录。一定要向买家明示卖家已经承诺支付退货运费(针对 SNAD 退货求)。如果不幸请求被升级，此承诺可能会影响客服代表裁决是否一定要买家将物品退还给卖家。

c. 买家向 eBay 升级了 SNAD 退货请求，而客服代表现在设置了 5 天暂缓期的处理方法如下。

通常，只有当卖家在请求发起日期 3 个工作日限期内(美国站点)没有接受退货或未全额退款给买家的情况下，买家才可以升级。在这种情况下，eBay 客服代表可以为此个案设置 5 天暂缓期，并向卖家的邮箱发送邮件提供操作建议。通常的建议是让卖家利用这 5 天时间来和买家承诺/安排一个退货方案。另外，卖家也可以就产品全额退款给买家，个案将不会视为未解决。

5. 评价管理

在完成物品交易后为对方留下信用评价，是积极参与 eBay 社区的一种方式。因为卖家可以通过这个机会，将自己与买家交易的经验，与其他 eBay 会员分享。设置信用评价系统，是鼓励各会员以诚实、积极与公正态度完成交易。此外，买卖双方也可以通过这个系统，评估交易对象的诚信度。

（1）手动评价买家

卖家可以通过“My eBay”，或 eBay 的“信用评价论坛”，为过去 90 日内与卖家交易的伙伴留下信用评价。

（2）自动评价买家

如果卖家已开通“Selling Manager（售卖专家）”或者“Selling Manager Pro（专业版售卖专家）”，当订单生成时，可让系统自动给买家评价，让买家在第一时间感受到卖家对他真挚的感谢。

（3）回复买家评价

多数买家购买后会给卖家留下中肯的评价，如果买家留下的是好评，卖家可通过回复评价对买家表示感谢；如果买家留下的是中差评，卖家可通过回复评价解释，并真诚恳求买家修改评价。

（4）补充已留下的信用评价

在某些情况下，卖家可能需要为已留过的信用评价做补充说明。评价补充说明会直接出现在信用评价之后，它的用途是为原本的评价做进一步的说明或解释。

（5）修改中差评

负面信用评价会对卖家店铺的声誉及刊登物品的销售带来不良影响，在特定情况下，卖家可以要求买家更改他们留下的中立或负面的信用评价。

（6）移除信用评级

信用评价是 eBay 社区间互相信任的基础，滥用 eBay 信用评价系统，会破坏制度的可信度。虽然信用评价系统是会员间互相评价的系统，在特定的情况下，eBay 也会撤除不符合规定的信用评价。

## 第六节　提升效率

1. 查询卖家成绩表

“卖家成绩表(Seller Dashboard)”可以帮助卖家监测自己的卖家表现,保持良好的买家服务,所有获得10个及以上的卖家服务评级/DSR分数的卖家都可以进入自己的卖家成绩表。

“卖家成绩表(Seller Dashboard)”能帮助卖家快速了解自己的卖家表现、折扣优惠、政策遵守度、账户等级、销售总额这五方面的成绩。可按照下面步骤查询卖家成绩表:

(1) 以eBay美国站点为例,进入eBay登录页面,完成登录,进入“My eBay”页面。

(2) 在“My eBay”页面中点击“Account”,进入“账户”页面,点击左侧边栏里,进入“卖家成绩表”页面。

(3) “卖家成绩表”页面上方是“卖家成绩表摘要总览”区域,会显示的卖家级别和各组成项目的详细数据。查看“卖家标准方案”中其他国家/地区的状态,点选“卖家成绩表摘要总览”区域右上方“view status in”右侧的下拉菜单,查看不同站点的评估表现;点选“your seller level is”(目前的卖家级别)或“your projected seller level is”(你的预估卖家级别),分别查看的卖家级别和评估表现总览;点击“view trending data”查看“表现趋势数据表”。

卖家表现级别分为“高度评价卖家”“优良卖家”和“待改善卖家”。取得并保持“高度评价卖家”身份,可享多重优惠,如刊登排序会较高(更多买家会看到物品),享20%成交费折扣,并在符合条件的刊登中显示“高度评价卖家”徽章。

假如在某类别的评级低于标准,整体卖家评级亦会低于标准。系统会在每月20号评估卖家级别,所以“目前的卖家级别”评估表现是截止到过去一个月的20号,“预估卖家级别”评估表现是从过去一个月的21号起,到未来一个月的20号止。

预测的卖家级别每日更新。可每日查看各表现项目,了解自己的成绩及哪些方面可以改进。在"表现趋势数据表"中,可在"view your performance numbers"右侧的复选框中点选以百分比为计算方式或以数目为计算方式,如果点选以百分比为计算方式,数据表中会以百分比显示各项数据百分比率;如果点选以数目为计算方式,数据表中会以数字显示各项数据。

"表现趋势数据表"中会列明评估卖家级别时纳入考虑的每一个项目,可根据各项详细资料有针对性改善。

(4)"卖家成绩表摘要总览"区域下方为"不良交易记录"区域,可点击"of your transactions had defects"(不良交易的个数),即可查看不良交易记录详情。点击"download a report"可下载有不良记录的交易报告,点击"Returns"可查看退货订单详情,点击"canceled transactions"进入调解中心查看取消交易的个案,点击"Requests"进入调解中心查看处理中的请求或个案,点击"feedback"查看信用评价详情。

在"不良交易记录"区域中会列明:"tems and listings"(物品和刊登)、"shipping and delivery"(运送和交货)、"neutral or negative feedback"(中立或负面的信用评价)、"canceled transactions"(取消的交易),当其中任何一个部分出现问题,都可能影响卖家的不良交易率,此部分旁会显示橙色标签。

(5)在"不良交易记录"区域的下方为"卖家未处理而结束的个案"区域,可点击"cases have closed without seller resolution"(未处理而结束个案的个数),可查看未处理而结束的个案详情,可点击"see cases"进入调解中心来查看处理中的请求或个案。如有未处理而结束的个案建议尽快采取行动,立即处理。也可到调解中心追踪所有的"eBay 退款保证个案"。

卖家未处理而结束的个案,是指卖家在提交 eBay 或 PayPal 审查前无法与买家解决问题的个案,而且 eBay 或 PayPal 判定为卖家责任。

所有卖家必须达到最低个案规定,最低个案规定见表 7-1。

**表 7-1 最低个案规定**

| 个案比率基础 | 个案百分比 | 个案次数上限 |
|---|---|---|
| 卖家未处理而结束的个案 | 0.30% | 2 |

如果卖家在过去 3 个月内的交易数目达到 400 笔或以上,系统将会根据卖家

在过去 3 个月内与美国买家进行的交易评估其表现；所有其他卖家的评级，则会根据过去 12 个月内与美国买家的交易进行评估。

一般情况下，卖家表现评级会计入买家提出的"eBay 退款保证"或"PayPal 买家购物安全保障"个案。

卖家未处理而结束的个案数目，是评估卖家表现的重要指标，可以显示卖家在 eBay 上达到买家期望的程度，同时可以评估卖家整体表现(因为许多提出个案的买家，往往没有机会留下信用评价或详尽卖家评级)。

(6) 在"卖家未处理而结束的个案"区域下方即为"交易次数与销售额"区域，可点击"transactions with total sales of * *"即可查看总交易次数与超级卖家状态。

"交易次数"只计算未被取消的成功交易，有不良记录的交易除外。

"高度评价卖家"须在 12 个月内最少进行 100 次交易。

"高度评价卖家"的超级卖家状态须达到"铜星级"或以上。

(7) 在"交易次数与销售额"区域下方为"获得的折扣"区域，可在此查看目前的折扣，同时，可点击"see how eBay calculates your discount"查看 eBay 如何计算折扣。

要享有折扣，须符合"高度评价卖家"标准，并在刊登中提供额外服务。折扣详细数据下方，会显示目前所有符合折扣条件的刊登中的物品，以及物品取得"高度评价卖家"的折扣。

(8) 在"获得的折扣"区域下方为"卖家安全保障"区域，可在此查看 eBay 为保障卖家权益所采取的相关行动。如果认为买家违反了 eBay 政策，可点击"let us know"进入"检举问题"页面。

当 eBay 采取行动保护表现评级时，eBay 会发出电邮，说明 eBay 在上一个月提供的保护。这些保护行动亦会在"不良交易率"中反映。

(9) 在"卖家安全保障"区域下方为"的销售总额"区域，可查看完整销售记录，包括至今为止的销售总额、总交易次数，以及在 eBay 卖出第一件物品的日期。

2. 重视买家体验

"买家体验报告"以图表和数据的形式直观反映买家的购物体验，可以帮助卖家监测账户表现，给买家带来优质的购物体验。

买家体验报告中包含了卖家等级细分数据、问题提醒、全球不良交易趋势、全球不良交易量细分和其他相关信息报告五大模块，其中每日更新的内容为：卖家等级状态及细分、申请销售额度自检、买家试图联系反映物品未收到提醒。每周更新的内容为：8 周不良交易表现状态、不良交易提醒、不良交易刊登报告、待处理问题刊登、货运表现分析、不良交易趋势图。按下面步骤查询买家体验报告：

(1) 进入 eBay 中国首页，完成登录。在页面左侧边栏中的“卖家中心”里点击“买家体验周报”，进入“买家体验报告”页面。

(2) 在“买家体验报告”页面的最上方，可看到在不同站点的卖家的当前等级，同时，还可通过顶部的国家标签切换该账号在不同地区的卖家等级及细分数据。如果需要用繁体中文查看报告，可点击页面右上方的“切换至繁体中文”。

卖家等级分为两个模块，数据与“卖家成绩表(Seller Dashboard)”同步更新。“当前卖家等级”对应“的 eBay/My eBay”中“卖家成绩表(Seller Dashboard)”页面里的当前“Your seller level”；“预测卖家等级”对应页面里的“your projected seller level”。

系统会在每月 20 号评估卖家的级别，“目前的卖家级别”评估表现是截止到上一个月的 20 号，“预估卖家级别” 评估表现是从过去最后一个月的 21 号起始，到当前这个月的 20 号止(注意卖家等级的评估时间为 PST 太平洋标准时间)。

预测的卖家级别会每日更新，可每日查看各表现项目，了解自己的成绩及哪些方面可以改进。

(3) 在“买家体验报告”页面的左下方是“其他相关信息”模块，在此会显示所选站点的相关信息报告(“其他相关信息”只会根据的卖家账户实际情况，有针对性地提供“其他相关信息”)。点击不同的报告，可查看更详细的数据表。

① “申销售额度自检”。此报告帮助检查是否符合申请提升销售限额的基本条件。在联系 eBay 客服要求提升限额前，先查看下账户是否符合基本的申请条件。本报告每天更新一次，会与客服查阅的实时数据存在误差，最终以客服数据为准。

② 移动平台交易周报。此报告会显示当前账号在各平台上的销售分布情况，作为针对各平台制定销售策略的参考，此数据每周更新。

③ 物品属性使用率报告。本报告显示当前账户在某些分类中的 Item

Specifics(物品参数)使用情况,通过提升使用率来提高搜索可见度和物品转化率,此数据每周更新。

④ 年度物流服务表现报告。提供上年度各物流服务的平均问题交易比例,包括:"物流服务去年平均表现及同期表现"数据表,展现去年用各物流交易出现问题平均比例,提供其推荐指数;"2013 年物流服务问题率趋势" 数据图表,它会以图表的形式展示使用各物流服务的所有交易出现物流问题的比例;"按物品销售价格物流表现"数据图表,它会以图表的形式展示使用各物流服务在各物品所属分类中的所有交易出现物流问题的比例。这些数据表可以作为选择物流服务的参考。

应注意某些处于测试阶段的功能暂时没有开放给所有用户使用。

(4) 在"买家体验报告"页面的右上方是"问题提醒"模块,该模块默认显示所有地区问题的汇总提醒(不一定会显示所有"问题提醒",会根据卖家账户实际情况,有针对性地提出"问题提醒"),它不会因为选择区域不同而有不同显示。点击右侧的"详情"即可展开详细内容。其中包括:"8 周不良交易表现状态""不良交易刊登报告""待处理问题刊登""其他辅助功能""货运表现分析"等。

(5) 在"买家体验报告"页面的"问题提醒"模块下方为"全球不良交易趋势"数据图表模块,它会显示前 12 个自然月中每个月的交易量及该月不良交易率的对照关系(该月不良交易率=该月发生的不良交易笔数÷该月总交易量),鼠标悬停于某月即可查看具体数据。

卖家一定要注意数据图表中"注意"里的内容,对不良交易的实际情况保持警惕;"全球不良交易趋势"数据图表模块提供按买家所在国细分,可切换地区标签查看各地区买家的不良交易率趋势分析。IE 用户建议使用 IE9 及以上版本查看。

(6) 在"买家体验报告"页面的"全球不良交易趋势"数据图表模块下方为"全球不良交易量细分"数据图表模块,它会显示前 12 个自然月中各种类型不良交易量的累计趋势。Y 轴值越大代表该月不良交易量越大,色块面积大小代表对应问题的严重程度。鼠标悬停于某月可查看具体数据。

"全球不良交易量细分"数据图表模块提供按买家所在国细分,可切换地区标签查看各地区买家的不良交易率趋势分析;

IE 用户建议使用 IE9 及以上版本查看。

## 本章实训

### eBay 实战

**实验时数：2**

**一、实验目的**

通过在 eBay 刊登商品、销售商品、物流、支付和纠纷处理等环节的操作，学生能够熟悉 eBay 全球开店的操作步骤，掌握通过 eBay 进行跨境电子商务的要领。

**二、实验内容**

1. 按照本章内容进行操作，登录在第三章实训中申请的 eBay 全球卖家账户，依次完成在 eBay 的售前准备、产品发布、售后服务、提升效率等操作。

2. 参与一次 eBay 上的跨境拍卖，体会 eBay 中拍卖的形式与其他跨境平台交易有何不同。

3. 总结在 eBay 全球平台上进行跨境电子商务需要特别注意的方面。

4. 以供应商的角度评价在 eBay 平台上进行跨境电子商务运作的感受，思考 eBay 平台操作是否便利、服务是否完善、支付是否安全、物流是否顺畅等问题，并记录在实验心得中。

**三、设备与所需软件**

多媒体实验机房，每人配备一台可以访问互联网的计算机。

**四、实验报告要求与实验考核要求**

表 7－2　实验报告要求与实验考核要求

| 实验报告要求 | 实验考核要求 |
| --- | --- |
| (1) 实验目的 | (1) 学生根据实验要求提交实验报告 |
| (2) 实验内容及要求 | (2) 教师根据实验报告评定单项实验成绩 |
| (3) 实验过程 | (3) 根据单项实验成绩和实验报告内容给出整体实验成绩 |
| (4) 实验心得 | (4) 总体实验成绩按适当比例计入课程总分 |
| (5) 同学之间关于实验的交流 | |

# 第八章　亚马逊实战

开展跨境电子商务往往令人望而却步，但在亚马逊“全球开店”项目的帮助下，跨境电商变得非常简便，即可以借助亚马逊全球平台涉足全球市场。

亚马逊的网上销售平台遍布世界各地——包括美国、德国、英国、法国、意大利、西班牙、加拿大、中国以及日本，其先进的配套服务和工具能够帮助卖家成功走向全球。同时，亚马逊的物流服务世界一流，能够帮助上百万的全球客户拓展全球网上业务。“亚马逊全球开店”可以为客户带来以下好处：简化国际业务流程获得、盈利、快捷拓展国际业务。

1. 简化国际业务流程

开展国际业务的流程往往很复杂，要探寻目标市场和目标客户、选择符合市场需求的产品以及定价策略，还要熟悉市场当地的监管环境等，十分艰难。“亚马逊全球开店”可以为卖家简化拓展国际业务的流程，节省其中的成本，减少步骤。对于首次开展跨境电商的卖家，“亚马逊全球开店”提供了简单、低成本的途径让亚马逊全球平台上的国际客户能看到商品。

“亚马逊全球开店”还为卖家提供了相应的解决方案，以便管理国际订单、用当地语言与客户进行交流，并可以利用同一个库存仓库来执行订单。

2. 获得盈利

开展国际业务可以帮助卖家接触到大量新客户，从而提高品牌知名度、扩大业务规模。将商品资讯上传到亚马逊后，便马上可以在全球 9 个平台接触到上百万的客户。另外,“全球开店”的一个额外好处是可以帮助卖家树立“国际认可、值得信赖”的品牌形象。将全球的亚马逊客户扩充到客户群中,有助于降低国内市场季节性需求波动所带来的影响,确保业务持续、稳定地增长。

3. 快捷拓展国际业务

无论是初次接触国际业务的新手,还是国际业务经验丰富的卖家,“亚马逊全球开店”都能够帮助完成国际业务目标。“亚马逊物流”是“亚马逊全球开店”的一项重要服务,有了它的帮助,卖家只需将商品发送到当地的亚马逊运营中心,亚马逊就会帮助卖家储存和配送商品。有了这 8 个国际平台和遍布全球的物流中心,“亚马逊全球开店”能够为卖家的现有需求以及未来增长提供有力的支持。世界一流的亚马逊物流服务,能够帮助卖家降低跨境物流成本,而通过接触新的客户,可以提高全球销量,以便充分施展业务能力。

图 8－1 为在亚马逊进行跨境电商的总体流程。

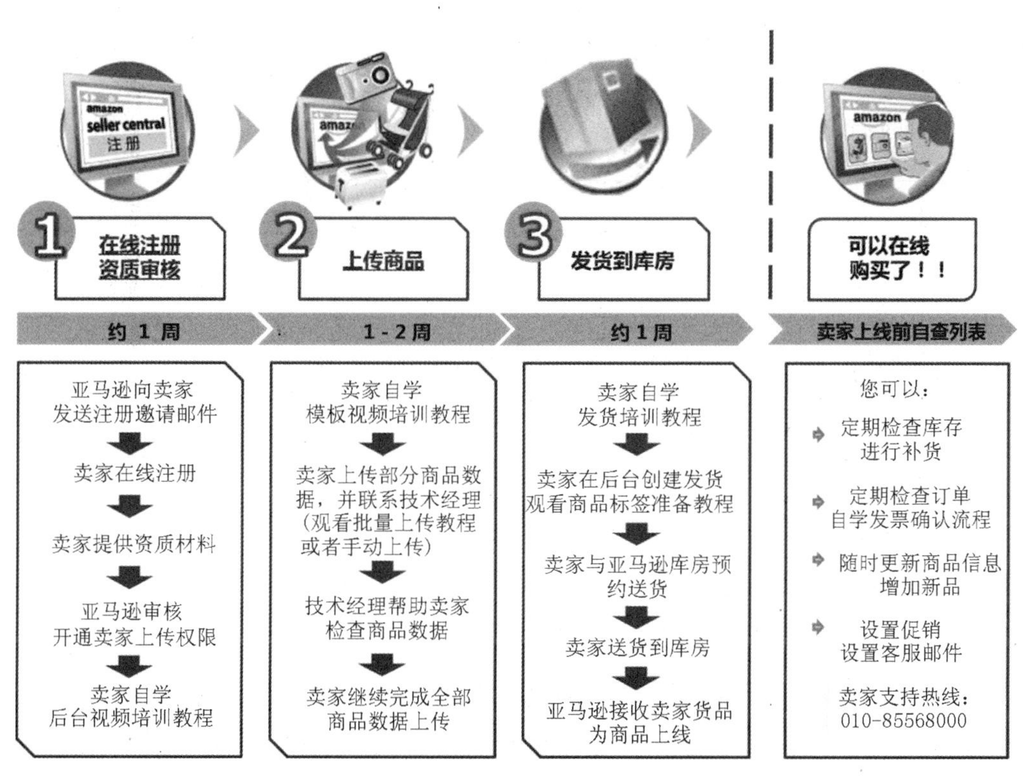


图 8－1　亚马逊全球开店总体流程

# 第一节　快速上手

1. 申请开店

首先在“联系我们”页面中填写基本信息。亚马逊需要对在全球范围开店的卖家进行资质审核，根据卖家提交的产品类型、产品数量、站点选择和预计销售额等信息，对卖家进行价值评估，审核通过后卖家方可在亚马逊平台开店。图 8－2 为入驻亚马逊“全球开店”平台前需填写的信息页面，卖家填写完基本信息后，点击页面下方“提交”按钮。

项目信息

| | |
|---|---|
| 您现在是亚马逊的卖家吗？* | 不，我不是亚马逊卖家 |
| 您在亚马逊上主要想销售什么商品 * | 电子 |
| 所售商品SKU（单品）数量（件）* | 500 - 2500 |
| 您所售商品是否有UPC/EAN码 * | 所有商品都有 |
| 您想在亚马逊哪个站点开店？ | 美国 |
| 预计年度网络销售额（美元）* | $25,000 - $100,000 |

公司信息

| | |
|---|---|
| 姓名 * | 跨境电子商务平台 |
| 公司电话 * | 86 / *** / ******** |
| 移动电话 | 86 |
| 公司名称 * | 跨境电子商务平台 |
| 公司所在地 * | 中国 |
| 公司网址/网店地址 | |
| 电子邮箱 * | ***@***.com |
| 业务介绍 * | |

图 8－2　“联系我们”页面

2. 准备数据

亚马逊工作人员会联系并指导店家准备符合要求的商品数据。卖家账号注册成功后亚马逊的培训人员会安排卖家后台操作基本培训，讲解后台操作流程，并提供商品数据填写规范等详细信息。

亚马逊有美国、加拿大、欧洲、日本和印度五大国际平台。选择不同的平台，需提交的数据也不同，表 8－1 为亚马逊各平台的注册要求。

**表 8－1 亚马逊各平台注册要求**

| 平 台 | 注册要求 |
| --- | --- |
| 美国平台 | 1. 提供有效的信用卡、电话号码和税务信息<br>2. 在税务方面，需逐步完成在线调查，以便判断是否需要填写 W－9 表格(美国纳税人)或 W－8BEN 表格(非美国纳税人) |
| 加拿大平台 | 1. 需提供有效的信用卡、电话号码和税务信息 |
| 欧洲平台 | 1. 提供有效的信用卡、电话号码和税务信息<br>2. 提供增值税号(虽然没有增值税号也可以完成注册，但如果要在欧洲开店则需要提供一个增值税号)<br>3. 欧洲统一平台账户(只需一个买家账户，就可以管理欧洲业务) |
| 日本平台 | 目前，Amazon.jp 还没有提供英语在线卖家注册流程。可联系卖家支持在日本平台创建账户。一旦成功创建账户，就可以选择使用日语或英语管理您的卖家平台账户 |
| 印度平台 | Amazon.in 仅向印度本土企业级卖家开放 |

3. 刊登商品

参加培训后可以通过卖家后台逐一刊登商品或者批量上传商品。

4. 开始销售

刊登好符合亚马逊要求的商品信息后即可开始销售，接到订单后选择优质的物流渠道进行配送。商品信息上传完成，便成功上线，顾客能够浏览、搜索和购买的商品。一旦有订单产生，就会收到亚马逊的邮件通知，同时，可以通过卖家平台查看订单信息。订单产生后，按照顾客要求的配送方式，及时配送商品。

5. 结算货款

亚马逊每隔 14 天进行一次结算。

## 第二节 资质审核

1. 一般要求

(1) 营业执照副本复印件(应加盖最近一次年检章)。

（2）税务登记证（国税和地税）复印件。

（3）商标注册证明（正在申请中的商标，提供注册申请受理通知书以及提交给商标局的商标注册申书）。

（4）品牌所有者出具的授权信和商标使用许可。

（5）国家质检、卫生部门出具的相应检验报告（如适用）。

（5）商户入驻确认函。

2. 注意事项

（1）所有资质文件提供副本并加盖公章。

（2）可以发送电子版或印刷版给商务拓展经理。

（3）目前正式招商的类目包括：美容化妆、个人护理、钟表珠宝、服饰箱包、家居家电、体育用品、办公用品。

（4）卓越亚马逊可能根据中国法律规定或业务需要提供更多的资质证明材料。

3. 资质审核所需材料

（1）图书/音像/软件类

① 出版物经营许可证（图书、期刊、报纸等出版、总发行、批发或者零售）。

② 进口图书。需提供出版物经营许可证（图书进口），或出版物经营许可证（至少应包括图书零售）以及卖家与具有进口图书资质单位的图书采购合同或订单。

③ 音像制品。音像制品经营许可证（音像制品出版、总发行、批发或者零售）。

④ 软件。含有游戏、教育类等内容的软件需提供出版物经营许可证（电子出版物出版、总发行、批发或者零售）；应用、工具类软件需提供软件产品开发、销售许可证（包含在营业执照所列经营范围中）。

（2）美容化妆类

① 国产品牌。每个产品的特殊用途化妆品批准文号（如适用）；生产厂家生产许可证复印件；生产厂家卫生许可证复印件。

② 进口品牌。每个产品的（非特殊用途进口化妆品）卫生许可证明文件；每个产品的（特殊用途化妆品）卫生许可证明文件；每个产品的报关单；每个产品的进口检测检疫报告；每个产品的标签批复证书（加贴 CCIB 标签）。

(3) 食品

厂家生产许可证，厂家卫生许可证，食品流通许可证。

(4) 保健品

① 国产保健食品。需提供厂家卫生许可证、保健食品批准证书、保健食品生产企业批准证书。

② 进口保健食品。需提供进口保健食品批准证书，进口保健食品卫生证书。

(5) 医疗器械

医疗器械生产企业许可证（如为生产厂家）；医疗器械经营企业许可证（如为经营企业）；医疗器械注册证书。

## 第三节 线上管理

1. 登录卖家平台

登录亚马逊卖家平台 https://mai.amazon.cn/，下图为卖家登录界面，如图 8-3 所示。

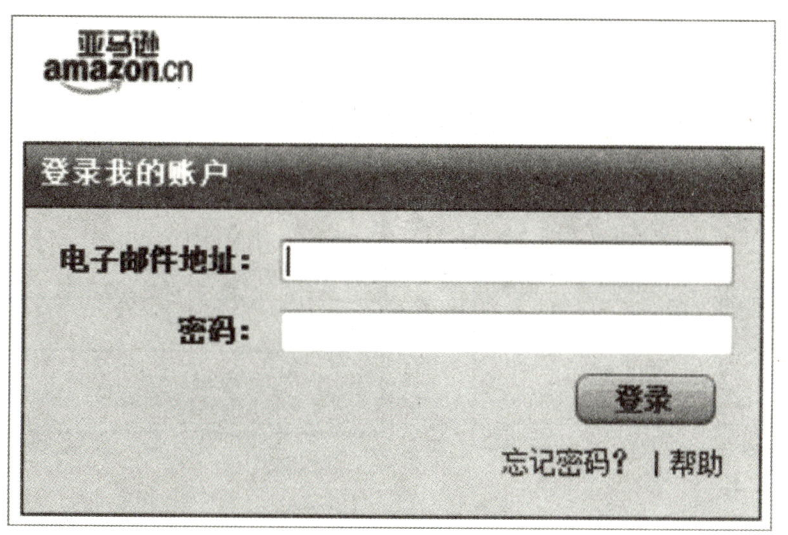


图 8-3 登录亚马逊卖家平台

2. 登录亚马逊后台界面，如图 8－4 所示。

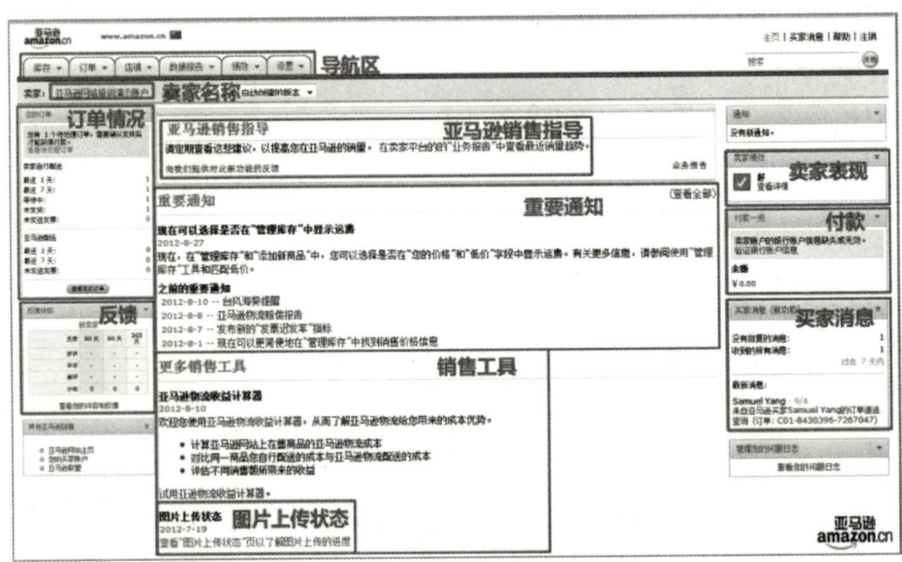


图 8－4　亚马逊后台界面

亚马逊后台界面的功能主要有：库存管理、订单管理、店铺管理、数据报告、绩效管理和用户设置等，其中上传商品的总体步骤如图 8－5 所示。

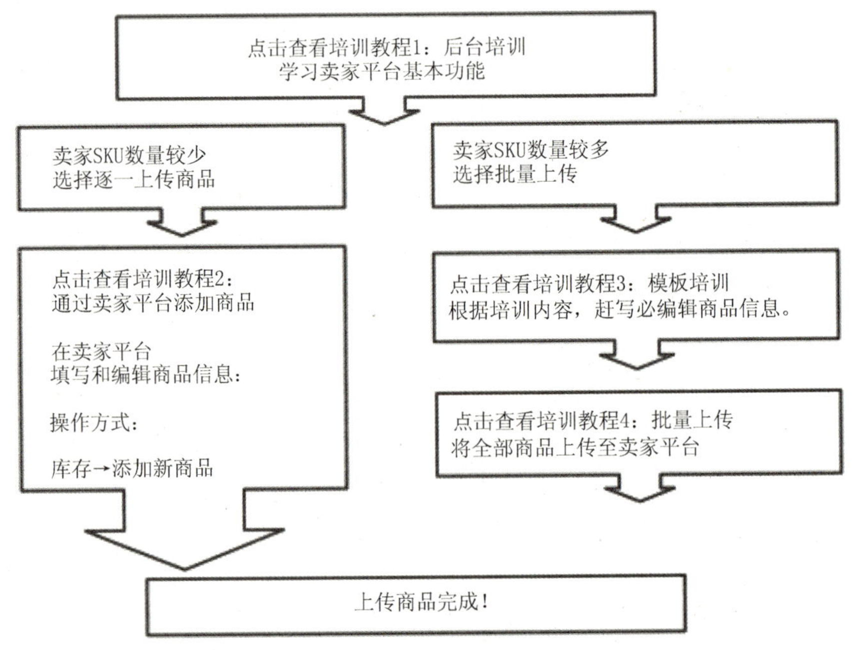


图 8－5　上传商品的总体步骤

3. 上传商品的具体步骤

(1) 逐一上传商品。选择“卖家平台”—“库存”—“添加新商品”。在亚马逊目录中进行搜索。

(2) 创建新品。如果没有搜索到该商品,则点击“创建新品”,将该商品添加到亚马逊商品目录中,为商品选择最佳分类,然后输入商品详情。

(3) 商品编码。在亚马逊创建新商品页面时,有些商品分类要求卖家使用符合行业标准的商品编码。很多商品都有一个全球识别码,比如 UPC(通用产品代码)、EAN(欧洲商品编码)或 ISBN(国际标准书号)。此外,亚马逊会为自己商品目录中的每件商品分配一个商品编码 ASIN。

(4) 必填商品信息。正确填写商品的分类节点,能够使买家更容易地找到卖家的商品。要尽量选择叶节点(也就是不再有下一层的节点)进行填写,以便大大提高被搜索到和被点击的概率。

(5) 库存详情。是针对某个销售新品种的详细信息,包括 SKU、状况、商品价格、数量、配送和处理时间以及销售商品所需的其他任何信息。

(6) 上传商品图片。商品图片是商品的可视化描述,在商品上线后,用户即可看到。将商品图片调整为合适的尺寸,并做好上传准备。

(7) 添加商品描述。商品描述的内容会作为搜索引擎的搜索关键字,关系到商品被搜索到的概率。同时不完善的商品信息会影响销量,必须认真填写。

(8) 搜索关键词。搜索关键词是买家在亚马逊上查找商品的主要途径。好的搜索词能够大大提高商品的曝光度和销售量。

(9) 设置运费。在“卖家平台”—“设置”—“配送设置”中设置运费,一般运费在设置后四个小时生效。

(10) 发布信息。

## 第四节　库存管理

使用亚马逊物流,操作前需准备亚马逊物流“入库限制”要求。亚马逊物流入仓操作,具体步骤如下。

1. 将商品转化为"亚马逊配送"

(1) 手动直接勾选转换

① 如果商品数量多,不在管理库存界面的同一页里,可以设置首选项,每页显示数量设置为250个。

② 贴标服务。如果商品没有标准条形码,需选择"拒绝贴标服务",点击"查看选择"。贴标服务是亚马逊库房的有偿服务,使用条件、使用方法的详情介绍可见https://mai.amazon.cn/gp/help/external/200483750。

③ 确认选择。

④ 点击"只转换"。

⑤ 点击"完成"。

(2)第二种方法:使用模板,批量转换

2. 创建并处理货件

(1) 创建货件

① 全选商品(在"后台"—"库存"—"管理亚马逊库存"处操作)。这里每页显示50款产品;发货多于50款的,需要每一页都勾全选;全部勾选完后,点击"发/补货"旁边的"开始"按钮。

② "商品入库限制"提示。仔细核对发运商品是否符合入库要求,对于不符合的商品仓库将无法接收处理,务必仔细阅读,确认无误后,点击"发送库存"。

③ 填写完发货地址、发货数量、再点击"继续"。点击"添加地址",填写详情;包装方式默认选项是"单个商品",不用改;填写发货数量。

补充:点击"添加地址"页面,填写实际发货地址,写完点击"从该地址发货"(系统会根据此地址分配最近仓库)。

④ 填写单件商品的尺寸,点击"保存并继续"。如果前面使用模板批量转换,系统会跳过这一步到下一步;此处的长、宽、高数据用来分配仓库。需要正确选择单位,有米、分米、厘米、毫米,填错会使货物匹配不到正确的仓库。

⑤ 选择"创建新货件",点击"保存并继续"。点击"保存并继续"后,系统就会生成一个货件编码。

(2) 处理货件

在卖家后台,进入"库存"—"管理亚马逊货件",点击"继续处理货件",开始处理。

① 设置数量。核对无误后，直接点击“保存并继续”。

注意：实际发货数量要与填写数量一致，否则可能影响入仓。

② 为商品贴标签。点击“打印商品标签”，再点击“继续”。商品标签由后台自动生成，每个单品都有唯一的商品标签，它是以 X00 开头的编码，入库时每个单品都要对应贴标，否则会影响入仓。

③ 选择标签尺寸，点击“打印商品标签”。如果已连接了打印机，点击后，即可直接进行打印；如果没有连接打印机，点击后，系统会提示保存商品标签（是一个 PDF 格式的文档）；选择保存，稍后打印。

④打印方法。可使用激光打印机和 A4 纸（或 A4 不干胶纸）；也可使用条码打印机，条码格式设置为 128B 制式。不能使用喷墨打印机，喷墨打印机容易脱墨，产生污点，导致条码模糊，使标签无法辨认或扫描而无法入库，造成卖家损失。

3. 选择承运人，点击“保存并继续”

（1）选择运输方式。默认“小包裹快递”。

（2）其他承运人需要选择一个。

① 选择全峰快递，则在地域允许范围内，拨打大客户电话并按照物流单模板填写，可以享受免预约的绿色通道，如了解更多参考：www.qfkd.com.cn/amazon/liucheng.html。

② 其他快递，也包括卖家自己送货，需要向仓库预约送货。

4. 准备货件

（1）打印每个箱子的装箱单。不是必填项，由卖家自行决定是否填写数量和打印。

（2）装箱。介绍装箱单的使用，供参考，无须处理。

（3）点击“继续”。打印此单装箱，务必保证装箱单与货物匹配，不要装错。

5. 提供详情，直接点击“保存并继续”

（1）追踪编码不是必填项目，可以忽略。

（2）追踪编码可以填快递单号。

6. 为货件贴标签

（1）标签数量。填写要发送的箱子或包裹数量。

（2）点击“打印箱子标签”。如果连接了打印机，A4 纸普通打印即可。如果没有连接打印机，点击后，系统会提示保存商品标签（是一个 PDF 格式的文档）；选择保存，稍后打印。

（3）点击“继续并完成货件”。

7. 一览货件已完成

对于创建好的货件，不要随意点击删除货件，如果删除货件，此货件如发往仓库将影响入仓。接下来，需要做线下工作，即贴标签和预约发货。

（1）为货件贴标

物流包装必须贴有货件标签，否则可能导致拒收。货件标签需要贴在发运箱子外面，贴标签时勿覆盖箱子缝隙，如果承运人是“其他快递”，需要在红框处写上预约号货件标签操作的需要与货件内商品对应，不要贴错箱子。

（2）为商品贴标

商品 X00 标签是这样的。有扫描区域，X00 区域以及名称区域如自行贴标，关注以下要求：商品销售包装上需要贴对应的 X00 标签，以区分不同卖家商品，避免漏贴、贴错的情况，否则仓库无法接收。X00 标签需要贴在商品销售包装的空白位置，水平粘贴，不可贴在曲面或者折弯，否则无法扫描；X00 标签不可覆盖商品包装的关键信息，如中文标示（中文厂家名称、中文厂家地址、中文商品名称等），保质期商品不可覆盖保质期信息，不可覆盖商品的颜色、容量、规格、尺码等信息，以便仓库检查。如商品包装上有原始条码，使用 X00 标签或者白色不干胶将原始条码遮蔽，不能遮蔽商品关键信息。

（3）套装勿拆标签（仅适用于套装产品）

不要裸发商品（即无包装），确保外包装完整，不破损、泄露、变形，二次封口销售的包装上不可涂鸦写字；因库房目前不提供组套服务，套装商品需要自行组套包装并贴码后再发送。

（4）新品申报成功，预约仓库发货（发运完成）

如果商品属于保质期商品、危险品或者高价品，在新品申报成功后再预约发货。

（5）发货

发运后，将入仓商品的商品价格设置成包邮价格。发运后，商品会显示“不可售”，此时无须后台操作，商品入库接收完毕，就会自动转为“可售”。如果接收中出现问题，会显示出问题详情。

# 第五节 物流管理

亚马逊拥有全球最先进的电商运营系统及物流仓储运营体系。现在世界一流的亚马逊物流运营系统也可以为卖家所用,称这项服务为“亚马逊物流”。“亚马逊物流”为卖家提供全套的物流及电商运营解决方案,让卖家拥有优质的服务,提高商品竞争力,从而进一步提升销量,帮助卖家全面发展电子商务,如图 8-6 所示。

1. 亚马逊物流的优势

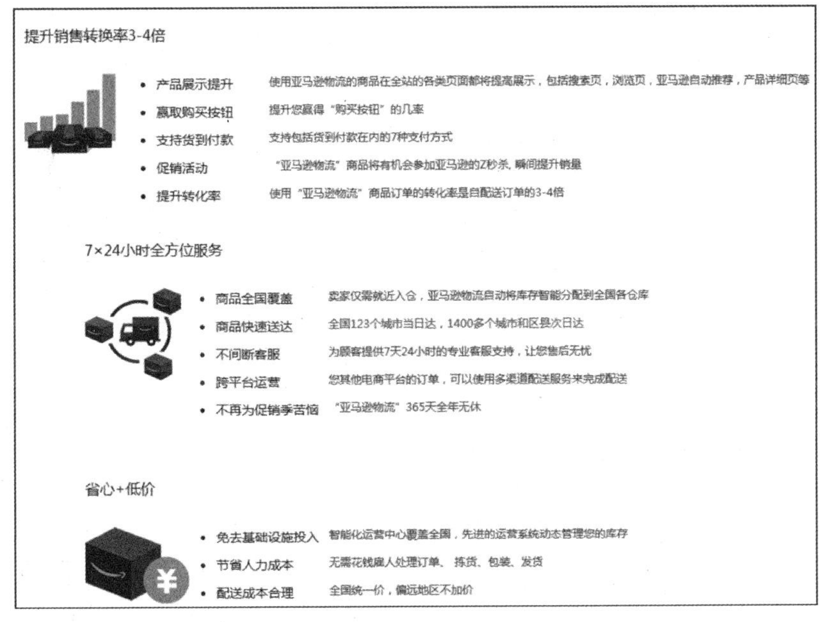


图 8-6 亚马逊物流服务

2. 亚马逊物流服务流程(见图 8-7)

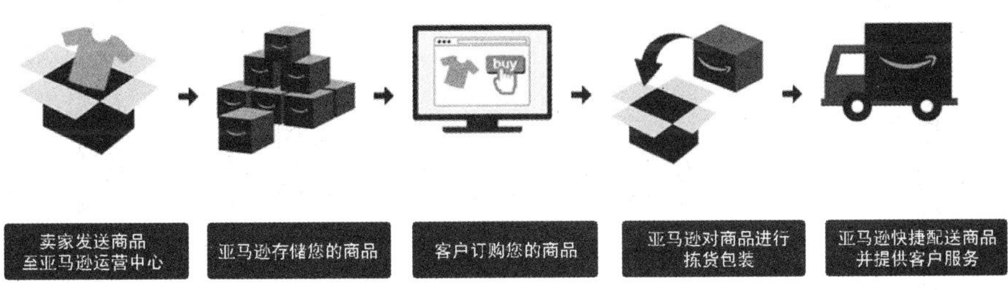


图 8-7 亚马逊物流服务流程

(1) 卖家发送商品至亚马逊运营中心

查看亚马逊物流商品限制，确保商品可入仓，在卖家后台上传商品并转换为亚马逊物流配送，在卖家后台创建发货/补货订单打印标签并为商品和货件贴签，选择配送公司或者自己配送至库房。

(2) 亚马逊存储商品

运营中心接收商品并扫描入库；为商品提供安全的仓储环境；卖家仅需就近入仓，亚马逊自动将库存智能分配到全国各仓库；卖家按商品实际体积及存储天数支付仓储费用。

(3) 客户订购商品

亚马逊物流全方位提升商品优势，有助于客户选择商品；使用亚马逊物流的商品将参与99元免运费活动；提供多种支付和配送方式；提供多渠道配送服务，满足跨平台运营。

(4) 客户订购商品

利用先进的联网仓储、高速拣货和分类系统，快速定位商品；从取件到发货均按照亚马逊标准化流程，防止错误发件；包装采用亚马逊标准包装箱，专利技术气泡垫、气泡枕；特殊产品包装处理及特殊产品跟踪(例如易碎高价品)；亚马逊物流按件收取基础服务费。

(5) 亚马逊快捷配送商品，并提供客户服务

全国快速到达，确保商品及时快速地配送到顾客手中；按订单收取配送费；为客户提供订单的跟踪信息；为顾客提供7天24小时的客户服务，让售后无忧。

3. 操作步骤

(1) 选择适合入仓的商品

在使用亚马逊物流服务前，先查看“亚马逊物流商品限制”，确保商品可以入仓。

(2) 特殊商品新品申报(仅适用于手机、保质期商品、危险品、高价品)

保质期商品、危险品、高价品和手机类商品在首次入仓时需要在卖家后台进行新品申报，如果商品不包括这几类商品，则无须进行新品申报。

(3) 创建入库计划

需要在卖家后台进行如下操作：通过手动勾选或上传模板两种方式将商品转

为亚马逊配送，并通过创建入库计划发货至亚马逊物流。

（4）为商品和货件贴标

每个入库的商品，销售包装上需要贴对应的 X00 标签，以区分不同卖家商品，避免漏贴、贴错的情况，否则仓库无法接收。

（5）预约与发运

在预约发运环节，可以选择自己发送至库房或者使用全峰快递发运。

## 第六节　促销管理

跨境电商卖家可使用亚马逊提供的工具进行商品广告和促销的设置。不同的亚马逊平台，提供的工具也不同，其中可能包含“免运费”“满减”“买赠（BOGO）”和“其他优惠”。有关促销类型的详情，可访问了解促销“帮助”页面，也可访问创建促销，查看创建促销的步骤。另一个提高商品曝光率的方法就是利用亚马逊商品推广工具和展示广告。

1. 创建促销

创建促销包括三个环节：从卖家后台进入管理促销页面；点击管理商品列表，并创建新商品列表；点击创建促销，从促销模板中选择一个模板，创建相应的促销活动。以下为亚马逊后台管理商品列表的步骤。

（1）创建需要做促销的商品列表

① 创建促销商品列表 1。创建商品列表的类型有多种，一般可以按 SKU、ASIN 来直接创建，也可以按商品的品牌、分类节点、类别等属性来创建。比较准确和直接的方法就是用 SKU 或者 ASIN 编码来创建促销商品列表。

② 创建促销商品列表 2。选择 ASIN 列表创建；填入列表名称和内部说明；填入促销的商品 SKU；点击提交。

（2）创建促销

① 回到管理促销页面，点击创建促销。

② 促销模板的类型有免运费类、购买折扣类、买满再买优惠、赠品、固定价格等。

只能使用促销模板创建促销，模板中的数字和金额可以修改，但是规则不能更改。例如模板中有这样的促销规则：购买指定商品 5 件，可获得 5% 的优惠(即九五折)；购买 10 件，可获得 10% 的优惠(即九折)；每购买指定商品 5 件，可免费获得 1 件优惠商品。里面涉及的数字可以更改。

(3) 选择促销模板创建购买条件和优惠

促销优惠的两种形式：① 有折扣代码。顾客在结算时输入优惠代码，才会享受到优惠，在最终的付款金额中扣减掉优惠金额，如果不输入代码则不享受优惠。② 无须折扣代码。顾客在结算付款时，系统自动扣减掉优惠金额。

(4) 输入追踪信息

输入促销开始和结束时间(开始时间要在当前时间的 4 个小时之后)；填写追踪编码和内部说明；选择不需要折扣代码(这样买家在结算时不需要输入折扣代码，而可以直接享受优惠。

(5) 创建促销的显示信息

系统自动根据促销策略生成促销的说明文本。

(6) 审核促销，最终确认生效，促销生成

系统审核通过后，促销活动便可开始了。

2. 亚马逊商品推广

亚马逊商品推广为原生广告，主要通过关键词广告的形式推广单一商品，直接链接到商品详情页，采用实时竞价的方式定价，按每次点击收费。亚马逊商品推广有以下优势：① 系统智能投放省心省力。亚马逊为卖家提供“自动投放”和“手动投放”两种方式的广告活动。非常熟悉如何设置关键词的卖家，可以自己手动设置关键词和竞价，投放广告。尚不了解应该选择哪些关键词，或者时间有限、不能实时监控广告的运行情况的卖家，可以进行自动投放，让系统自动设置关键词和竞价，并持续优化关键词和竞价选择，省心省力，让广告更高效。② 提供竞价建议，提高首页展示机会。“首页预测竞价”功能，有助于广告出现在搜索结果第一页，提高有效曝光率，也避免在系统中反复调整竞价，帮助卖家制定合理的竞价策略，更迅速达到所需的广告效果。

(1) 注册

登录亚马逊卖家平台，点击上方的“广告”按钮，按要求填写信用卡信息即可

完成注册(如果已经注册使用“亚马逊商品推广”,则无须再次注册,可直接使用)。

(2) 创建广告

选择您中意的广告位和目标客户群(兴趣点),上传广告创意(或选择系统自动生成创意),创建广告。之后,亚马逊会在3个工作日内完成广告的审批。审批通过后,广告即可按要求投放。如果审批未通过,亚马逊会以邮件的形式通知卖家广告中需要修改的内容。

(3) 数据分析

提供实时广告数据,供分析参考,使卖家可以及时调整广告策略。

(4) 结算

商品推广实时竞价,按每次点击收费,通过注册时提交的信用卡扣费,账户费用一目了然。

3. 亚马逊展示广告

卖家可根据品牌或促销活动的内容,自由设计广告,提升广告美感,吸引消费者关注和点击;同时,也可以选择系统自动生成的广告创意,省时省力。投放亚马逊展示广告,可宣传店面、活动或明星单品,广告可链接到店面、活动页和商品详情页,按实时竞价的方式定价,按每次点击收费。以下为亚马逊展示广告的投放步骤:

(1) 注册

登录亚马逊卖家平台,点击上方的“广告”按钮,按要求填写信用卡信息即可完成注册(如果已注册使用“亚马逊商品推广”,则无须再次注册,可直接使用。)

(2) 创建广告

选择中意的广告位和目标客户群(兴趣点),上传广告创意(或选择系统自动生成创意),创建广告。之后,亚马逊会在3个工作日内完成广告的审批。审批通过后,广告即可按要求投放。如果审批未通过,亚马逊会以邮件的形式通知卖家广告中需要修改的内容。

(3) 数据分析

提供实时广告数据,供卖家分析参考,使卖家可以及时调整广告策略。

(4) 结算

展示广告实时竞价,按每次点击收费,通过注册时提交的信用卡扣费,账户费用一目了然。

# 第七节　评价管理

1. 亚马逊账户表现及客户满意度指标的解读

店铺安全是亚马逊在平台销售的立根之本，本节为卖家介绍亚马逊账户安全、店铺表现和客户指标方面的一些标准和细节。卖家在深入了解后可及时避免和预判出对于卖家账户的一些潜在威胁和不利因素，从而提升店铺的整体指标和客户满意度，免除后顾之忧，全心全意地投入店铺运营中。图 8－8 为亚马逊主页在 Performance（业绩）按钮下的 Customer Satisfaction（客户满意度）。

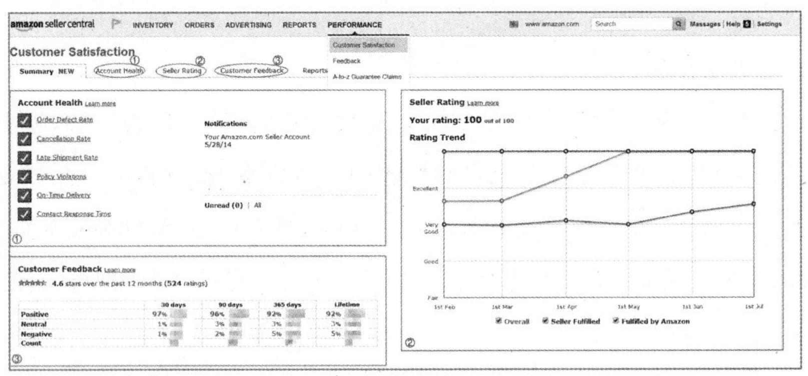


图 8－8　客户端满意度页面

图中可以看到此时显示的页面是 Account Health（账户健康）里面的的内容，有 6 大指标，如图 8－9 所示。

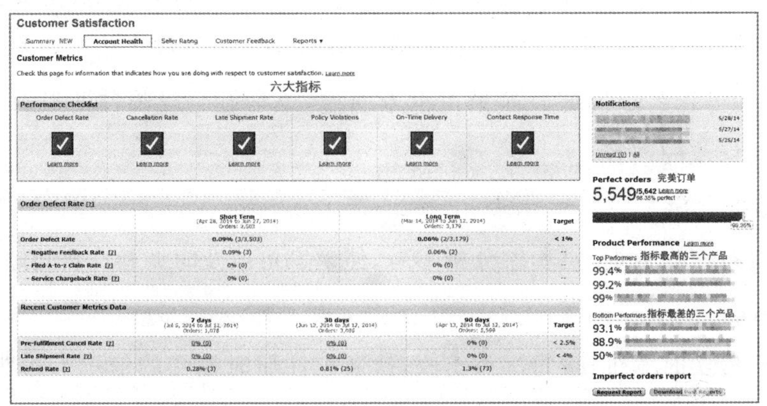


图 8－9　账户健康界面

(1) Order Defect Rate(订单缺陷率)

简称 ODR 指标,中文翻译为"订单缺陷率",这个指标的计算方法是,在一段时间内所有涉及 1—2 星差评和 Claim、纠纷,包括 A - Z 和 Chargeback 的订单除以这段时间内总订单数得出的这个百分比。ODR 是反应卖家能否提供一个良好的买家购物体验的非常重要的一个指标,这个指标千万不要超过 1%,如果超过了 1%对账户安全是很不利的,严重时亚马逊甚至会审核卖家的店铺或者移除卖家的销售权限。

(2) Cancellation Rate(订单取消率)

中文意思是"订单取消率",所有因任何原因导致的卖家在没确认发货前发起的订单取消都会被计入这个 Cancellation Rate 里面。如果一个订单是客户方面的原因下错了订单需要卖家取消,卖家操作取消也会被计入到这个指标,很多卖家就会感觉不公平。但如果这种情况导致后期店铺的 Cancellation Rate 超出 2.5% 这个指标,在亚马逊人工介入审核店铺的时候卖家可以把这个情况反映给亚马逊客服,类似这种不属于卖家责任的订单取消都会被亚马逊工作人员移除,不会影响店铺的指标。

(3) Late Shipment Rate(发货延迟率)

"发货延迟率"就是在一段时间内发货延迟的订单除以总订单数量得出的百分比,这个百分比亚马逊规定最好控制在 4%以下。发货是否延迟取决于在后台上传产品时,在 OFFER 那栏里的 Handing Time 选项里填写的天数(如果不填系统默认为 2 天)。注意这里的"天数"指的是 Business Day (工作日)而不是 Calendar Day(自然日),也就是说周六周日不计算在内。

(4) Policy Violations(政策违反)

"政策违反",这个是在亚马逊平台销售最最需要注意的地方。一般来讲如果在亚马逊卖仿货假货等一系列侵犯知识产权的活动被买家或者竞争对手投诉,如果投诉成立,这项指标就会受到影响,而且这种影响不像其他指标后期可以被控制和优化,这个指标是累计的,同时很难撤销,达到了一定量,亚马逊会直接移除店铺的销售权限。运气不好的违反一次账户就会被关闭,亚马逊平台对知识产权特别重视,所以千万不要在这点上犯错误。

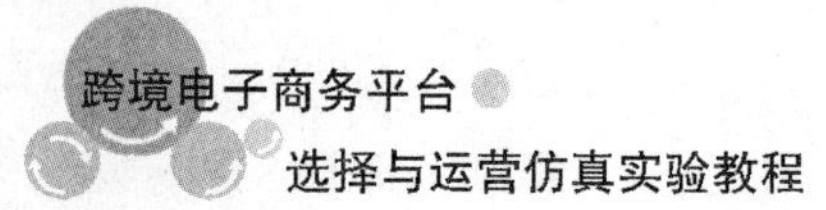


(5) On-Time Delivery(及时投递率)

“及时投递率”,这个指标其实有两个组成部分,一个是特定时间段内及时投递完成的订单率,另一个是这个时间段内有跟踪号的订单百分率。亚马逊对这两块的要求分别是大于97%和大于98%。及时投递率其实是基于在亚马逊后台的Shipping Setting里设置的默认订单到达时间,从卖家确认发货到订单信息签收成功,必须保持在Shipping Sitting的那个时间段之内,否则就是投递时间超时从而影响“及时投递率”这个指标。

(6) Contact Response Time(联络反应时间)

“联络反应时间”是指卖家回复买家邮件的反应时间,就是要卖家在24小时之内回复或者反应买家发给的站内消息。这个指标只要控制在90%以上的及时回复率就可以。关于这个指标还有一个小小的技巧,可以勾选Mark as no Response needed,便可对客户发来的客套话直接忽视不回复,同时也不会影响Contact Response Time的指标,如图8-10所示。

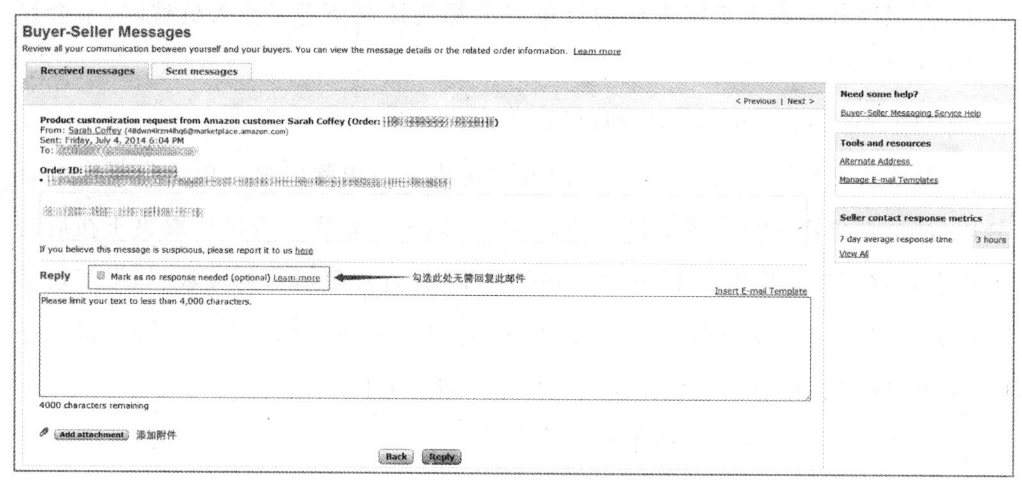


图8-10 联络反应时间界面

2. 符合以下条件的差评可以向亚马逊申请移除

(1) 评价中包含淫秽和猥亵的词语,如I finally receive the parcel from the stupid seller, shit quality, very disappointed。

(2) 评价中包含了卖家私人信息,如邮箱、电话号码、名字等。

(3) 全部的评价只针对产品,没有提到卖家的服务的评价可移除,如“这把户外小刀不是很锋利”，但如果评价到了卖家的服务就不可能移除，如“派送太慢了，而且收到货的时候发现小刀不是很锋利”等。

（4）物流问题亚马逊不会帮将差评移除，但是会将差评划掉，然写一行字：This item was fulfilled by Amazon, and we take responsibility for this fulfillment experience（该商品由亚马逊运送，我们将对此次体验负责），如图 8－11 所示。

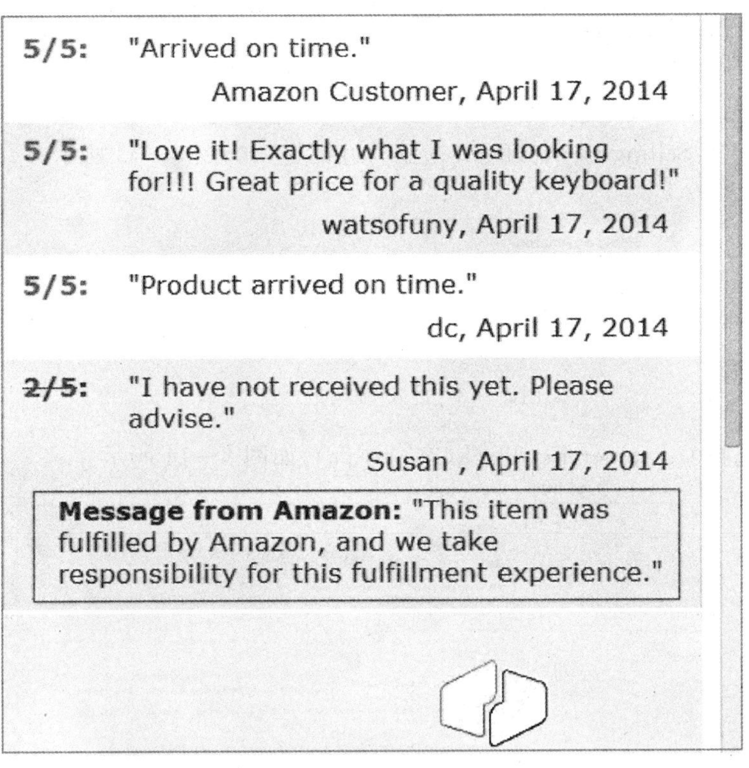


图 8－11　亚马逊处理差评的界面

（5）有些顾客评价时，在 arrive on time（及时送达），item as described（与产品描述一致），customer service（客户服务）这三项中都写的 YES，评价也是正面的，但是留个一个差评，这种情况可以要求亚马逊移除。

（6）还有一种情况是顾客威胁说不给优惠就给差评，这样的话可截图交给亚马逊处理；如果卖家向客户提供一些好处让客户消除差评，这种做法被亚马逊查到将对账户有影响的，情节严重话会导致账户被移除销售权限。

（7）建议买家留差评后卖家积极主动地和买家沟通，争取和买家达成一致协议，请买家把移除差评（留差评后 60 天内买家可以移除该差评）。卖家向亚马逊申请移除差评成功以后，亚马逊会邮件通知买家卖家双方，而买家有权利再一次留下评价。为了避免激怒客户建议过几天再去申请差评移除。

3. 移除不符合规定的差评操作步骤

（1）找到客服入口（Contact Seller Support），如图 8－12 所示。

图 8－12

（2）选择 Selling on Amazon（在亚马逊销售），如图 8－13 所示。

图 8－13　进入“亚马逊销售”入口

（3）选择 Customer Feedback（客户评价），如图 8－14 所示。

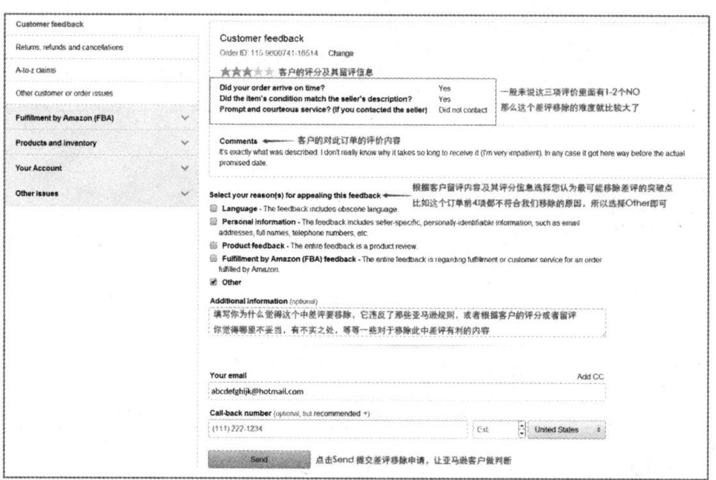


图 8－14　进入“客户评价”界面

（4）输入涉及中差评的订单号

差评的移除申请提交以后，务必要关注亚马逊邮箱（或者后台的 Manage Your Case Log），无论这个评价有没有移除，亚马逊都会发一封邮件到亚马逊邮箱将最终判定结果告知卖家。如果差评被成功移除，买家也会收到一封通知邮件，买家有权利再次给该订单留评。

## 本章实训

### 亚马逊全球开店

**实验时数：2**

#### 一、实验目的

通过在亚马逊刊登商品、销售商品、物流、支付和纠纷处理等环节的操作，学生能够熟悉亚马逊全球开店的操作步骤，掌握通过亚马逊进行跨境电子商务的要领。

#### 二、实验内容

1. 按照本章内容进行操作，登录在第三章实训中申请的亚马逊全球卖家账户，依次完成在亚马逊的资质审核、线上管理、库存管理、物流管理、促销管理和评价管理等操作。

2. 总结在亚马逊平台上进行跨境电子商务需要特别注意的方面。

3. 以供应商的角度评价在亚马逊平台上进行跨境电子商务运作的感受，思考亚马逊平台操作是否便利、服务是否完善、支付是否安全、物流是否顺畅等问题，并记录在实验心得中。

#### 三、设备与所需软件

多媒体实验机房，每人配备一台可以访问互联网的计算机。

#### 四、实验报告要求与实验考核要求

**表 8-2　实验报告要求与实验考核要求**

| 实验报告要求 | 实验考核要求 |
|---|---|
| (1) 实验目的 | (1) 学生根据实验要求提交实验报告 |
| (2) 实验内容及要求 | (2) 教师根据实验报告评定单项实验成绩 |
| (3) 实验过程 | (3) 根据单项实验成绩和实验报告内容给出整体实验成绩 |
| (4) 实验心得 | (4) 总体实验成绩按适当比例计入课程总分 |
| (5) 同学之间关于实验的交流 | |

# 参考文献


1. 陈环，谢兴伟. 浅析跨境电商企业的自主品牌营销策略[J]. 江苏商论，2015(7).

2. 程路天. 跨境电子商务小额贸易发展问题及对策[D]. 天津：天津商业大学，2014.

3. 丁晖. 跨境电商多平台运营[M]. 北京：电子工业出版社，2015.

4. 杜莉杰，尹春华. 我国跨境电商物流发展现状研究[J]. 物流工程与管理，2015(8).

5. 付金，明文. 第三方支付阻击：跨境电商不可回避的一道槛[J]. 法庭内外，2015(7).

6. 顾卫荣. 自贸通打通关[M]. 上海：锦绣文章出版社，2014.

7. 韩军. 玩转电商系统：深入剖析智慧电商平台[M]. 北京：电子工业出版社，2014.

8. 李迟. 跨境电商问题、对策与发展趋势研究[J]. 浙江工商职业技术学院学报，2015(2).

9. 李金龙. 义乌跨境电商保税物流平台的探索[J]. 中国流通经济，2015(7).

10. 廖蓁，王明宇. 跨境电商现状分析及趋势探讨[J]. 电子商务，2014(2).

11. 慕艳平. 我国跨境电商物流解决方案分析与选择[J]. 物流技术，2015(10).

12. 穆承刚. 我国小额跨境电子商务模式研究[D]. 上海：上海社会科学院，2014.

13. 庞燕.跨境电商环境下国际物流模式研究[J].中国流通经济,2015(10).

14. 彭龙.中国电商市场发展报告[M].北京:人民邮电出版社,2015.

15. 沈丹阳,黄金利,何仕奇.我国跨境电商物流模式研究[J].价格月刊,2015(8).

16. 速卖通大学.跨境电商:阿里巴巴速卖通宝典[M].北京:电子工业出版社,2015.

17. 王碧宏.大数据时代下跨境电商发展的影响因素研究[J].佳木斯职业学院学报,2014(12).

18. 王明宇,廖蓁.我国跨境电商的主要问题和对策研究[J].中国商贸,2014(33).

19. 王子淼.跨境电商环境下的物流问题与发展策略[J].电子商务,2015(8).

20. 翁晋阳.再战跨境电商[M].北京:人民邮电出版社,2015.

21. 席波.中小企业开展跨境电商业务的机遇与对策探讨[J].电子商务,2015(3).

22. 徐松,张艳艳.应将跨境电商建成"中国制造"出口的新通道[J].经济纵横,2015(2).

23. 严圣阳.我国跨境电商支付现状与发展前景[J].经营与管理,2014(5).

24. 叶锋,高少华.自贸区跨境电商平台启动在即——第三方支付或迎来发展"蓝海"[N].中国商报,2013-11-08.

25. 袁诚.跨境电商外汇支付"破冰"[N].新金融观察,2013-10-14.

26. 张卉.跨境电商发展的 SWOT 分析及对策[J].山东工商学院学报,2015(3).

27. 张建平,王默儒.跨境电商:中国经济变革新引擎[J].互联网经济,2015(Z1).

28. 张磊.我国跨境电商发展现状及对天津港的启示[J].港口经济,2015(2).

29. 张夏恒,马天山.中国跨境电商物流困境及对策建议[J].当代经济管理,2015(5).

30. 周宁,张凌露.外贸电商定位——网商成功之道[M].北京:电子工业出版社,2014.

# 附　录

## 跨境电子商务平台选择与运营仿真实验教程实验报告模板

### 实验报告

院(系)：　　　　　　课程名称：跨境电子商务平台选择与运营仿真实验教程　　　　日期：

| 班级 | 学号 | 实验室 | | | |
|---|---|---|---|---|---|
| 专业 | 姓名 | 计算机号 | | | |
| 实验名称 | 所用软件 | | | | |
| 教师评阅意见 | | | | 成绩评定 | |
| | | | | 教师签名 | |
| 实验目的或要求 | | | | | |
| 实验内容和步骤 | | | | | |

| | |
|---|---|
| | |
| | （写不完时，可转至下一页） |

备注：本实验报告用于跨境电子商务平台选择与运营仿真实验教程的实验，务必按时完成。不交此报告者，本次实验为"不合格"。

## 互联网+教育+出版

立方书

教育信息化趋势下，课堂教学的创新催生教材的创新，互联网+教育的融合创新，教材呈现全新的表现形式——教材即课堂。

轻松备课

分享资源

发送通知

作业评测

互动讨论

## “一本书”带走“一个课堂”　教学改革从“扫一扫”开始

## 打造中国大学课堂新模式

**【创新的教学体验】**

开课教师可免费申请“立方书”开课，利用本书配套的资源及自己上传的资源进行教学。

**【方便的班级管理】**

教师可以轻松创建、管理自己的课堂，后台控制简便，可视化操作，一体化管理。

**【完善的教学功能】**

课程模块、资源内容随心排列，备课、开课，管理学生、发送通知、分享资源、布置和批改作业、组织讨论答疑、开展教学互动。

扫一扫　下载APP

**教师开课流程**

- 在APP内扫描**封面**二维码，申请资源
- 开通教师权限，登录网站
- 创建课堂，生成课堂二维码
- 学生扫码加入课堂，轻松上课

网站地址：www.lifangshu.com

技术支持：lifangshu2015@126.com；电话：0571-88273329